ドラグネット

監視網社会

オンライン・プライバシーの守り方

Dragnet Nation

A Quest For Privacy, security, And Freedom In A World Of Relentless Surveillance

Julia Angwin
ジュリア・アングウィン
三浦和子 訳

祥伝社

ドラグネット　監視網社会

翻訳協力：株式会社トランネット

ドラグネット　監視網社会　目次

第5章 何を守りたいかを見極めろ——92

第6章 データの場所を知る——113

第7章 パスワードは防御の最前線——138

第8章 さらばグーグル——162

凡例
＊本書では原注以外に適宜、訳者と編集部による注記を補った。
＊本文中の段落の設定は編集部による。
＊本書の内容は原則、原著の発行年（二〇一四年）時に基づく。
＊本文中の図版は、内容を補う目的で編集部が作成し掲載した。

第1章

情報は盗まれている

◉SNSを監視された！　でも違法ではないなんて

誰かに見られているのでは？

こんな疑問を持つのは、かつては国王や大統領、パパラッチの追跡をかわすセレブ、法の目をかいくぐる犯罪者だけだった。監視されているのではないかと、一般市民が不安を抱くことはほとんどなかった。

しかし今や、「誰かに見られているのでは？」という不安は私たち全員のものだ。有名であるか、犯罪に関わっているかどうかなど、関係ない。**誰でもいつでも監視される可能性があるのだ。自宅の写真を撮るグーグル・ストリートビューの車、ウェブサイトを閲覧すると追跡するスポンサー、あるいは、アメリカ市民の通話記録を集める国家安全保障局（NSA）によって……。**

全市民の情報を無差別にかき集めるドラグネット（監視網《かんしもう》）は、以前はめったに見られなかった。警察は道路に検問所を設け、商店は監視ビデオカメラを設置する必要があった。だが急速に発達したテクノロジーは強力な監視網の新時代をもたらし、ほとんど人手をかけずに、膨大な個人データを収集できるようになった。こうした監視網は、これまで以上に私生活のすみずみにまで張りめぐらされている。

シャロン・ギルとビラル・アーメドの関係について考えてみよう。彼らは、個人用SNSのPatientsLikeMe.comで知り合った親友だ。シャロンとビラルの境遇《きょうぐう》はまったく異なっている。シャロンは、アーカンソー州南部の小さな町に住む四二歳のシングルマザー。ガレージセールで掘り出し物を探し回り、フリーマーケットで売って生活費の足しにしている。三六歳のビラル・アーメドはラトガーズ大卒の独身男性で、オーストラリアのシドニーにある高級マンションの最上階に住み、コンビニチェーンを経営している。

二人は直接会ったことはなかったけれど、心の問題で苦しむ患者向けの、パスワードで保護されたオンラインフォーラムで親しくなった。シャロンは抗うつ薬を少しずつ断とうとしていて、母親を亡くしたばかりのビラルは不安とうつ状態で苦しんでいたのだ。

彼らは遠く離れた世界の片隅に住んでいながら、人生のどん底にあった時期に励まし合うことができた。シャロンがビラルに頼ったのは、一番親しい親戚や隣人には秘密を打ち明けられないと感じたからだった。「私は小さな町に住んでいるので」とシャロンは話してくれた。「心の病気のことでとやかく言われたくないんです」

ところが、二〇一〇年、シャロンとビラルはこの個人用SNS上で監視されていることに気づき、大変なショックを受ける。それは不正侵入がきっかけだった。二〇一〇年五月七日、PatientsLikeMe.comの運営者は、二人がよく訪れる「気分」という名のフォーラムで、異常な動きがあることに気づいた。サイトの新規会員が巧妙なソフトを用いて、「気分」「多発性硬化症」両フォーラムに書きこまれた全メッセージを「取得」、つまりコピーしようとしていた。ウェブサイト側は侵入者のブロックと特定に成功し、ニューヨークのメディア調査会社、ニールセン・カンパニーが犯人だとわかった。ニールセン社は大手製薬会社などの顧客のために、オンラインで交わされる「話題」をモニターしているのだ。五月十八日、サイト側はニールセン社に警告状を送り、会員に侵入があったことを通知した（のちにニールセン社は、個人用フォーラムへの侵入を中止すると明言した。「とても容認できないことだという結論に達しました」とニールセン社の関与部門を率いるデイブ・ハドソンは語った）。

しかし、事態は意外な展開を見せる。PatientsLikeMe.comはこの機会を利用し、登録時に気づいていなかった可能性のある細則を会員に知らせた。**実はこのサイトも、会員に関するデータを製薬会社などの企業に売り渡していた**のだ。

シャロンとビラルはそれを知って、**二重の裏切り行為**だと感じた。侵入者に監視されていたばかりか、**安全だと思っていたサイト自体が監視を行なっていた**のである。これではまるで、アルコール中毒者自主治療協会（ＡＡ）の集会の様子を誰かが撮影し、集会のビデオを販売する当のＡＡが、商売の邪魔になると怒り狂うようなものだった。「完全な人権侵害だと思いました」とビラルは言う。

さらに始末の悪いことに、**こうした行為はどれも必ずしも違法ではなかった**。ニールセン社の活動は、PatientsLikeMe.comのサービス利用規約に違反していたとしても、法的にはグレーゾーンにすぎず、しかもこのサイトのサービス利用規約自体に法的強制力があるとは限らなかった。そしてこのサイトは、会員の全情報を収集して販売すると細則に明記していたため、まったく法に触れていなかった。

◉巨大監視網が個人データを「かき集める《ドラッグ》」

これはデジタル時代の「プライバシー」の悲劇的欠陥だ。プライバシーはおおむね、無許可の侵入がないことと定義されるが、**プライバシー侵害だと思われる行為の多くが、どこかに書かれた細則で「認められている」**のである。

だが私たちは、いろいろな意味で、これらの許可された侵入に完全に同意しているわけではない。企業が人々の精神衛生に関する情報を収集するのが合法だとしても、それは社会的に受け入れられるものだろうか。

シャロンとビラルが裁判所承認の監視下にある麻薬密売人なら、二人のやり取りの傍受《ぼうじゅ》は社会的に容認されるだろう。しかし、オンライン上の「話題」をモニターする巨大監視網のなかで、彼らのやり取りをかき集めた場合、社会的に認められるものだろうか。

無差別に個人データを収集するドラグネットは、合法性と社会的承認の中間にあるグレーゾーンにはまりこんでしまう。**この国はドラグネット国家なのだ。**無差別のトラッキングが行なわれ、前例のない速さで組織が個人データを蓄積する世界である。私たちの大好きなテクノロジー——デスクトップやノート型パソコン、タブレット、スマートフォン——をもたらした原動力が、無差別トラッキングの増加を促している。

普及する前のコンピュータは高価なものであり、個人を追跡するのは難しかった。政府が記録するのは、誕生、結婚、財産所有権、死亡といった特別のことだけで、企業が記録をつけるのは、顧客が品物を購入して保証書に記入するとき、あるいはポイントカード新規加入時だった。だがテクノロジーの発達により、**どんな団体でも、金をかけずに四六時中、個人の生活を記録できる**ようになっている。

この変革を可能にしたいくつかの要因を検討してみよう。一九七〇年代以来、コンピュータの処理能力は約二年ごとに二倍になり、かつて部屋全体を占めるほどの大きさだったコンピュータは、ズボンのポケットに収まるサイズになった。そして最近では、データを蓄《たくわ》えるコストが急激に下がり、二〇〇五年に一ギガバイトあたり一八・九五ドルであったものが、二〇一二年には一・六八ドルになった。数年後には一ドル以下になると予想されている。

膨大なコンピュータ処理能力、デバイスの小型化、安価なデータ蓄積コストによって、個人データの無差別トラッキングの飛躍的増加がもたらされた。トラッカー（＊訳注：トラッキング＝追跡を行なう主体）がすべてニールセン社のような侵入者というわけではなく、政府や取引相手の企業など、こちらの味方だと思われる組織も含まれている。

そしてもちろん、最大の監視網は米国政府が張りめぐらしているものだろう。二〇一三年に国家安全保障局（ＮＳＡ）の元局員、エドワード・スノーデンが暴露《ばくろ》した文書によれば、**ＮＳＡは外国の膨大な通信データを収集していたばかりか、アメリカ市民の通話記録やインターネット通信のデータまでかき集めていた。**

監視網に関わっているのはＮＳＡだけではない。アフガニスタンからジンバブエまで、世界中の政府が監視技術に飛びつき、「大量傍受」装置をはじめ、通話やコンピュータに遠隔操作で不法侵入するツールまで利用しているのだ。米国の地方政府や州政府も、ドローン（＊訳注：無線操縦の小型飛行機。マルチコプター）からナンバープレート自動読取装置まで、さまざまな種類の監視技術を、先を争って採用し、以前は不可能だったやり方で市民の行動を監視している。地方警察が携帯電話の発信するシグナルを用いて、人々を追跡する機会も増えている。

いっぽう、監視網ビジネスも花盛りだ。**米国の通信事業会社であるAT&Tとベライゾンは、氏名は特定していないが携帯電話使用者の位置情報を販売している。**ショッピングセンターを運営する企業は、携帯電話が発信するシグナルから買い物客の移動経路を追跡する技術を利用しはじめた。そしてホールフーズ・マーケットなどの小売業者は、顔認識機能を備えたデジタル掲示板を採用している。自動車販売代理店のなかには、調査専門会社、データイウムのサービスを利用している店もある。客がEメールアドレスを知らせると、販売店に到着するまでに、オンラインで閲覧《えつらん》した車の種類が店側に通知されるサービスだ。

オンラインでは、人々がサイトを閲覧している様子を何百という広告会社やデータブローカー（＊訳注：個人情報販売会社）**が監視している。**だから、「血糖」という言葉を調べれば、病状から人物を類型化する企業があなたを潜在的糖尿病患者と見なし、製薬会社や保険会社にその情報へのアクセス記録を提供するかもしれない。

しかも、新しいトラッキング技術の普及はすぐそこまで来ている。企業は顔認識技術を電話やカメラに取り入れているし、位置監視装置が車に取りつけられている。家庭の電力使用量を測定するワイヤレスの「スマート」メーターも開発されている。グーグルが開発した「グーグルグラス」は、小型カメラがメガネに搭載されたウェアラブルコンピュータで、指一本動かすことなく写真やビデオを撮ることができる。

◉国家が個人情報を悪用する

私の考えに懐疑《かいぎ》的な人々はこう言うだろう。すべての個人データを見えざる監視者に収集されて何が悪いのか。被害を受けている人などいるのか、と。確かに、データの侵害による個人的損害を証明するのは難しいかもしれない。実際、シャロンとビラルが就職や保険の加入を拒否されても、どのデータが原因なのか絶対にわからないだろう。

しかし、もっと大規模なデータ侵害の場合は一目瞭然《りようぜん》だ。個人情報のデータバンクは悪用され得るし、**実際に悪用される**のである。

すべての監視網のなかで最も古く、無害だと思われている米国国勢調査について考えてみよう。国勢調査によって集められた個人情報の機密性は法律によって保護されているが、このデータは繰り返し悪用されてきた。第一次世界大戦の間は徴兵違反者の居所を突きとめるのに用いられた。第二次世界大戦中は、米国国勢調査局が日系アメリカ人住民の名前と住所をシークレットサービスに提供し、その情報は日系人住民を強制収容所に収容するために利用された。

二〇〇〇年になってようやく、国勢調査局はその行為に対して公式に謝罪している。だが二〇〇二年と二〇〇三年には、同局がアラブ系アメリカ人に関する統計上の情報を国土安全保障省に提供した。悪評が立ったため同局は方針を改定し、人種、民族、宗教、所属政党、性的志向などの機密情報の提供を他の機関から求められた場合は、最高幹部の承認が必要であるとした。

もっとも、米国だけが人口統計を悪用しているわけではない。二十世紀初め、オーストラリアは住民登録データを利用し、先住民を強制移住させた。南アフリカでは、国勢調査が国家の人種隔離制度「アパルトヘイト」の重要な手段となり、一九九四年のルワンダ大虐殺《ぎゃくさつ》の際には、民族を示すIDカードによってツチ族が識別され、犠牲となった。ホロコーストでも、フランス、ポーランド、オランダ、ノルウェー、ドイツが住民データによってユダヤ人の居所を突きとめ、絶滅を目指したのである。

個人データは政治的な動機により悪用されることが多い。最も悪名の高い事例の一つは、一九六〇年代後半に連邦捜査局（FBI）が行なったコインテルプロ（＊訳注：対破壊者諜報《ちょうほう》活動）である。当時のFBI長官、J・エドガー・フーバーは、「破壊活動分子」に対して諜報活動を行なう極秘計画を立ち上げ、その情報を用いて破壊分子の信用を傷つけ、士気をくじこうとした。FBIは、マーティン・ルーサー・キング牧師が滞在するホテルの部屋を監視し、結婚を破綻《はたん》させるために、盗聴器で録音したテープを送りつけるという行為にまでおよんだ。キング牧師によると、テープとともに送られてきた書簡は、彼が自殺しなければ録音内容を公開するという脅《おど》しだったという。

ハッカーも、組織の防御を突破するには個人データを利用するのが一番だと気づいている。中国人ハッカーが高度なコンピュータセキュリティのパイオニア、RSA社を突破した例を見てみよう。ハッカーはソーシャルメディアサイトをうろついて従業員についての情報を入手し、従業員に「二〇一一年リクルートプラン」というタイトルのEメールを送った。それは正当なメールに見えたので、従業員の一人が迷惑メールフォルダから戻して開封した。そのファイルから個人のマシンにスパイウェアがインストールされ、攻撃者は組織の多数のコンピュータを遠隔操作できるようになった。彼らは組織ではなく個人のコンピュータに不正侵入したのだ。

◉あなたの携帯電話の位置情報が売買されている

名前や住所などの**身元を特定できる詳細情報はすべて——携帯電話の位置情報まで——自分で閲覧することも管理することもできない多様なデータベースに蓄積されている。**ストーカーや悪事を働く従業員は、これらのデータベースを悪用する方法を絶えず探してきた。

一九九九年、精神が錯乱《さくらん》した男、リアム・ヨウエンスがオンラインのデータブローカー、ドキュサーチに料金を支払い、彼がつきまとっているエイミー・ボワイエという女性の社会保障番号、雇用情報、自宅の住所を調べさせた。数日後、ヨウエンスは車でボワイエの職場に向かい、職場を出た彼女を射殺し、自分も拳銃自殺する。

ボワイエの家族はデータブローカーを訴えたが、ニューハンプシャー州最高裁判所の判決は以下のようなものだった。データブローカーは個人データの売却に当たって「相応《そうおう》の注意」を払うべきだが、勤め先の住所などの情報は「容易に一般大衆の目に触れるものであるため、住所は私的情報ではあり得ない」。

ボワイエの両親に支払われた賠償金はほんのわずかだった。何年もの法廷闘争に疲れた両親は、二〇〇四年、ドキュサーチと八万五〇〇〇ドルの賠償金で和解した。ドキュサーチはいまなお営業を続けており、そのサイトでは、いまだに「電話番号逆探知」「ナンバープレート調査」「名前で社会保障番号がわかる」「隠し銀行口座調査」などのサービスを宣伝している。

そのとき以来、住所情報の購入価格はヨウエンスが支払った約二〇〇ドルから、個人に関するより詳細な報告に対しても九五セントという水準にまで低下した。ネット上のストーキングはありふれた話になり、ニュースになることもめったにない。

そして遠からずして、リアルタイムのトラッキングが日常的になる日が来るだろう。米国はすでにパスポートに、約三メートルの近距離の範囲でデータ送信できる無線自動識別（ＲＦＩＤ）チップを埋めこみ、学校や企業でも、ＩＤカードにチップを埋めこむことを始めている。二〇一三年、ＲＦＩＤチップ内蔵ＩＤカードの携帯を求める学校に対して、ある生徒が異議を申し立てたが、テキサス州連邦裁判所判事はこれを却下した。企業経営者のなかには、気まぐれに従業員の皮下にチップを埋めこもうかと考えている人さえいたため、さすがにカリフォルニア州は二〇〇八年にその行為を禁止した。

携帯電話の追跡はすでに警察の日常業務となっている。二〇一一年、『ウォール・ストリート・ジャーナル』紙の同僚であるスコット・サームと私は、米国の上位二〇の州および地方警察に記録開示を要請した。八機関が少なくとも統計の概要を提出したが、それらは州および地方警察が毎年、リアルタイムで何千もの携帯電話を追跡していることを示していた。フロリダ州ブロワード郡の検察官グレッグ・ロスマンによると、それは「指紋鑑定やＤＮＡ鑑定」と同じくらい日常的になっているという。

当然、**電話会社は携帯電話の位置情報を、警察だけでなくもっと多くの人々に販売しはじめた**。二〇一三年、米携帯電話最大手のベライゾン・ワイヤレスは、企業に携帯電話ユーザーの位置情報を提供する新製品「プレシジョン・マーケット・インサイツ」を販売すると発表した。

ベライゾンの最初の顧客になったバスケットボールチーム、フェニックス・サンズは、ファンの居住地情報を求めていた。「こうした情報を皆が欲しがっていたのに、今まで手に入らなかったのです」とチームの副社長スコット・ホロヴィッツは語った。

◉ウェブカムで知らぬ間に裸が盗撮されていた

二〇〇九年、一五歳の高校生ブレイク・ロビンズは副校長に問いつめられていた。副校長は、彼が「自宅で不適切な行ない」をしていた証拠があると主張したのだ。彼が通うハリトン高校はフィラデルフィアの裕福な層が住む郊外の学区にあり、この学校は、二三〇〇人の生徒に配ったノートパソコンにスパイウェアをインストールしていた。学校の技術者が何台かのパソコンのスパイウェアを動作させていて、生徒のパソコンのスクリーンショットやウェブカムを使って写真を撮影することができたのだ。ブレイクのウェブカムは彼が錠剤《じょうざい》のような物を持っている姿をとらえていた。彼と家族はそれがキャンディーだと言い、副校長はドラッグだと考えていた。

ブレイクの家族は、息子のプライバシーを侵害したとして学区を相手取り訴訟を起こした。学校側は、盗難の際に技術者がパソコンの位置を特定できるようソフトウェアをインストールしたと主張した。しかし、学校側は生徒たちにソフトウェアの存在を通知せず、技術スタッフがカメラを操作できる時間に関するガイドラインも決めていなかった。

内部調査によって、四〇台以上のノートパソコンのカメラが操作され、六万五〇〇〇以上の画像が撮られていたことがわかった。**何人かの生徒は何千回も撮影され、半裸のときや眠っているときの写真まで撮られていた。**元生徒のジョシュア・レビンは、自分のノートパソコンのカメラが撮った八〇〇〇枚の写真とスクリーンショットの何枚かを見たとき、「ショックを受け、自尊心を傷つけられ、ひどい精神的苦痛を感じました」と述べている。レビン、ロビンズ、そしてもう一人の生徒は学校側を告訴して金銭的和解を勝ち取り、教育委員会は、学校側が生徒の監視にカメラを用いることを禁止した。

私たちは監視カメラが至るところにあることに慣れている。マンハッタン南部には推定四〇〇〇台以上の監視カメラが設置されているし、ロンドンは五〇万台以上のセキュリティカメラがあることで知られている。

だが、カメラが小型化するにつれて家庭やプライベートスペースに入りこみ、公私の定義を根本からくつがえしている。たとえば、カメラを搭載したドローンはかなり安くなって普及し、近所迷惑になりつつある。二〇一三年五月、シアトルに住む女性が地元ブログに苦情を書いた。「知らない人が私の家の庭にドローンを飛ばしてくるんです……。暖かい春の日なので、最初、そのブーンという騒音は電動草刈機の音だと思っていました」。彼女の夫がドローンを飛ばしている男性に話しかけると、男性はそれを飛ばすことは違法ではなくて、ドローンにはカメラがついているものだ、と言いたてた。「心配でたまりません。私たちの家に押し入ったり、のぞき見したり、そんな犯罪行為が簡単にできるんですから」と彼女は言う。

◉誰かが自分になりすます

ジャリーサ・スエルは八歳で母親から引き離されて里親《さとおや》に預けられ、里親制度から離れるまでに七軒の里親家庭を転々としている。二一歳になり、ジョージ・ワシントン大学の卒業が近づいた頃、彼女はクレジットカードを申し込んだ。そのとき、里親の家族の一人がジャリーサになりすまして彼女名義のクレジットカードを作成し、支払い義務を怠《おこた》ったことに気づいた。

クレジットカードがなければ車も購入できない。卒業後にアパートの部屋を手に入れることもできないだろう、とジャリーサは心配していた。二〇一一年、個人情報窃盗《せっとう》に関するワークショップの参加者に次のように語っている。「次の日に住むところがあるだろうか、食べる物があるだろうか、とよく不安になります。だから、あの、独立したらそうならないように必死に頑張《がんば》ってきたんです。でも今は、まさにその状況になっています。たぶんクレジットの信用枠《わく》がないという、ただそれだけの理由で」

残念なことにジャリーサのような里子《さとご》は、個人情報窃盗として知られる犯罪の被害者になることが非常に多い。誰も実際に個人の独自性を盗むことなどできないのだから、私はその犯罪を**「なりすまし」**と呼びたい。ジャリーサは相変わらずジャリーサ自身であり、誰かが金もうけのために彼女になりすましただけなのだ。

里子のなりすまし問題の増加に応えて、バラク・オバマ大統領は二〇一一年、里親家庭の子どもが里親制度のもとにいる限り、一六歳以後は毎年、信用調査会社が無料信用調査報告書を提供すべきことを規定した法律に署名した。

しかし、根本的ななりすまし問題は発生し続けている。連邦取引委員会がまとめた統計によると、個人情報窃盗に関する苦情件数は五年にわたってほぼ横ばい状態が続いた後、二〇一二年には前年度の二億七九〇〇万件から三分の一近く増加し、三億六九〇〇万件となった。

連邦取引委員会で個人情報保護プログラムの調整を行なう弁護士、スティーブ・トポロフによると、クレジットカード詐欺《さぎ》についての苦情が最も多いという。近頃では税金詐欺が一番多いと彼は言った。「医療詐欺などの新手《あらて》の詐欺も見かけます。医療を受けるために個人情報を使うんです」。税金詐欺や医療詐欺を見抜くことがさらに難しいのは、信用調書ほど簡単にファイルにアクセスできないからだ。

◉グーグル予測検索の功罪

人々のネットサーフィンを監視する企業は、自分たちの行動が無害であり、最近靴を閲覧した人に靴の広告を見せたり、政治ニュースの好きな人に政治ニュースを見せたりしたいだけだと言う。私はこうしたマス・カスタマイゼーション（＊訳注：顧客が商品構成を選択できるようにすることにより、可能な限り顧客の要望に応える形で大量生産する方式）を**「鏡の間」**と呼んでいる。

鏡の間はときには役立つこともある。私は、閲覧したばかりの製品の購入を促《うなが》す広告を見るのが、特に嫌だと思っているわけではない。だが、鏡の間は気がかりな領域にも入りこむ。

ハーバード大学教授ラタニヤ・スウィーニーの二〇一三年一月の研究論文によると、「トレヴォン・ジョーンズ」などの伝統的に黒人らしい名前を検索すると、逮捕歴をほのめかす広告、たとえば「トレヴォン・ジョーンズ逮捕？」など——が現われる可能性が、「クリステン・スパロウ」などの伝統的に白人らしい名前を検索する場合より二五パーセント高いという。白人らしい名前の人々に犯罪歴があり、黒人らしい名前の人々に犯罪歴がない場合でも、名前によってこうした広告の相違があることをラタニヤは見いだした。

人々のネットサーフィンに関するデータも、いわゆるカスタマイズされたコンテンツを提供するために利用されることが増えている。たとえばグーグルは、過去の検索と閲覧の傾向による情報を用いて、さまざまな人々に異なる検索結果を提供している。人々が同一の検索要求を出してもそうなるのだ。全国のレストランではなく、居住地の近くのレストランを提案するなど、こうした外挿《がいそう》（＊訳注：既知のデータセットを用いて、将来のデータに関する情報を推論すること）は有用なこともあるが、押しつけがましいこともある。

二〇一二年十一月の大統領選挙までの数カ月間、グーグルは物議をかもす方法で政治的領域にまで推測を持ちこんだ。バラク・オバマについて検索した人は、その後、他のトピックの検索に大統領に関するニュースが挿入されているのを目にしたが、ミット・ロムニー（＊訳注：二〇一二年米大統領選の共和党候補）について検索した人は、その後の検索のなかでこの共和党大統領候補に関するニュースを見ることはなかった。

この相違はただ単に、ユーザーの検索を予測するために用いている数式の結果だとグーグルは主張した。グーグルの技術者はその努力を、ユーザーが自身のニーズに気づく前に、そのニーズに対する答えを見つける手助けと見なしていた。だが、もし新聞が同じことを行ない、特定の読者のための歯磨きに関する記事にオバマのニュースを挿入したなら、偏向していて差し出がましいと厳しく非難されることは知っておくべきだろう。同様に、新聞社がゲイと見なす購読者の新聞にゲイ向けの広告しか掲載しない、あるいは糖尿病と思われる購読者の新聞に糖尿病治療の広告しか掲載しなければ、アウトの宣告を受けるだろう。

グーグルは、別の状況なら社会的に受け入れられないことを技術によって免《まぬが》れているのだろうか。あるいは、第一級のプライバシー専門家、マーティン・エイブラムズはこのような行為を制限的な「箱詰め」と呼び、「何が可能かという自らの見通しが」自分が入れられた「箱によって制限される」としたが、彼が正しいのだろうか。

◉なぜユーザーによって異なる料金が提示されるのか

企業が収集する潜在顧客についてのデジタルデータが増えると、その情報を用いてユーザーによって異なる料金を請求したり、ユーザーごとに異なる提案へと導いたりできるようになる。

ワシントン大学の法律学教授リャン・カロは、これを「偏見の大量生産」と呼ぶ。企業が個人データを用いて人々の弱点を利用するのだ。たとえば、企業は消費者の意志を徐々に弱らせ、最後には折れて購入するように導くことができる。また、コンピュータのアルゴリズム（＊訳注：一連の算法、プログラムの解法手順）により、与えられた製品やサービスに対して各個人がそれぞれ最も支払いたいと思う価格に設定することができる。

クレジットカード会社はこうした技術を使いはじめている。二〇一〇年、『ウォール・ストリート・ジャーナル』紙の同僚と私は、キャピタル・ワンが自社サイトを訪れる人の収入や居住地を推測し、それにもとづいて掲載するクレジットカード（各々の金利が異なる）を変えていることに気づいた。その結果、コロラド州の建築業者トーマス・バーニーがキャピタル・ワンのサイトを訪れると、信用度の高い客向けのカード「キャピタル・ワン・プラチナ・プレステージ」を提示された。ところが、コロラドスプリングズ市の若い母親キャリー・アイザックがサイトにアクセスすると、「平均的」信用度の客向けのカードが掲載されていた。

そのからくりはコンピュータコードにあった。トーマスのコンピュータとキャピタル・ワンのサイトでやり取りされる三七四八行のコードに、所得水準（「アッパーミドル」）、学歴（「大卒」）、居住地（「エイボン市」）が含まれていたのだ。いっぽう、キャリーは「ある程度の大学」教育を受けており、「中程度の」所得しかない者と評価されていた。キャピタル・ワンのスポークスマンは私たちにこう語った。「マーケターはオンライン・オフラインにかかわらず、経験にもとづき、消費者の好みについて推測を行ないますが、消費者には自分の好きな別の商品を選ぶ自由がありますす」

二〇一二年になって、私のチームがふたたび市場操作についてテストしてみると、そのテクニックはさらに普及し、ますます高度になっていた。クレジット会社は依然として、提示するカードをユーザーによって変えていた。

さらに私たちは、ウェブサイトがユーザーの居住地を推測し、それにもとづいて価格を変えていることを発見した。私たちがテストを実施したところ、ロウズ・カンパニー（＊訳注：住宅リフォーム・生活家電チェーン）は、シカゴ市、ロサンゼルス市、バージニア州アシュバーン市のユーザーには冷蔵庫を四四九ドルで販売していたが、テストを行なった他の七都市では四九九ドルで販売していた。同様に、ホームデポ（＊訳注：ホームセンターを展開する米国企業）のウェブサイトでは、電線一巻（二五〇フィート）の価格がユーザーの居住地によって六通りに表示されていた。ロウズとホームデポはともに、その違いはネット販売価格を最寄り店の価格に合わせているからだと述べた。

最大手の事務用品企業ステイプルズのウェブサイトでは、広範な価格差のあることがわかった。ステイプルズはサイトのビジターに関するデータを用いて、居住地を推測しているようなのだ。その後、その地理的位置の評価にもとづき、ユーザーによって異なる価格を提示する。結果として、トゥルーデ・フリゼルがテキサス州ベルグハイムにある職場のコンピュータからStaples.comにログオンすると、スイングラインのホッチキスの価格は一四ドル二九セントになっていた。だが数マイル離れたベルネに住むキム・ワンブルが同じサイトを見ると、まったく同じホッチキスが一五ドル七九セントで売られていた。その違いは、品物を購入したのちに計算される送料のせいではなかった。逆に、ユーザーがライバル店からどのくらい離れた場所に住んでいるかを推測し、それを価格に反映させているらしい。ステイプルズはさまざまな理由で価格に差をつけていることを認めたが、詳しい説明はしなかった。

人種やその他の機密情報は、銀行・保険会社による特定警戒地区指定（＊訳注：融資・保険契約差し止め地域指定）につながることがあるが、そうした機密情報にもとづくものでない限り、ユーザーによって異なる価格をつけることは違法ではない。しかし、ユーザーによって価格を変えて提示すると、予期せぬ不公平な結果を招くことがある。ステイプルズのウェブサイトをテストしたところでは、平均所得がより高い地域では、所得の低い地域より割引価格で購入できる可能性が高かった。「非常に差別的な扱いだと思います」とキムは言う。

最悪なのは、貧しい人や高齢者、あるいは無学な人を食い物にするタイプである。**データブローカーは、財政的に困窮しているか、他の理由である種の市場の売り込みに弱い高齢者をリストアップし、いわゆる「カモにしやすい人の名簿」を作成している。**

二〇一二年十月、連邦取引委員会は、直近のローンの支払いが遅れた人々のリストを詐欺的マーケティング業者に売り渡したとして、米国最大手のデータブローカー、エクイファクスとその顧客たちに総額一六〇万ドルの罰金を科した。そのリストは「差し押さえはご免だ」とか「借金の後悔」といったタイトルで取引されていた。購入者のなかには、南カリフォルニアで詐欺的テレマーケティングを行なう、特に評判の悪い事務所があり、少なくとも一五〇〇人の住宅所有者から二三〇万ドル以上をだまし取ったとされている。住宅所有者たちは、利子を下げたり返済期間を延長したりするローン変更の手数料として、一〇〇〇〜五〇〇〇ドルの料金を支払ったが、ほとんど実現することはなく、彼らの多くは結局、自宅を失った。

◉「警察の面通《めんとお》し」で誰でも容疑者扱いできる

二〇一一年四月五日、ジョン・ガスはマサチューセッツ州ニーダムで郵便物を受け取り、開封して驚いた。運転免許証が無効になっているという通知書だったのだ。

ジョンは市の作業員で、ニーダム町のボイラー修理をしていた。運転免許証がないと仕事ができない。彼がマサチューセッツ自動車登録所（ＲＭＶ）に電話をかけると、身分証明書を持参の上、事情聴取に出頭するよう指示されたが、免許証が取り消された理由は教えてはもらえなかった。

ジョンは聴取に出向き、自動車登録所が身分詐称を見分けるために顔認識ソフトの使用を始めていたことを知った。これは免許証の写真を比較し、偽名を使って複数の免許証を申請する者を発見するためのソフトだった。そのソフトが、彼ともう一人の男性、マサチューセッツ州リホボスのエドワード・ペリーに、写真がよく似ているという警告フラグを立て、身元確認を要求していたのだ。

ジョンはまさしく、警察が誰でも容疑者扱いできるドラグネット、**「警察の面通《めんとお》し」**の犠牲者だった。これは、「有罪と立証されるまでは無実」として扱う法体系の伝統的見解をくつがえすものである。ジョン・ガスの場合、幸いにも自分の言い分を述べる機会が与えられたが、それはばかばかしい理由からだった。彼は一三年前の自分の写真を見せられたのだ。

「あなたには見えませんが」。警官は言った。

「当然ですよ」。ジョンは答えた。「一三年も経っています。体重が四五キロも軽かったんです」

ジョンはパスポートと出生証明書を提示し、免許証は使えるようになった。しかし、警察は免許証が回復されたことを証明する書類は何もくれなかった。再び車を運転できるようになったことを上司に説明する書類が欲しかったのだが。「悪い夢を見ているようでした」と彼は語った。

自分への不当な扱いと収入を失ったことに腹を立てたジョンは、ＲＭＶに対して、憲法で保障された権利である法の適正手続が行なわれなかったとする訴訟を起こした。ＲＭＶは次のように主張した。手紙は三月二十四日に郵送され、免許証は四月一日まで有効だったのだから、取り消しに異議を申し立てる機会は与えられていた、と。だがジョンが手紙を手に取ったのは、四月五日になってからだった。

サフォーク郡上級裁判所はＲＭＶの訴訟棄却《ききやく》の申し立てを認めた。ガスは控訴《こうそ》したが、控訴裁判所もまたガスに不利な判決を下した。「自分の身元について弁明しなければならなかったガスの怒りは理解できるが、そうだからといって、彼の事案が控訴裁判所として現時点で解決すべき重要な法的問題を引き起こしていることにはならない」。裁判官はそう述べた。

ジョンはすべての手続きで裏切られたように感じた。彼は今では、不当な扱いを受けないかと心配して、州警察との関わりには細心の注意を払っている。「チェック・アンド・バランスがないんです」と彼は言う。「人間がミスを犯すのは当然のことですが、まったく管理されていません。私たちは安全と引き換えに自由を提供しているのだと強く思います」と彼は語っている。

◉情報化時代のプライバシーについての考え方

これらの話は「情報は力なり」という単純な真理を示している。私たちに関する大量の情報を握っている人は誰であれ、私たちを支配するのだ。情報化時代になり、かつては入手できなかった情報にアクセスした人が力を得ることが、最初は約束されていた。私たちは世界中の店を比較して一番安いものを買い、一番よい知識を探し、自分と見解を共にする人たちを探し求めることができた。

しかし今や、力のバランスは変わりつつあり、**巨大組織、すなわち政府と企業の双方が、私たちの日常的側面に関わる膨大な量の情報をトラッキングすることにより、情報戦争で優勢となっている**。私たちは今、個人データを所有する者が私たちを困惑させ、財力を浪費させ、私たちを犯罪行為の罪で告発できるということを学んで知っている。こうした知識が、今度は恐怖の文化を生み出すかもしれない。

ここで再びシャロンとビラルのことを考えてみよう。彼らはPatientsLikeMe.comで監視されていることを知ると、すぐにインターネットから手を引いた。

ビラルはフォーラムから自分の投稿を削除して、サイトにアップロードしていた薬の服用歴を消去し、自分のパソコンのエクセルファイルに保存した。シャロンはインターネットの利用を完全にやめ、息子が監督なしに使うことも許していない。

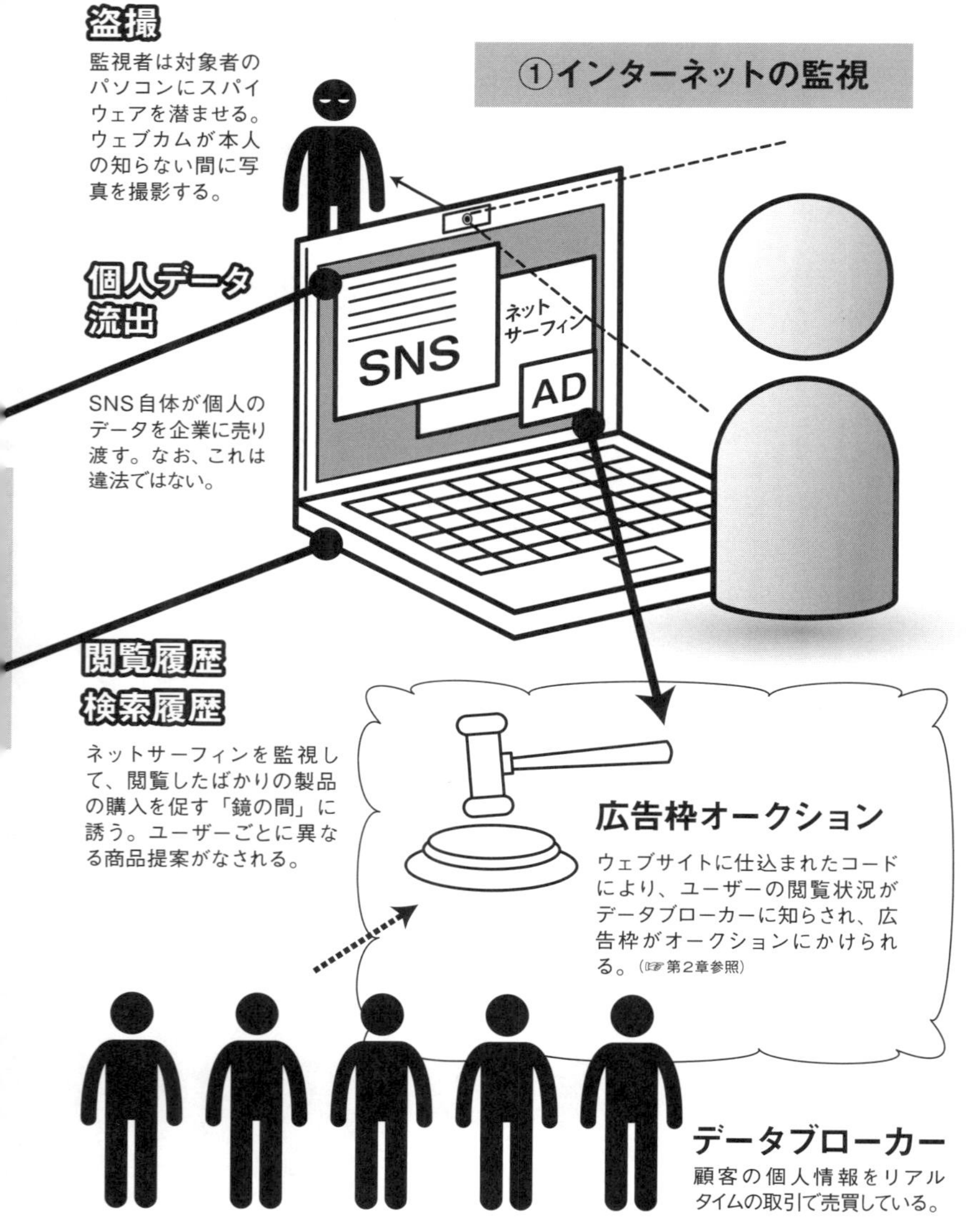
①インターネットの監視
盗撮
監視者は対象者のパソコンにスパイウェアを潜ませる。ウェブカムが本人の知らない間に写真を撮影する。
個人データ流出
SNS自体が個人のデータを企業に売り渡す。なお、これは違法ではない。
SNS
ネットサーフィン
AD
閲覧履歴
検索履歴
ネットサーフィンを監視して、閲覧したばかりの製品の購入を促す「鏡の間」に誘う。ユーザーごとに異なる商品提案がなされる。
広告枠オークション
ウェブサイトに仕込まれたコードにより、ユーザーの閲覧状況がデータブローカーに知らされ、広告枠がオークションにかけられる。（☞第2章参照）
データブローカー
顧客の個人情報をリアルタイムの取引で売買している。

※本図の作成は編集部による。著者の調査結果をもとに本図を作成したが、このような状況が日本にいつやって来ないとも限らない。

日常に潜むドラグネットが個人情報を盗み出す

あなたが気づかないうちに、身の回りに存在するたくさんのドラグネットが個人情報を盗んでいる。監視者は政府、民間、個人とさまざまだ。

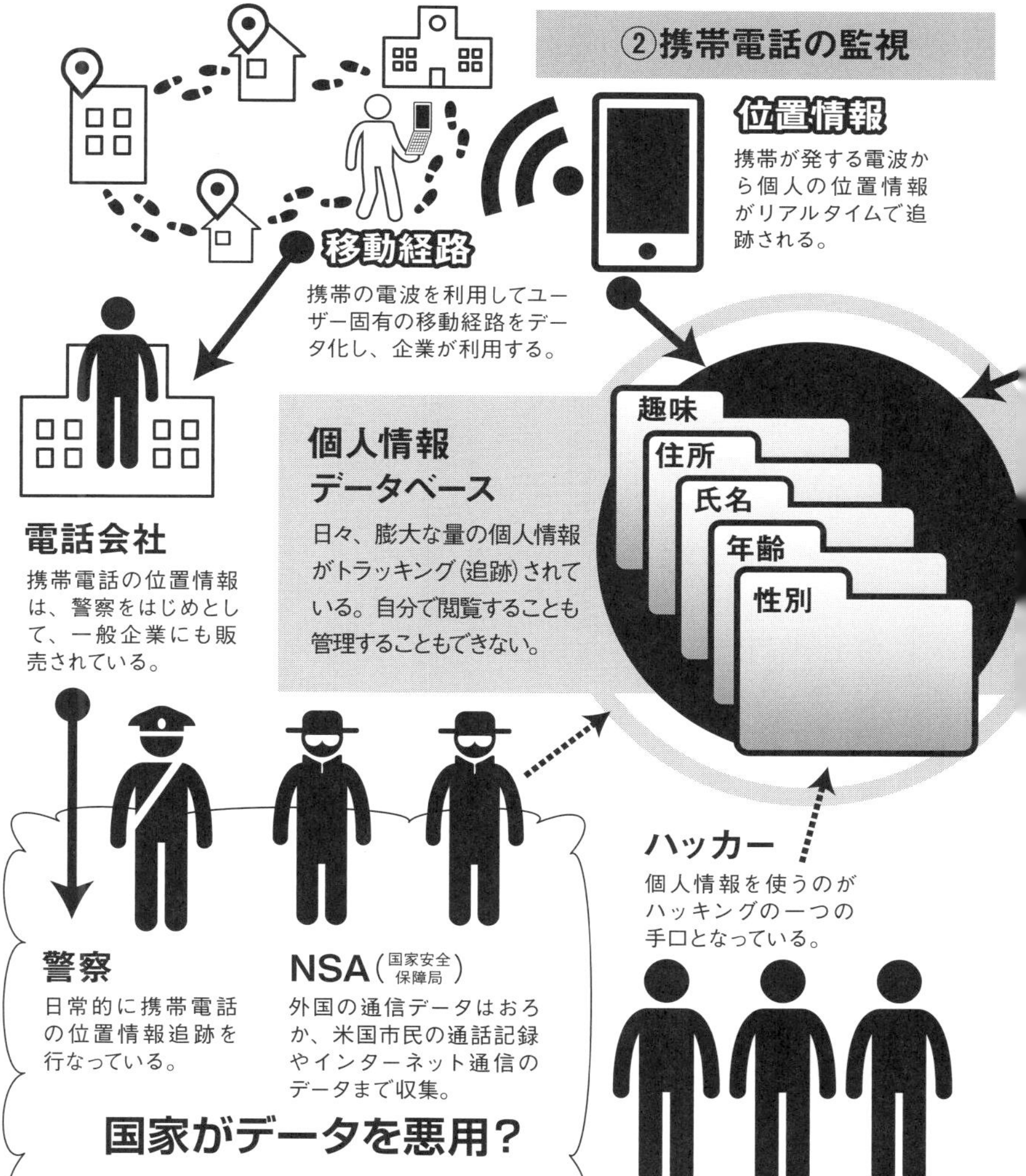

②携帯電話の監視
位置情報
携帯が発する電波から個人の位置情報がリアルタイムで追跡される。
移動経路
携帯の電波を利用してユーザー固有の移動経路をデータ化し、企業が利用する。
個人情報データベース
日々、膨大な量の個人情報がトラッキング(追跡)されている。自分で閲覧することも管理することもできない。
趣味
住所
氏名
年齢
性別
電話会社
携帯電話の位置情報は、警察をはじめとして、一般企業にも販売されている。
ハッカー
個人情報を使うのがハッキングの一つの手口となっている。
警察
日常的に携帯電話の位置情報追跡を行なっている。
NSA(国家安全保障局)
外国の通信データはおろか、米国市民の通話記録やインターネット通信のデータまで収集。
国家がデータを悪用?

彼らは電話で話すことを始めたが、PatientsLikeMe.comで築いたオンラインのつながりがないことを寂しく思っている。「代わりになるものが見つからないんです」とシャロンは言い、ビラルも同じ意見だ。「あのサイトに参加している人たちは、それがどんな気持ちかわかっているのです」。しかし監視される恐怖には二人とも耐えられないのだ。シャロンは、「入力した内容がすべてどこかの会社に筒抜《つつぬ》けになるのでは」と心配しながら生活することはできないと話し、ビラルも「信頼が壊れてしまったように感じます」とつけ加えた。

シャロンとビラルの話は、テクノロジーの華々《はなばな》しさとは裏腹《うらはら》に、デジタル時代の栄光がいつになっても実に不完全なものであることを思い起こさせる。テクノロジーによって心の奥に同じ思いを抱く人を見つけ、自分が孤独ではないことを実感することができる。しかしテクノロジーはまた、他人に私たちを監視させ、私たちをデジタル世界の親密な関係から遠ざける原因にもなるのである。

なぜプライバシーを気にするのかと尋ねられると、いつも頭に浮かぶのは、シャロンとビラル、私自身、私の子どもたちにとって、そしてすべての人々にとって、そこが世界のなかで安全なプライベートスペースであってほしいという単純な思いである。熱いろうで手紙を封印できるようなデジタル世界の空間であればいいと思うのだ。私たちはいつも、配達の途中で誰に読まれるかわからない絵はがきを書くべきなのだろうか。

私の探究によって、プライバシーについて「誰かに見られているのでは?」という単純な不安を述べる会話から、「なぜプライバシーが重要なのか」という別の視点による議論に発展し、最終的には、何ができるかを話し合う生産的な会話になることを望んでいる。

第2章 トラッキングというビジネス

◉九・一一が監視網国家を生んだ

ニューヨークの世界貿易センタービルを崩壊させ、何千人もの人々の命を奪ったテロ攻撃から七週間後、米国有数の暗号解読者が、国のトップ諜報機関に最後の別れを告げ、去っていった。

二〇〇一年十月三十一日、マンハッタン南端部ではまだ瓦礫《がれき》がくすぶり続けていた。炭疽菌《たんそきん》入りの封筒が連邦議会議員や国中のマスコミに送りつけられ、爆破テロ予告が毎日のように報じられていた。疑心暗鬼《ぎしんあんき》に陥《おちい》ったアメリカは、目に見えない敵と戦っていたのである。

しかし、国家安全保障局（ＮＳＡ）で大将に並ぶ地位にまで昇進していた暗号解読者、ビル・ビニーはその戦いには加わっていなかった。彼は、三〇年以上の安全保障局勤務を終えて退職するところだった。メリーランド州フォート・ミード陸軍基地で、安全保障局本部の階段を下りきると、ビニーはつぶやいた。「自由になれた。やっと自由になった」

ビニーは長年にわたって、アメリカ市民のプライバシーに配慮しつつ、世界を飛び交うインターネット情報を監視するため、諜報機関の監視方法を近代化しようと苦労してきた。しかし、彼の努力は至るところで妨害を受けたのだ。

同僚から聞いたところでは、安全保障局は今や、プライバシー保護を一切行なわないまま、アメリカ市民の通信情報を集めているという。彼はそれには関わりあいたくなかった。フォート・ミード基地を立ち去ることで、犯罪を犯していると感じる場から逃れようとしていたのだ。「国家安全保障局が目的を持って憲法を侵害しはじめたので、職に留まることはできませんでした」。ビニーは後の法廷で、自分の元雇用主に不利な証言を行なっている。

言うまでもなく、その後、私たちはビニーが正しかったことを悟る。**九月十一日のテロ攻撃の後、アメリカ政府はおそらく違法な広範囲の監視網を張りめぐらせ、ほぼすべてのアメリカ人の通話や電子メールのやり取りを傍受《ぼうじゅ》したのである。**

私は、大衆監視の起源と歴史を理解するために、何度も二〇〇一年について調べてみた。その年は、合衆国に対する悲惨なテロ攻撃の年であり、ドットコム・バブルの崩壊でテクノロジー業界が動揺していた年でもある。これらの一見、無関係に見える二つの事件はそれぞれ、今日の監視網の法的・技術的基礎を築くいくつもの出来事を引き起こした。アメリカ政府は、情報収集の伝統的手法が役に立たないことをテロ攻撃で思い知り、いっぽう、シリコンバレーでは、バブル崩壊によって金もうけの新たな手段を見つけなければならなくなった。

政府とシリコンバレーは、そのまったく異なる問題に対して、膨大な個人データを収集して分析するという同一の答えを出したのである。

もちろん、それぞれの目的は異なっていた。政府は住民の間に潜《ひそ》むテロリストを発見して排除することを目指し、ハイテク業界は、個人に関する確実なデータで広告主を誘いこむことを狙《ねら》っていた。しかし、アメリカ政府が権力を行使してハイテク産業の統計データを探るうちに、この二者は必然的に結びつくようになった。**政府とハイテク業界が一体となって、監視網国家を生み出したのである。**

というわけで、これから、監視網国家のそもそもの始まりについて話そうと思う。

◉合衆国憲法修正第四条の「抜け穴」

十八世紀、イギリスはアメリカ植民地の支配に手こずっていた。イギリスはアメリカ植民地と他のヨーロッパ諸国との貿易を阻止《そし》しようと試み、アメリカの代表をイギリス議会に受け入れることなくアメリカへの課税を実施しようとして、アメリカ人の反発を招いていた。

密輸の横行を取り締まるため、イギリスは新たなタイプの監視手法を定めた。援助令状として知られる一般捜査令状があれば、イギリス官吏は基本的に、容疑がなくとも一軒一軒を戸別に捜査できるようになったのだ。

イギリス官吏はいつでもどの家にでも押し入ることが可能となり、アメリカ人は激しい怒りを覚えた。極端な話、結婚式や葬儀の最中であっても急襲されるかもしれないのだ。法律家ジェイムズ・オーティス・ジュニアは一七六一年、ボストンでの有名な演説で「恣意《しい》的権力による最も悪しき手法のように思われる」と異議を唱えている。

一般令状に対する強い憤《いきどお》りは、アメリカ独立革命を引き起こすきっかけとなった。その怒りはまた、合衆国憲法修正第四条の土台となり、そこには以下のように記されている。

「国民が、不合理な捜索および押収または抑留から身体、家屋、書類および所持品の安全を保障される権利は、これを侵してはならない。いかなる令状も、宣誓または宣誓に代る確約にもとづいて、相当な理由が示され、かつ、捜索する場所および抑留する人または押収する物品が個別に明示されていない限り、これを発給してはならない」（＊訳注：在日米国大使館の訳による）

修正第四条は、アメリカの法執行官の基本原則である。しかし、**技術の進歩によって、修正第四条の解釈上の抜け穴を利用することが可能となった**。最も重要な抜け穴には次のようなものがある。

公共空間　修正第四条は「身体、家屋、書類および所持品」だけを保護している。最高裁判所の解釈によると、この文言は「公共の場において個人はプライバシーへの合理的期待を有しない」ことを意味するという。しかし科学技術によって、家庭内でのコンピュータの使用や裏庭の上空を飛ぶドローンによる監視が可能となり、保護される私的空間の領域は狭まっている。

サードパーティ・ドクトリン　最高裁が確立した「サード・パーティ・ドクトリン」には、「銀行や電話会社のような第三者（ザ・サード・パーティ）に渡しているデータについて、個人はプライバシーへの合理的期待を有しない」と記述されている。その結果、電子メールアドレスなど、第三者が保管する機密情報でも、捜査令状なしに入手できることが多い。

メタデータ　メタデータとは、データ自体に関する情報のこと。たとえば、手紙の入った封筒はメタデータと考えられ、データは手紙そのものである。裁判所は昔から、メタデータの捜査には法的に低い基準を設定している。たとえば郵便局では、令状なしに封筒の写真を撮ることが可能であるが、令状なしに封筒を開けることはできない。デジタル時代にあっては、あなたが電話をかける全相手先の電話番号や電子メールを送る相手、あなたのいる場所など、多くのことがメタデータによって暴露される。

国境捜索　ほとんどの裁判所は、修正第四条に対する「国境捜索の例外」を支持しており、それによって政府は、捜査令状なしに国境での捜索を行なうことができる。エレクトロニクス時代の今日において、それは「国境では職員が個人所有の携帯電話やパソコンの全データをダウンロードできる」ということであり、多くの場合、実際に行なわれている。アメリカ合衆国税関・国境警備局によれば、一日に約一五件の電子機器の捜査が行なわれている。

デジタル時代の今、これらの抜け穴が拡大し、かつて建国の父を激怒させた「合理的疑惑のない捜索」が容認されるようになっている。

◉スノーデンが暴露したNSAの国内諜報活動

合衆国大統領は、修正第四条の境界を踏み越えることにはずっと慎重だった。

一九八一年、ロナルド・レーガン大統領がソ連からの潜入者を捜索するため、限定された範囲の国内盗聴活動を認可した際には、情報局に「合衆国内部または海外在住アメリカ人に限定した範囲で、適切な最小限の収集手法」を用いるよう指示している。長年にわたってレーガンの指示は、「国内の諜報活動は犯罪を疑う理由がある場合に限定し、慎重に行なうべきである」という意味であると解釈されてきた。

しかし、九・一一テロ以降、国内諜報活動を行なう際の明確な容疑の必要性など、一顧《いっこ》だにされなくなった。テロ攻撃から数日後になされた一つの決定が、いかにして巨大な国内監視網の歯止めを外したのか。かつてNSAの外注業者だったエドワード・スノーデンが暴露した文書には、その衝撃的な状況が描かれている。

リークされた二〇〇九年監察官報告書によると、NSAの国内諜報活動は、二〇〇一年九月十四日、テロ攻撃から三日目に始まった。この日、安全保障局長官ミカエル・ハイデンは、アフガニスタンのテロリストのものと特定された電話番号とアメリカとの間のすべての通話を、捜査令状なしに傍受する許可を与えたのだ。九月二十六日、ハイデンは命令の範囲を拡大し、アフガニスタンのすべての電話番号を網羅《もうら》するようにした。

しかしまもなく、ハイデンはさらに多くのデータを要求する。彼は、NSAが海外で収集しているデータとFBIが国内で監視しているデータには「国際間ギャップ」があると考えていた。外国から発信されるアメリカあての通信を監視するところはどこにもなかったのだ。そこでハイデンは、ディック・チェイニー副大統領と相談し、チェイニーは顧問弁護士に、NSAが国際間ギャップを埋める手助けとなる法律覚書を立案するよう依頼した。十月四日、ジョージ・W・ブッシュ大統領は「合衆国におけるテロリスト活動を感知し予防するための、限定された期間における特定電子監視活動の認可」というタイトルの覚書を発表する。この覚書によりハイデンは、アメリカ住民の電子監視を本来監督すべき外国情報監視裁判所の承認を求めずに、アメリカとアフガニスタン間の通信に照準をあわせ続けることができるようになった。プログラムの認許期間は三〇日とされた。

その時点では、それは緊急対策として当然だと思われた。テロリストたちが自分のインターネット通信を世界中のサーバーを使って隠蔽《いんぺい》する時代にあって、アメリカの通信を外国の通信から区分することは困難なこともある。この指令により、緊急時にＮＳＡは、アメリカの通信を区分けすることから一時的に解放されるようになった。

しかし、ハイデンの慎重に工夫された短期プログラムが、結局は国内での本格的なスパイ活動へと変質する。当初の三〇日間指令は絶えず更新され、拡大された。一年もしないうちに、それは単なるアメリカとアフガニスタン間の通信を超えて広がった。**ＮＳＡは大統領指令を盾に、何千ものターゲットから電子メールや通話を同時に入手することを正当化したのだ。**

ＮＳＡはまた、「チェーン捜査」のため、つまり、テロリスト容疑者に電話をかけた人に電話をかけた人、またその人に電話をかけた人を捜索するために、大量の長距離電話や国際電話の通話記録を入手するようになった。さらにＮＳＡは、「通信の大半が外国からの発信」で、テロリストの送受信データを収集している「可能性が高い」発信元からのインターネット通信（メール送り先や参照したウェブページ）の収集を開始した。

このデータのすべてを集めるために、ＮＳＡはインターネット会社と電話会社の協力を求めた。報告書によれば、七つの会社（名前は開示されていない）が依頼を受け、うち三社は参加を断わっている。

『ニューヨーク・タイムズ』紙は二〇〇五年、捜査令状なしの傍受プログラムについての記事を載せ、機密情報収集法が大きく転換したと述べた。数カ月後、ＡＴ＆Ｔ社の元技術者マーク・クラインが、ＮＳＡはＡＴ＆Ｔサンフランシスコ支店の秘密の部屋に、インターネット通信をすべて傍受できる装置を仕掛けていた、という情報を公表し、その傍受プログラムの大きな広がりが明らかとなる。「これは〝オーウェル流警察国家（＊訳注：ジョージ・オーウェルの小説『一九八四年』には未来の全体主義社会が描かれている）〟のためのインフラであり、閉鎖すべきです！」。クラインは公《おおやけ》の場でそう述べている。

その後、二〇〇六年五月、『USAトゥデイ』紙は、AT&T、ベライゾン、ベルサウスの各社が九・一一テロ直後に、顧客の通話記録をNSAに提供していたとする記事を掲載した。記事に引用された匿名《とくめい》の当局者は、「これは今までに世界で集められたなかで最大のデータベースだ」と述べている。

危機感を持ったブッシュ大統領は、プログラムの一部を短期間中断する。しかし二〇〇八年、彼は外国諜報活動偵察法の修正法案に署名し、それによって傍受プログラムが復活し合法化されるとともに、違法性があったプログラムにかつて参加した通信プロバイダーには訴訟への免責《めんせき》が与えられた。

FISA（外国諜報活動偵察法）修正法案により、政府が対象者の名前を知ることなく、通信を傍受することを許可する新種の捜索令状が設けられ、それは本質的に、それまで行なわれてきた広範な令状なしの傍受をそのまま継続することだった。しかし今回、政府は容疑者に狙いを定めるためのアルゴリズムについて、裁判官の許可を得る必要があった。スノーデンが暴露したPRISMプログラムには、アルゴリズム許可証に従うインターネット会社についての記載がある。ヤフーは秘密法廷の公聴会で、許可証の一つは憲法違反と明言し、表面的には争う姿勢を示した。しかし敗訴し、裁判所侮辱《ぶじょく》罪を恐れて許可証に従うことを余儀なくされた。

しかし驚くべきことに、令状なしの傍受は比較的控えめなNSAプログラムの一つにすぎないことが明らかとなる。それは、アメリカから外国への通信の傍受に限定されていたからである。**はるかに広範囲におよんでいたのは、NSAがアメリカ国内で収集を始めていた膨大な量の通話とインターネット通信の傍受だった。**それは**「メタデータ」にすぎないので、国内通話の記録やインターネット通信を収集することはアメリカ人のプライバシー侵害には当たらない**、とNSAは主張した。

スノーデンの暴露によると、秘密法廷はベライゾン社に対して、毎日の通話記録をNSAに引き渡すよう命じていた。その直後、カリフォルニア州選出連邦上院議員のダイアン・ファインスタインは、NSAが七年間にわたって、主な電話会社から国内および国際通話の記録を収集していたことを認めた。

スノーデンはまた、司法省次官ケネス・ウェインスタインが書いた覚書を公開した。そこでウェインスタインは、NSAの国内インターネット通信収集を拡大する法的権限が認められるよう後押ししている。「コンピュータ・アルゴリズムを使って、NSAは情報伝達者を結びつける接触の連鎖をつくることができる」とウェインスタインは記している。「NSAの現在の方法は、アメリカ人が使っていると考えられる電話番号かアドレスに連鎖がヒットしたらこれを『やめる』やり方である」。そして彼は司法長官に、アメリカ居住者に関する「接触の連鎖づくり」を実行する許可を求めている。

彼の願いは一時的に認められたようだ。オバマ政権によれば、インターネット通信監視プログラムは二〇一一年に終了し、再開されていないという。とにかく、スノーデンの暴露によって、多くの人々が長年疑ってきたことが確認された――**アメリカとアフガニスタン間の通信を対象と**

する三〇日間のちっぽけな監視網が、壮大な国内ドラグネットへと急成長を遂げたのである。

◉シリコンバレーのドラグネット

二〇〇一年九月十一日のテロ攻撃の後、膨大なテロ対策費が一気に支出され、国および地方レベルでのドラグネットによる監視に油を注いだ。二〇一三年のアメリカの情報機関の予算は、テロ攻撃前の二七〇億ドルから七五〇億ドルへと膨《ふく》れ上がり、その一部は補助金の形で州に流れていった。

国土安全保障省（DHS）の活動に絞《しぼ》って考えてみよう。九・一一以降、安全保障省は七〇億ドル以上を、「脅威が高い高密度都市圏」のテロ予防とテロへの対応を支援する補助金として配分した。DHSの補助金のうち五〇〇〇万ドル以上は、州警察がナンバープレート自動読取装置を購入するために付与され、以前は不可能だった方法で住民の移動を監視することが可能となった。安全保障省はまた、ほぼすべての州に「フュージョンセンター」を設立する資金援助を行なった。このセンターは、将来のテロ活動防止の手がかりを見いだすことを目的に、さまざまな情報機関から――そしてときには民間のデータブローカーから――集められるデータを処理する任務を負うものだ。また地方警察は、携帯電話から発信される信号を用いた人々の追跡を徐々に始めた。

同時に、容疑なしで行なう捜査がますます増えていった。二〇〇八年、司法長官は、FBIが「特定の事実認定」なしに捜査を開始することを認める新たなガイドラインを発行した。この新ルールのもとで、FBIは「捜査上の関心のある個人やグループ、組織について、犯罪や国家の安全を脅かす活動に手を染める可能性があること、あるいはそうした活動による攻撃対象や犠牲者となる恐れがあることを理由に、その情報を入手する責任を負うこととなった」。

さらに二〇一二年、**司法省は、国家テロ対策センターがアメリカ市民についての政府データベース全体――搭乗記録、カジノ従業員のリスト、交換留学生を受け入れているアメリカ人の名前など――をコピーし、不審な行動についてファイルを調査することを許可した**。それ以前は、テロ容疑者または捜査に関係のある者でなければ、アメリカ市民に関わる情報を保管することを禁じられていたのだ。容疑なしのドラグネットが新たな標準となったのである。

二〇〇一年のテロ攻撃は、シリコンバレーにおいてもドラグネット時代の到来を告げた。

一九九〇年代まで、消費者向けソフトウェア産業は小売業で、ソフトウェアは、プラスチックフィルムで密封された箱に入れて店頭で売られていた。もちろん、企業も産業用グレードのソフトを卸値で買っていた。しかし、大衆向けの市場は――大半はゲームとオフィスの生産性改善ツールだったが――小売店だった。

インターネットによりソフトウェア産業は大打撃を受けた。

最初の本物のインターネット・ソフトウェアは、一九九四年に発売されたウェブブラウザ、ネットスケープ・ナビゲーターである。初めての本物の大衆向けソフトウェアへの期待から、ネットスケープ社の新規株式公開は巨額の金をもたらした。株価は最初の取引日に高騰《こうとう》し、初値の四倍となる価格で取引を終えた。ネットスケープ社の共同設立者であるマーク・アンドリーセンは、弱冠二四歳で、突然一億七一〇〇万ドルの富豪となった。翌年、アンドリーセンの画像が『タイム』誌の表紙を飾り、「黄金のコンピュータおたく」という表題の横に素足で王座に座る姿が描かれていた。

しかし、利益が手に入ることはなかった。マイクロソフト社がウィンドウズ95のオペレーティングシステムに、無料ウェブブラウザ、インターネットエクスプローラーを組みこみはじめたからである。その結果、ネットスケープ社はそのソフトの代金を請求することができなくなった。

一九九八年、司法省と、二〇の州およびコロンビア特別区（＊訳注：アメリカの首都ワシントンDCの正式名称）の州検事総長は、マイクロソフト社を相手取り、インターネットエクスプローラーをウィンドウズ95と抱き合わせ販売することは独占行為に当たるとする訴訟を起こした。しかし二〇〇二年、マイクロソフトが同意判決に署名した頃には、時すでに遅しであった。一九九八年にインターネットエクスプローラーのマーケットシェアがネットスケープを超え、二〇〇八年にはネットスケープ社のソフトウェア事業は公式に放棄された。

初めての本物の大衆向けソフトウェアが作り出されたが、それで金を稼ぐことはできなかった。その教訓は明らかに、小売のソフトウェア・マーケットは終わったということだった。しかし、テクノロジーにはソフトが必要だ。では、どうやって資金を調達するのか。

当初は、広告が解決方法のように思えた。一九九〇年代後半の時期、シリコンバレーにはドットコム企業があふれ、その多くは広告がビジネスの収入源になるという前提に立っていた。しかし二〇〇〇年にバブルが崩壊する。ヤフーの場合、その収入の大部分はオンライン広告によるものだったが、二〇〇〇年初めには一一三九億ドルであった会社の時価総額が、一年後にはわずか七九億ドルに急落する。

世間一般の通念は、オンライン広告は破綻《はたん》したというものだった。二〇〇一年十一月、アーノルド・マクグラス広告代理店CEO、パット・マクグラスはこう語っている。「二年前には、広告主の大半は『インターネットに出さないと』と言っていたものですが、今では一歩後退して、『このブランドの宣伝方法として、インターネットは理にかなうだろうか』と言います」。マクグラス社の評価は業界中に響きわたった。ツィフ・デービス・スマートビジネス社の編集者、ウェンディ・テイラーが最も簡潔に表現し、「オンライン広告は終わった」と述べた。

広告の歴史において、広告の視聴者の数を測る最高の手段を持っている業界が、その製品の有効性を証明する測定基準を持っていないと非難されたのだ。インターネット企業はもっと優れた指標を探しはじめた。クッキーと呼ばれる素晴らしいトラッキング技術を使えば、ウェブユーザーをサイトからサイトへと追跡することができたが、法律的に合法かどうかがはっきりしなかった。

二〇〇〇年、オンライン広告会社のダブルクリック社に対し、サイト訪問者のコンピュータにクッキーをインストールすることは、盗聴、ハッキング、電子監視を制限した法律を侵犯しているとして、連邦裁判所への集団訴訟が起こされた。一年後、ニューヨーク南地区連邦地方裁判所のナオミ・リース・バックウォルド判事は、ダブルクリック社がサイト訪問者のコンピュータにクッキーをインストールすることを、サイト側が許可しているので、ダブルクリック社の行為は違法ではないとする判決を下した。「ダブルクリック社のアフィリエイトサイトは、訪問者の『通信に関与する当事者』であり、ダブルクリック社がそれを傍受することへの十分な承諾を与えていることが判明した」と記している。彼女の判決は、企業のインターネット監視のフリーパスに相当するものだった。**誰かがウェブサイトを訪問するとき、そのサイトは訪問者の通信を他**

人に傍受させることが自由にできるのである。

ついにシリコンバレーは、**「トラッキング」**というビジネスモデルを手にしたのである。

◉トラッキングビジネスの巨大市場がネットに出現

もちろん、民間企業は長年にわたって自分の顧客と従業員に関するデータを集めてきた。しかし、個人データを売買することがビジネスになったのは、現代のようにコンピュータを使用するようになって以降のことである。

一九七一年、ヴィノード・グプタは上司から、全国のトレーラーハウス販売店を網羅するリストを手に入れるよう依頼された。最近インドから移住し、ネブラスカ大学のＭＢＡを終えたグプタは、椅子に腰を下ろし、山ほどの職業別電話帳を抱えて自分でリストを作りはじめた。しかしすぐに、マーケティング用の一覧表を作るにはもっといいやり方があるはずだと気づいた。そして一九七二年、職業別電話帳のリストからマーケティング担当者用の誂《あつら》えリストを作成する会社、アメリカン・ビジネス・インフォーメーションを設立する。今ではインフォグループとして知られる同社は、すぐに個人別電話帳からのデータも入れるように手を広げた。さらに専門職能団体からデータを購入し、運転免許の記録から有権者登録カードや裁判歴に至るまで、入手可能な公開データを一切合財《がっさい》かき集めはじめたのである。

「ほとんどあらゆるリストが手に入ります」と後にグプタは語っている。「左利きゴルファー、左利きの漁師、フライフィッシング漁師、あるいは犬の飼主、そういったリストはすべて入手可能です」

ネブラスカ州から少し離れたアーカンソー州コンウェイでは、別の会社が同じ課題に取り組んでいた。一九六九年、民主党の活動に積極的だった地元の実業家チャールズ・ウォードは、地元の候補者のダイレクトメール・キャンペーンを支援するために、デモグラフィックスという名の小さな会社を立ち上げた。その会社は、俳優デール・バンパーズのアーカンソー州知事への立候補や、失敗に終わったロイド・ベンツェンの大統領選挙への出馬を支援し、最終的には政治活動の枠を超えて事業を拡張した。一九八九年、社名がアクシオムに変更される。

アクシオムは、一九九〇年代、各企業が顧客データ管理のためにコンピュータ専門知識を有する会社を必要としたので、急成長を遂げる。一九九三年から一九九八年の間に、アクシオムの収益は九一〇〇万ドルから四倍に増え、四億二〇〇万ドルとなった。「データは常に存在していました」。アクシオムの経営者ドナルド・ヒンマンは一九九八年、『ワシントンポスト』紙に語っている。「テクノロジーによって、それにアクセスできるようになっただけなんです」

新しいデータの宝庫が新ビジネスに火をつけた。クレジットカード会社のキャピタル・ワンとディスカバーは、全人口を利益の上がるセグメントに細分化し、そこをダイレクトメールの標的にする手法を発見した。**データの販売はあらゆるレベルの政府にとって、もうけの多いビジネスとなった**。フロリダ州だけでも、運転免許データの販売で年に六二〇〇万ドルの利益を得ている。米国郵政公社は、アクシオムのような企業に対してナショナル・チェンジ・オブ・アドレス・データベースへのアクセスを認めることで、年間九五〇万ドルの収益を上げている。

二〇〇〇年代、インターネットが普及するにつれ、マーケティング担当者は、人々がオンラインで閲覧している場所についての「より鮮度の高い」データに関心を持つようになった。ダブルクリック社への合法判決によって、業界全体で、ウェブユーザーがクリックするたびにオンラインで追跡することに夢中になった。二〇〇七年には、インターネット巨大企業がすべて、オンライントラッキングビジネスに参入してきた。AOL社は行動ターゲティング広告会社TACODAを二億七五〇〇万ドルで買収し、グーグルはダブルクリック社の買収に三一億ドルを支払い、マイクロソフト社はオンライン広告会社であるアクアンティブ社買収に六〇億ドルを支払った。**それらの会社はすべて、ウェブユーザーのプロフィールを作る事業を行なっていたのだ。**

ビッグデータを取り扱う業者は迅速《じんそく》に対応した。アクシオム社は、他の会社とともに、自社のファイルをウェブ閲覧記録と一体化する作業を始めた。広告主がメールと同じ正確さでオンライン広告の照準を合わせることを可能にするためである。同時にアクシオム社は、フェイスブックのように自社のトラッキングを高度化したい企業に、アクシオムが保有するデータの販売を開始した。

オンライントラッキングはまた、新たな産業であるデータ取引を発展させる推進力となった。**株式市場と類似の取引所で、広告主は顧客プロフィールをミリ秒の取引で売買するのである。**それは次のような仕組みだ。

あなたがeベイでデジカメを見るとき、ウェブページには、たとえばブルーカイのようなデータエクスチェンジ会社からのコードが埋めこまれている。あなたがページを訪れていることがブルーカイに通知されると、あなたのクッキー情報は、カメラ購入者を獲得したい広告主の競売にかけられ、最高入札者がそれ以降のページであなたにデジカメの広告を見せる権利を得るのである。オンライン広告がしばしばあなたにつきまとうのは、そういった理由による。

オンライン広告が急成長しているのはトラッキングに負うところが大きい。業界収益は、二〇〇三年のわずか七三億ドルから、二〇一二年の三六六億ドルへと上昇した。トラッキングが業界にとって死活的に重要なものであるため、ネット広告団体、インタラクティブ・アドバタイジング・ビューローの会長ランドール・ローゼンバーグは二〇一三年、業界が人々を追跡する能力を失えば、「インターネット広告による何十億ドルもの収入と、それに頼っている膨大な数の仕事が消えてしまう」と話している。

欧州委員会のメンバー、メグレナ・クネヴァ（＊訳注：消費者保護担当委員）は、二〇〇九年にその状況を非常にうまく言い表わし、**「個人データはインターネットの新たな石油であり、デジタル世界の新たな通貨である」**と述べた。

◉政府、民間、個人と相互に絡《から》まりあうトラッカーたち

トラッカーを分類するとすれば、次のようなものになるだろう。

政府機関

偶発的コレクター……通常業務のなかでデータを集める機関。たとえば州の自動車登録所や国税庁など。ただし、データビジネスを直接行なっているわけではない。

捜査当局……法執行による捜査の一環として、容疑者に関するデータを収集する機関。たとえばＦＢＩや地方警察など。

データ分析機関……政府機関や民間データブローカーからの情報をかき集めて分析する新種の

機関。たとえば州のフュージョンセンター（＊訳注：主要都市や州に設置され、関連情報を収集および分析し、参照可能かつ複製可能なデータに変換し、実行部隊へ関連情報を提供する）や国家テロ対策センターなど。

諜報機関……ＮＳＡのような機関。本来外国からのスパイ活動に集中することになっているが、国内の諜報活動にも目を向けてきている。

民営機関

偶発的コレクター……通常業務のなかで個人情報を集める基本的にすべての企業。地域のドライクリーニング店から銀行や通信プロバイダーまで、多岐《たき》にわたる。

「フリースタイラー」……大部分はグーグルやフェイスブックのようなソフトウェア企業で、無料でサービスを提供し、顧客データで金を稼いでいる。通常、マーケティング業者にデータ・アクセス権を販売する。

マーケティング業者……デジタル広告事業の基礎として、インターネット・トラッキングが盛んになったため、マーケティング業者は主にデータビジネスに携わることになった。

データブローカー……政府および民営の偶発的コレクターからデータを購入・分析し、再販売する企業。アクシオムのように主に企業に販売する会社もあれば、インテリウスのように、主として個人に売る企業もある。

データエクスチェンジ……マーケティング業者やデータブローカーは、証券取引を模倣《もほう》したリアルタイム取引デスクでの情報取引をますます増加させている。

個人

大衆ドラグネット……テクノロジーが十分安価となったので、ダッシュボードカメラや自作ドローン、また写真や動画が撮れる小さなカメラが付いたグーグルグラスを使って、誰もが自分で、トラッキングを行なえるようになった。

トラッカーは互いに複雑に絡み合っている。**民営のデータブローカーにとって政府機関データは不可欠であり、政府のドラグネットは民間セクターから情報を得ることを当てにしている。**

ほんの一例として、投票について考えてみよう。選挙登録のためには、住民は政府の用紙に記入する義務があり、通常、名前、住所、そして一つの州を除くすべての州で生年月日を書かなければならない。しかし、それらのリストはしばしば民間のデータブローカーに売却され、そのことに気づいている投票者はほとんどいない。二〇一一年の調査で、州全体の投票者リストが、カリフォルニア州ではわずか三〇ドル、ジョージア州では六〇五〇ドルの高値で売られていることが明らかになった。

民間データブローカーは、投票の情報を他の情報と組み合わせて充実した個人プロフィールを作るのである。たとえば、データブローカーのアリストートル社は、一億九〇〇〇万人の投票者を信用格付けやローン金額などの「五〇〇以上の消費者データ項目」で識別できる能力を売り込んでいる。

となると、アリストートルの詳細なデータを誰が購入するのか、わかるだろうか。それは、政府の金を使うこともある政治家なのだ。「レーガンからオバマ大統領まで、民主党と共和党のすべての大統領が、アリストートルの製品やサービスを利用してきました」とアリストートルは豪《ごう》語《ご》する。実際、ハーバード大学の学部生メリッサ・オッペンハイムの二〇一二年の大胆な卒業論文によると、五一人のアメリカ下院議員が議員手当の一部でアリストートルからデータを購入し、選挙民の子どもの年齢や宗教雑誌を購読しているかどうか、あるいは狩猟ライセンス保有の有無を知ることができたという。

このようにして、オッペンハイムの言う「ダーク・データ・サイクル」が一回りして元に戻るのだ。**政府が市民にデータ作成を要求し、それが民間法人に売られ、そこでデータはロンダリングされて政府に売り戻される**のである。

ダーク・データ・サイクルは、ほぼすべてのタイプのデータに発生する。州の自動車登録情報は総合オンライン・データベースのレキシスネクシスに収集されて、そのレポートに入り、その他のデータの付加価値がつけられて国土安全保障省に販売される。抵当権差し押さえの記録は州立裁判所に蓄えられてコアロジック社のようなデータブローカーによって収集され、そして政府などの顧客に不動産データのパッケージとして販売されるのである。

さらに暗いデータ・サイクルが非公開の外国情報監視裁判所で発生する。そこでは政府が、民間企業に顧客に関するデータを引き渡すよう請求できるのである。そのような状況下で、グーグル、ヤフー、AT&T、ベライゾンそしてマイクロソフトなどの巨大企業が、その顧客情報をNSAに引き渡すよう強《し》いられたのだった。会社と政府のドラグネットは不可分に結び付けられており、相手なしではどちらも存在できないのが実態である。

◉ＮＳＡの批判は許されない

ビル・ビニーはＮＳＡのドラグネットに声高《こわだか》に反対したことで苦しみを受けた。

ＮＳＡに在職中、ビニーはドラグネットの開発を行ない、それが個人のプライバシーを尊重し保護すると信じていた。シンスレッドと呼ばれる巧妙なプログラムで、大量のインターネットおよび通話情報を傍受して暗号化し、そのパターンを分析するものだった。特定の脅威が検出されたときに限って暗号を復号化《ふくごう》（＊訳注：暗号文から秘匿処理の行なわれていない状態のデータにすること）する想定で、裁判所はデータを復号する捜査令状を承認していた。

しかし彼はそのプログラムを運用することを許されなかった。数年間の内部抗争の間、ビニーと彼の同僚は議会指導者への直接提訴も行なったが、その後、ＮＳＡのトップはシンスレッドへの支持を拒否した。理由の一つは、九・一一以前の時代にあって、シンスレッドが暗号化されるとはいえ国内通信を収集することから、アメリカ人のプライバシーを侵害する可能性があると、ＮＳＡの法律家が懸念したことだった。

もう一つの理由は、ＮＳＡ長官のミカエル・ハイデンが、トレイルブレイザーというもっと費用のかかるプログラムの支持にまわったことだった。請負業者によって製作され、同じようにＮＳＡの莫大《ばくだい》なデータの分析を目標としていたが、暗号化は行なっていなかった。トレイルブレイザーは膨大な予算超過と技術的失敗により、最終的に放棄される。

二〇〇二年、ビニーの同僚でシンスレッドの開発に取り組んでいたカーク・ウィーブは、国防総省の監察総監室に連絡し、ＮＳＡの「無駄遣い・詐欺・濫用《らんよう》」と思われるものについて報告した。二〇〇五年に発行された監察総監室の報告書は大幅に改編されていたが、少数の改編のない部分はシンスレッドの正当性を示しているようだった。

『ボルチモア・サン』紙は二〇〇六年、シンスレッドをめぐる争いについての記事を掲載し、見出しに「ＮＳＡは通信データを合法的に調査するシステムを拒絶」と記載した。

二〇〇七年七月二十六日、ＦＢＩはメリーランド州郊外のビニーの自宅を急襲する。ビニーはシャワーを浴びていた。「男が入ってきて銃を私に向けました」と彼は回想する。「私は『何か服を着てもいいかね』と言っただけです」

二〇〇一年の同じ日にＮＳＡを退職したウィーブも、この日に強制捜査を受ける。ビニーもウィーブもそれまで罪に問われたことはなかった。

二〇〇七年十一月二十八日、ＦＢＩはもう一人のシンスレッド支持者、トーマス・ドレークの自宅を強制捜査した。彼はＮＳＡの高官だったが、匿名で監察総監室の査察に協力していた。捜査員はドレークの書類、コンピュータとハードディスクを押収し、地下室で機密書類を発見したと主張した。二年半後、ドレークは機密書類を「故意に保持した」諜報活動取締法違反の容疑で起訴される。

ドレークは起訴されたことにより経済的な打撃を受けた。ＮＳＡを退職して五年半が経過し、年間六万ドルになっていたはずの年金を失い、費用をまかなうために自宅を二番抵当に入れて、４０１ｋ退職金（＊訳注：個人年金）口座の多くを引き出した。情報コミュニティで彼を雇ってくれるところはなかったので、アップル小売店で働きはじめた。弁護士費用に八万二〇〇〇ドルを費《つい》やしたのちに、彼は裁判所から貧困状態と宣言され、公選弁護人が配置された。

二〇一一年、ドレークの窮状《きゅうじょう》についての報道が繰り返され、政府は、ドレークが「認められた範囲を超えて政府のコンピュータを使用した」軽犯罪の罪を認めることを条件に、ドレークに対する一〇件の重罪訴因を取り下げた。連邦地裁判事のリチャード・Ｄ・ベネットは判決で、政府の捜索から起訴に至るまでの二年半の遅れは「非良心的」と言明した。「すべての国民は、他人が政府の権限でドアをノックして自宅に入ってくるような状況にさらされない。それが権利の章典の最も基本的な事項の一つである」と彼は記している。「そして、そうなった場合は、速やかに解決されなければならない」

ベネット判事は、政府が内部告発者に嫌がらせをするために権力を用いたとあからさまな非難はしなかったが、ドレークに可能な限り軽い判決を下した——一年間の保護観察で、その間、一カ月二〇時間の社会奉仕活動が命じられ、罰金はなかった。彼はドレークに「今後の人生の幸運をお祈りします」と言葉をかけ、量刑審問を終えた。

ドレークの起訴に至るまで、ビニー、ドレーク、ウィーブは、当局を内部から改革しようと努めていた。しかしドレークの裁判が近づくにつれ、彼らは公の場に出て行った。そしてドレークへの疑いが晴れると、彼らはＮＳＡに対する完全な批判者となる。メディアとのインタビューで痛烈な批判を行なうとともに、全市民の情報を抱えて歯止めのきかない情報機関の権力に対して警告を発した。私が初めてビニーに会った折《おり》に彼が最初に口にしたのは、**ＮＳＡに集められている情報が、世界の最も抑圧的な秘密警察体制のゲシュタポやシュタージ、ＫＧＢよりも「桁違《けたちが》い」に大きい**ということだった。

「政府がそのような大量の市民情報を集めるのは本当に危険なことです」と彼は言う。「それだけの情報が集まれば、**あらゆる人を支配する力が与えられる**ことになります」

第3章

監視国家の誕生

◉東独の秘密警察とドラグネットの共通点

監視すること自体は恐ろしい行為ではない。両親は子どもたちがけがをしないように監視し、警官は犯罪者を捕えるために市民を監視する。会社は窃盗や詐欺を行なう者を見つけるために従業員を監視し、ジャーナリストはあらゆる酷使《こくし》や虐待《ぎゃくたい》を暴くために強大な組織を監視する。

しかし、ドラグネットが張りめぐらされた現代では、新しいタイプの監視が行なわれる。これは非人間的でコンピュータ化された膨大な規模の監視で、怪しまれることもない。こうした監視は社会の安全を保つと考える人もいれば、警察国家をもたらすと考える人もいる。

私は最悪のシナリオを理解しようと、電子化以前の監視に関する文書の保存では世界一の文書館、ベルリンのシュタージ・アーカイブ（＊訳注：旧東ドイツの秘密警察として知られる国家保安省の記録を管理している機関）を訪れた。今日の民間や政府の監視作業によって収集される情報と比較し、共産主義時代の東ドイツの秘密警察、シュタージがどのように情報を集めていたのかを知りたかったのだ。

シュタージは、人口一人あたりでは世界史上最大の秘密警察活動だった。非常に抑圧的なこの機関は、四〇〇〇万人の東ドイツ国民、つまり一六七〇万人近い総人口の約四分の一の情報を収集していた。シュタージには現代のようなテクノロジーという強みはなく、手紙に蒸気を当てて開封したり、人の手で盗聴器を仕掛けて電話を盗聴したりする必要があったが、密告者の大規模なネットワークを持っていた。**一九八九年当時、一八歳から八〇歳までの東ドイツ国民の実に約五〇人に一人が、何らかの立場でシュタージの活動に携わっていたのである。**

一九八九年十一月に東ドイツの体制が崩壊しつつあったとき、シュタージは収集していた市民に関する書類を破棄しはじめた。住民たちは、体制による弾圧の証拠が廃棄されることに憤慨《ふんがい》し、書類廃棄をやめさせようと、シュタージ本部を急襲した。その結果、現代の市民は自分自身に関わる記録の閲覧を求めることができるし、研究者は監視対象者の名前が削除された記録の一部を入手できるのだ。

二〇一一年、私はベルリンへの旅行の際にシュタージ・アーカイブに立ち寄った。正式名称は「旧ドイツ民主共和国国家保安省の記録文書を管理する委員会」。ベルリン市中心部のガラス窓が多く明るいオフィスビルのなかにあり、ちぐはぐな感じがした。

私の申請を担当したシュタージ記録文書管理者のグンター・ボルマンは、シュタージと現代の監視を比べるという私のアイデアにすぐに乗り気になった。シュタージ記録文書一式の閲覧申請書類に記入していたとき、彼は、欧米の典型的なデータ収集会社はあなたのどんな情報を知っているのか、と尋ねた。私はネット上で知られている情報を少し見せるので、コンピュータを貸してほしいと頼んだ。

自分のGメールアカウントにログオンして設定に進むと、調べた本や見た写真など、ウェブ検索履歴を閲覧できるようになっていて、また、Gメールを使ってEメールやインスタントメッセージを送った九三人のリストが掲載されている。

そばに立って見下ろしていたボルマンは感心した様子だった。ソーシャルネットワークのマッピング（＊訳注：人々の関係を図視化すること）は「シュタージにとって非常に難しいことでした」と彼は言い、会議用テーブルに着き、数個の円を描いてそれらを線でつないだ。「彼らはソーシャルネットワークのマッピングに挑《いど》んでいたのです」。だが、大勢の密告者がいても、しっかりしたマップはなかなかできなかった。

私はそれで思いつき、クリックして私の「リンクトイン」（＊訳注：ビジネス向けソーシャル・ネットワーキングサービス。登録されたプロフィールからパートナー探しや人材調査ができる）のページを開いた。そこへ特別のプラグイン・ソフトをインストールしたので、私のソーシャルネットワークを視覚化して見ることができる。それは美しいマップで、二〇〇ほどの点が色つきラインでつなぎ合わされていた。ニューヨークの職場仲間は全員、黄色のコーナーに集まり、他のマスコミ関係の仲間は青色のコーナーに集中し、カリフォルニアに住んでいた頃の仲間は、マップの反対側のオレンジ色と灰色の点の海の中にいた。

ボルマンはさらに感心して言った。「シュタージもこういうのが大好きだったでしょうね」

◉シュタージはいかに監視活動をしていたか

三カ月後、ニューヨークの職場の私のデスクに書類の小包が届く。一〇〇ページ以上あり、ドイツ語で書かれた二文書が含まれていた。私は少し検索して、その文書の翻訳と解釈を手伝ってくれるシュタージ専門家を見つけた。驚いたことに、当時の監視はきわめて大ざっぱなものだった。「監視の主な手段は、手紙の開封、電話の盗聴、密告者の情報提供だけだったのです」とウォータールー大学歴史学准教授で『The Firm: The Inside Story of the Stasi（公的秘密機関――シュタージの内幕）』の著者、ゲーリー・ブルースは語る。

最初の文書では、「インフォルガング」と呼ばれる低レベルの監視活動が明らかにされていた。これは不特定の対象者を密告者として採用するための活動で、対象者の名前は修正され、シュタージの正規職員と密告者の名前は修正されていなかった。このケースでは、母親や姉妹と普通のアパートに住む平凡な高校生が監視の対象者だった。シュタージは高校の校長と彼が属しているクラブから、本人についての報告書を入手していた。

シュタージは彼に関する情報をあまり持っていなかった――フェイスブックのプロフィールを見るほうがはるかに詳しい情報がわかる――が、彼を密告者としてリクルートしようとしたのだ。高校生は平凡な若者だったことが幸いし、一般的な健康上の理由を述べただけで断わることができた。情報提供者になるように依頼された人の大半は、西ドイツのテレビを見ていたといった小さな違反行為の証拠を突きつけられると、断わることなどできないと感じたのだ。

二番目の文書には、反体制的な詩人への監視活動が記録されていた。それはＯＰＫ（人物統制作戦）として知られる中レベルの活動だった。シュタージは彼に対して三人の密告者を配置したが、彼の手紙に蒸気を当てて開封したり電話を盗聴したりすることはなかった。

シュタージの将校はＯＰＫを開始すると特別手当を受け、逮捕あるいは新規情報提供者の獲得によりＯＰＫの成果が上がると、さらにたっぷりと手当をもらった。しかしこの詩人の人物統制作戦は徒労に終わった。シュタージが何か成果を上げる前に体制が崩壊してしまったのである。

その六カ月後、もっと小さな小包が届いた。私が依頼していた、一五ページにわたる具体的なシュタージ監視作戦の記録だった。記録の一つは、一九七九年九月二十八日と二十九日の二日間、シュタージの正規職員が四〇歳の男性の行動を監視して書きとめたものだった。男性がクリーニング屋に洗濯物を出し、車に何巻かの壁紙を積みこみ、「制限速度を守って」子どもを車で送り、給油に立ち寄って壁紙をアパートに届けるのを彼らは見張っていた。シュタージはその後、その車で子どもをベルリンまで送っていく女性も追跡した。

「対象者はきわめて用心深かった……」とシュタージの将校、フリッチュ中佐は述べている。「おそらく（彼らは）ひそかに知らされていたのだ……。近所で監視が行なわれているということを」

その職員は金曜日の夕方、午後四時十五分に対象者の追跡を始めたようだ。午後九時三十八分に対象者は自宅アパートに戻り、灯《あか》りを消した。彼は一晩中監視し、土曜日の午前七時に別の職員に引き継いだ。新たな監視者は対象者を午後十時まで追跡したようだ。現代の視点から見ると、労多くして情報少なしという感じである。

二番目の記録は単なる手書きのソーシャルネットワークだった。正規職員が一枚の紙に四六種類の関係を描いたもので、対象者とさまざまな人々（「叔母」、一九七六年に西側へ亡命した東ドイツの詩人ベルント・イェントゥシュと思われる「監視対象者のイェントゥシュ」）、場所（「教会」）、そして会合（「手紙で、電話で、ハンガリーの集会」）とのつながりが示されていた。

これは印象的な文書だった。私のリンクトインに記載された二〇〇人以上の知人に比べると、データは四分の一にすぎなかったが、私の広範囲にわたるネットワークよりシュタージが知りたい情報との関連性が強そうだった。

シュタージはそのマップに記載された全員の監視を行なったようだ。彼らはゲーリー・ブルースによると、「二次的個人」だった。「特に何も反体制的なことをしなくても、シュタージ文書に載ることになったのです」と彼は述べている。

問題は、内容の多少を問わず、シュタージ文書がその人物の降格や昇進、車やアパート購入の待ち時間、あるいは西側の親類を訪問する申請が認められるかどうかに影響することだった。その結果、シュタージは総人口の四分の一の文書を持っていただけだったが、その対象者となる恐怖は広く浸透していた。

一九九〇年の調査では、共産主義政権崩壊の直後、旧東ドイツ市民の七二・六パーセントが共産主義体制の生活は「完全な監視」の下にあったと述べている。一九九二年の調査において、「見張られていると感じていた。誰も信頼できなかった」という項目に「まったくその通りだ」と答えた人は四三パーセントに上った。

バベット・バウアーは、シュタージによる監視の心理的効果に関する研究で、秘密警察に直接遭遇した約三〇人にインタビューを行なった。彼らはまたシュタージに目をつけられるかもしれないという恐怖から、模範的市民になるか社会から離脱しようという気になったという。シュタージに遭遇した人々は抑圧を内面化して、「体のしわや脳の構造」のなかに取りこんだのだとバウアーは結論づけている。

◉人は監視に「慣れてゆく」

こうした抑圧をもたらす監視の力が、一七八七年にジェレミー・ベンサムが考案した刑務所「パノプティコン」の基本的アイデアだった。完璧な刑務所では、囚人《しゅうじん》が常に監視されていると感じながら、監視者の姿は見えないというのが彼の考えだった。ベンサムは中央に監視塔のある円形刑務所を設計したが、彼の生存中には建設されなかった。

一九七五年、フランスの哲学者、ミシェル・フーコーがベンサムのアイデアを普及させ、パノプティコンは「絶妙な」権力の道具だと述べた。「こうした無名で一時的な観察者が多数であればあるほど、被拘留者にしてみれば、不意をおそわれる危険と観察される不安意識がなおさら増すわけである」とフーコーは『監獄の誕生——監視と処罰』（ミシェル・フーコー著、田村俶訳、新潮社、一九七七年）で述べている。

広範囲にわたる監視の世界に住んでいる今、私たち全員がフーコーの「不安意識」を持っていると考えるのは当然だろう。しかし、フーコーの考えの正しさは部分的だったように思われる。バベット・バウアーが東ドイツ国民へのインタビューで見いだしたように、人々は不安をつのらせると同時に、**行動を変えることによって監視を切り抜けた**のである。

二〇一一年、フィンランド人研究者が、ユビキタス監視（＊訳注：至るところに監視の目がある状態）の長期的影響を測定するため、一年間、一〇世帯にビデオカメラ、マイク、コンピュータやスマートフォンやテレビのモニタリングデバイスなど、広範囲の監視装置を取りつけた。すると、自分から買って出た被験者たちは、研究の過程で「次第に監視に慣れていった」。ただ、その反応はまちまちだった。ある参加者は六カ月後に脱落し、監視によってコンピュータの使用が減り、人間関係に影響したと述べた。

被験者たちは、監視によるデータが研究者以外には明かされないこと、いつでもそのシステムの電源を切れることを心得ていたが、それでも監視は「いら立たしさ、心配、不安、そして激しい怒りさえ」もたらすものだと感じた、と研究者は述べている。最も嫌われた監視はコンピュータのモニタリングとビデオカメラだった。

大半の参加者は日常的な行動を変え、特に服を脱ぐ場所（寝室や浴室にカメラは設置されていなかった）、微妙な会話をする場所について用心深くなった。「二人の被験者はマイクのない寝室で過ごす時間が多くなり、また別の二人は個人的な話をするためにカフェによく行くと言った」と著者たちは書いている。「被験者の一人は、家に大勢の人を招待しなくなったと述べた」

その研究による論文の筆頭著者であるコンピュータ科学の研究者、アンティ・オーラスヴィタによると、三カ月後には参加者がプライバシーについて大っぴらに心配する状態は落ち着いてきたが、全員がこの状況に適応するために行動を調整したのだという。だが、その適応は容易に崩れてしまう。「変更が必要となり、その変化が家庭を脆弱《ぜいじゃく》にした」と彼は言う。「予想していなかった社会的な出来事が起きると、必ず新しい習慣がクローズアップされてそれに疑問を抱かせ、ときにはその新たな習慣が行なわれないことになった」

ＳＦ作家のデイヴィッド・ブリンは、一九九八年に先進的ノンフィクション『The Transparent Society（透明な社会）』のなかで、ユビキタス監視に対処するもう一つの方法を描いた。

その本は「二都市の物語」から始まる。その二つの都市の「すべての街灯、あらゆる屋根と道路標識」に監視カメラが設置されている。最初の都市では全映像が中央警察署に送られ、二番目の都市の場合、全市民が腕時計型テレビですべてのカメラにアクセスすることができる。

二つの都市には犯罪がない。しかし、二番目の都市ではある程度の自由を享受できるのに対し、最初の都市は警察国家だ。「深夜に散歩する人は角の向こうに誰か潜んでいないかどうか、念のために確かめる……。子どもがはぐれて心配する両親は、子どもがどこにいるのか探し出すためにその地域をスキャンする……。万引き犯は慎重に身柄を拘束される……。逮捕する警官は、すべてを監視されていることを心得ているからだ」

カメラや他の監視技術の急増はテクノロジーの進歩の必然的結果だ、とブリンは強調する。彼にとって重要なのは「誰がカメラをコントロールしているのか」という問題である。彼の考えでは、市民と国家がお互いに監視し合う相互監視は、ユビキタス監視を抑圧から相互の説明責任へと変えることができる。そして、この見解を裏づける証拠があるのだ。

◉相互監視の効果

冷戦時代、相互監視は、米国とソ連が互いに原子爆弾を投下し合うのを防ぐ重要な役割を果たした。一九五七年にソ連がスプートニクを打ち上げたのち、米国はソ連の能力とその影響に対する恐怖に駆られた。一九五八年、ジョン・F・ケネディ上院議員は米国がソ連に後れを取っていると主張し、「一九六〇年には米国は失っているだろう……。核攻撃力の優位性を」と予測した。

米国が写真偵察衛星の打ち上げに成功してようやく、ミサイル・ギャップ（＊訳注：ミサイル開発技術、配備数に関する米ソ両国間のへだたり）を測定できるようになった。衛星がとらえた映像は、実際のミサイル・ギャップが予測とは正反対であることを示していた。一九六一年、大陸間弾道ミサイルの保有量は米国が一七〇基であるのに比べて、ソ連は四基だけだった。

それでも米国は、一九六二年の夏、ソ連がキューバにミサイル基地を設置したことに気づかなかった。これは諜報活動の失敗であり、このために米国とソ連は核戦争の瀬戸際《せとぎわ》にまで追いこまれる。その結果、性能のよい偵察衛星を作ることが冷戦時代の競争の重要な要素となった。

一九七二年、米国とソ連は、弾道弾迎撃ミサイル制限条約において偵察活動を体系化し、双方が相手の条約順守状況を確認するために「自国の技術手段」を用いることに同意した。その六年後、ジミー・カーター大統領は、ケネディ宇宙センターでの演説において偵察衛星の重要性を認めた。「写真衛星は、軍縮合意を監視するという意味で、世界情勢の重要な安定化要因になったのです」と彼は述べた。

確かに、表立った監視には人間の行動を変える効果がある。多くの研究によって、**実際に監視が行なわれていなくても、監視されていることをほのめかすだけで、協力的に振る舞う気にさせられる**ことが明らかになっている。

ワシントン大学のリャン・カロによれば、他の人がいると思いこんでいると、その「人」が本物でなくても、「心理的な興奮」状態が引き起こされる。ある研究において、目玉の飛び出たロボットの写真を見つめた人は、見られていないと思っている人より三〇パーセント多い金額をコンピューターゲームの賭《か》け金に出した。

二〇一一年、英国ニューキャッスル大学の研究者が、三二日間にわたり、キャンパスのカフェテリア内のあちこちにポスターを貼っておいた。じっと見つめている人間の目のポスターを目の高さに掲示したのだ。その結果、優しい雰囲気の花などのポスターが掲示されている場所に比べて、人々が食後きれいに片づける傾向が倍になったことがわかった。その翌年、同じような大学研究者グループが、学内の自転車用ラックの近くに「自転車泥棒へ。あなたは見られている」と書かれた掲示を出した。それは人間の目の写真の上に文章が印刷されているポスターだった。すると、この新しいポスターのある場所では自転車泥棒が六二パーセント減ったが、ポスターのない場所では増え（六五パーセント増加）、泥棒が「より安全な」場所で活動するようになったことを示していた。「このきわめて安価で簡単な介入の効果から、監視の心理を利用すれば、監視自体は存在しなくても犯罪をかなり減らせることがわかる」と研究者は述べている。

監視劇――人間のような目、あるいはロボットが行なう監視のまね――によって、人々は互いに丁寧《ていねい》に接することになるようだ。だが、カメラによる監視が犯罪を防止するかどうかについては、結論はまだ出ていない。

◉監視カメラには犯罪の抑止力がないのか

二〇〇八年、有線テレビ網を利用した監視カメラに関する四四種類の研究をカリフォルニア調査局が分析し、研究の四三パーセントには犯罪に対する効果が見られず、四一パーセントには統計的に有意な犯罪の減少が見られることが判明した。

二〇一一年、アーバン・インスティテュート（＊訳注：米国の主なシンクタンクの一つ）がボルチモア市、シカゴ市、ワシントンＤＣのカメラ監視システムを分析し、同様に矛盾《むじゅん》した結果を得た。ボルチモア市では、訓練を受けた元警官のチームが二四時間体制で監視する五〇〇台のカメラネットワークによって、ある地域の一カ月あたりの総犯罪件数は三五パーセント減った。ところが、他の地域ではあまりうまくいかなかった。同じく、八〇〇〇台以上のカメラを用いる数百万ドルの監視プログラムを導入したシカゴ市でも、監視カメラによりフンボルト公園の犯罪は一二パーセント減ったが、ウエスト・ガーフィールド公園の犯罪には統計的に有意な減少が見られないことがわかった。またワシントンＤＣの監視カメラには、犯罪に対する統計的に有意な効果がないことが見いだされた。

このように矛盾した結果が出た理由の一つは次のようなものだろう。犯罪の減少には多くの要因が絡んでいる可能性があり、カメラ監視だけを、警官パトロールの増加や照明の改善といった他の要因から切り離すことは難しいのだ。

たとえば、二〇〇四年、ベルリンのセンター・フォー・テクノロジー・アンド・ソサイエティの研究者、レオン・ヘンペルとエリック・トプファが、ヨーロッパにおける有線テレビ利用の研究を分析した。その研究の多くには、監視カメラが設置された地域の犯罪傾向とカメラのない広範囲の地域の犯罪傾向を比較するための対照群（＊訳注：ある仮説を検証する際に処理を加える実験群と比較するために処理を加えない実験群のこと）が欠けており、目標地域からの犯罪移動の分析も欠けていることを発見した。

対照群を用いた数例の研究では、監視カメラが犯罪を防止できるという説はほとんど支持されていない。二〇一一年に実施されたもう一つのアーバン・インスティテュートの研究は、無作為化比較試験法（＊訳注：研究対象となる集団をランダムにふりわけて、その結果を比較する手法）を用いて、駐車場での犯罪に対する監視カメラの効果を分析し、監視カメラが実質的な違いをもたらさないことを示した。その研究では、ワシントンDCの地下鉄駅周辺にある、自動監視カメラを設置した二五カ所の駐車場の一年分の車両犯罪が、カメラを設置していない二五カ所の類似駐車場の「対照群」と比較された。これらのカメラはデジタルスチルカメラだったが、駐車場の常時カメラ監視を行なっているように思わせる掲示が出されていた。その結果、「監視カメラには犯罪に対するはっきりとした効果はなかった」という。

そしていくつかの証拠により、単なる街灯が監視カメラと同様の犯罪防止効果を持つことさえ示唆されている。二〇〇四年、犯罪学者のブランドン・ウェルシュとデービッド・ファリントンは、有線テレビが単なる街灯より高い犯罪防止効果を持つかどうかを調べるため、米国、カナダ、英国で実施された三二種類の研究を分析した。結論として、街灯と有線テレビは窃盗犯罪の防止に対しては同じくらい効果的だったが、どちらも暴力犯罪の防止にはあまり効果がなかったという。二人は、監視カメラと街灯はともに「住民や潜在的犯罪人の認識、態度、行動を変えることによって、犯罪減少をもたらすきっかけとなる」という説を立てた。

アーバン・インスティテュートの著者らは、カメラが効果的であるのは、警官が積極的に監視し、カメラによって得た情報にすばやく対応するときだけだと推測した。「テクノロジーの効果は使い方によって変わる」と彼らは記している。言い換えれば、**監視カメラが人間の行動に影響を与えるのは、カメラの向こうにいる人に監視されていると信じているときだけ**なのだ。

◉監視網をくぐり抜けるテロリスト

また、データ解析によって行なわれる監視が、テロリストをその攻撃前に捕まえる手助けになるのかも明らかではない。数件のテロリストの陰謀が監視網をくぐり抜けているのだ。九・一一同時多発テロ以来、一連のテロ未遂事件が発生している。注目すべき事件を以下に挙げよう。

靴爆弾事件　二〇〇一年、パリからマイアミに向かう飛行機のなかで、リチャード・コルビン・レイドが自分の靴に仕掛けた爆弾を爆発させようとしたが、未遂に終わった。

ロス空港銃乱射事件　二〇〇二年、ロサンゼルス国際空港内のエルアル・イスラエル航空カウンター前でエジプト人のヘシャム・モハメド・ハダイェトが発砲し二人が死亡、数人が負傷。

フォート・フッド陸軍基地銃乱射事件　二〇〇九年、米陸軍少佐、ニダル・マリク・ハサンがテキサス州にあるフォート・フッド陸軍基地の配備センターに入り、机の上に飛び乗って「アッラーは偉大なり」と叫び、二丁のピストルを発砲した。一三人が死亡し、四三人が負傷。

下着爆弾事件　ウマル・ファルーク・アブドゥルムタラブは二〇〇九年のクリスマスの日に、アムステルダムからデトロイトに向かう飛行機のなかで、下着に縫《ぬ》いこんだ爆発物を爆発させようとした。その装置は爆発せずに発火しただけで、犯人と乗客二人が負傷した。

タイムズスクエア爆破未遂事件　パキスタンでテロリストとともに訓練を受けたファイサル・シャーズドは二〇一〇年、ニューヨークのタイムズスクエアで車両爆弾を爆発させようとしたが、失敗した。

ボストンマラソン爆破事件　二〇一三年、タメルラン・ツァルナエフとジョハル・ツァルナエフ兄弟がボストンマラソンのゴール付近に手製爆弾を置いたとされている。その爆発で何百人もの人々が負傷し、八歳の少年を含む三人が死亡した。

監視の賛同者は、前述のような統計データには未然に防止された攻撃（その多くは未公開）が考慮されていないと指摘する。しかしここで初めて、阻止された攻撃の証拠を紹介したい。

スノーデンによる情報漏洩《ろうえい》の後、国家安全保障局長官のキース・アレクサンダー陸軍大将は、議論を呼んでいるNSAの電話およびインターネットの監視網によって「我々の理解が深まり多くの」つまり五四件の事件で「テロリストの陰謀の封じ込めが可能になった」ことを公にした。

彼は事件の大半は国外での活動だと述べたものの、事件の詳細は明確にしなかった。ただ、ナジブラ・ザジのケースを大きく取り上げた。ザジは二〇〇九年、友人たちとニューヨーク市地下鉄自爆テロを企てたとされるが、実行に移す数日前に逮捕された。

アレクサンダーによると、ザジは「ハイライズ作戦」という監視網に引っかかったという。NSAは、海外とのEメールの米国側を探索するPRISM監視網によって、米国とパキスタン間のEメールを監視していたが、そのなかにザジが送信したEメールを発見したのだ。

NSAはこれらの通信のなかに電話番号も見つけ、次に愛国者法による米国内の全通話の監視網を用いて、最初に発見した電話番号の通話先電話番号の所有者も割り出した。「ザジは他のテロ要素と関係するニューヨーク在住の男と話していました」とアレクサンダーは語った。

FBIが通報を受けると、直ちにFBI捜査官は伝統的な法執行のテクニックを使った。コロラド州の自宅からニューヨーク市へ車を走らせたザジを追跡し、彼が到着すると、港湾当局にジョージ・ワシントン橋の検問所で停止させるよう頼んだ。しかし、車内には何も発見されず、ザジは車で立ち去ることを許される。彼は見張られていることにおびえ、陰謀を実行することなく数日後には飛行機でデンバーに戻った。

ザジはコロラド州で逮捕され、のちに大量破壊兵器を使用する陰謀、アルカイダへの物質的支援提供などの容疑について自ら有罪を認めたが、まだ判決を受けていない。

しかし、ザジを捕まえるのに政府の監視網が必要だったかどうかは明らかではない。ザジが政府に監視されているテロリストとEメールのやり取りをしていたのなら、捜索令状があればその通信の傍受には十分だっただろう。同様に、彼の電話番号が確認されたなら、その電話の発信記録を引き出すことを裁判官がすぐに認可したはずだ。

ザジを捕まえるのに監視網が「不可欠」であったかどうかについて上院議員に詰問《きつもん》され、アレクサンダー大将は言葉を濁《にご》した。彼は通話記録が不可欠ではないと言い、ザジを捕まえるのにEメール監視網が不可欠であったかどうかは答えなかった。その上、オバマ大統領でさえ、ザジを捕えるのにNSAの監視網を用いたことを説明しながら、煮え切らない態度を示した。「何か別の方法で捕まえられたかもしれません」と大統領はチャーリー・ローズのテレビインタビューで語っている。「でも、社会の底辺では、こうしたプログラムによって、ああいう大惨事を回避できるチャンスが増えているのです」

その最強の提唱者たちが、それによって「社会の底辺の」事件に対する「我々の理解が深まった」としか言えないのに、大衆監視にはそれだけの価値があるのだろうか。

◉テロの先手を打つのは難しい

監視網はまた、もろ刃の剣《つるぎ》でもある。情報機関が手がかりをつかんでも追跡しなければ、攻撃が発生した場合に非難されることが多い。先に紹介したフォート・フッド陸軍基地銃乱射、下着爆弾、ボストンマラソン爆弾の事件が、まさにそのケースである。犯人たちは攻撃を実行する前のある時点でテロの脅威とマークされていた。
ジャーナリストのマット・アプッツォとアダム・ゴールドマンは著書『Enemies Within（内なる敵）』のなかで、ニューヨーク市警がニューヨーク市のイスラム教徒を無差別に監視していながら、クイーンズでテロの陰謀を企てていたナジブラ・ザジと友人たちを捕まえられなかった経緯を詳述した。ニューヨーク市警本部の捜査員たちは、ザジの居場所の近所にあるレストランやモスク、さらには彼がパキスタン行きの航空チケットを購入した旅行代理店まで監視していた。アプッツォとゴールドマンはこう述べている。「何年も捜索した結果、ニューヨーク市警本部はニューヨークのイスラム教徒の居場所を知っていた。しかし、テロリストの居場所は依然としてわからなかったのである」

下着爆弾犯、ウマル・ファルーク・アブドゥルムタラブの父親はナイジェリアのアメリカ大使館に対して、過激思想を持つ息子が行方不明になり、イエメンに渡ったかもしれないと警告していた。ホワイトハウスの調査によると、「いくつかの機関が」テロ未遂事件の前にアブドゥルムタラブに関する情報を得ていたが、監視リストのなかに入れていなかったのだ。

ＦＢＩの現地事務所は、フォート・フッド陸軍基地銃乱射犯のニダル・マリク・ハサンと、過激なイスラム教聖職者、アンワル・アウラキ師との通信を傍受していたが、ハサンがフォート・フッドで発砲するまで、それ以上の措置を取らなかった。いっぽう、ボストンマラソン爆破事件を起こすことになるタメルラン・ツァルナエフのプロフィールは、テロ攻撃の少なくとも一年以上前から、国家テロ対策センターのデータベースに収められていた。

ある研究では、ただ大量のデータを収集しても、テロのようにまれな事件は予測できないことが示唆されている。ＩＢＭの研究科学者ジェフ・ジョナスとケイトー研究所の情報政策ディレクターを務めるジム・ハーパーは、二〇〇六年の論文のなかで、コンピュータの大規模なデータマイニング（＊訳注：大量のデータからある傾向を取り出すこと）で発見できるほど、テロ事件はありふれたものではないと結論づけている。

結局のところ、ザジはマニキュアリムーバーを購入してアセトンの爆発物を作り、アブドゥルムタラブは下着に爆発物を縫いつけ、ハサンはアウラキ師にファンレターを送っていた。それぞれが特有のはっきりしたパターンを持つ珍しい事件だ。これに比べて、クレジットカードや保険の詐欺は頻度《ひんど》が高く、パターンを探すデータマイニングが役立つ。クレジットカード会社は――外国での取引などに――起こりうる詐欺に対して注意を喚起できる「レッドフラッグ（危険信号）」を出している。「消費者のショッピングの習慣や金銭詐欺と異なり、テロ行為は有効な予測モデルをつくり出せるほど頻繁《ひんぱん》には起こらない」とジョナスとハーパーは結んでいる。

二〇〇八年、全米科学アカデミーはテロ対策データマイニングの研究のため、何十人もの専門家を招集したが、そのグループも同じような結論に達した。「テロ攻撃の企《くわだ》てを見つけて先手を打つというはるかに難しい課題には、高度に自動化されたツールとテクニックは簡単に適用できず、成功する可能性はまったくないかもしれない」

情報機関の職員のなかには、次の攻撃を予測するために膨大な量のデータを選《え》り分ける能力について、皆が悲観的になっていると示唆した人もいる。国家テロ対策センターのマシュー・オルセンは、二〇一二年のスピーチでこう語った。「もう一度テロ攻撃があれば、それから振り返ってみて、現在の膨大なデータのなかに手がかりを見つけられそうですが」

そしてボストンマラソン爆破事件の後、市警本部長のエド・デイビスはさらに踏みこんで、もっとテクニカルな監視をしたとしても役に立たなかっただろう、と議会に語った。「テロリストの名前を白状するコンピュータはありません」と彼は言った。その代わりに、最高の手がかりは「何か変わったことや不審なことに気づいたら警察に」通報する人々から得られるのだ。「それがぜひとも必要とされており、我々のあり方への第一歩になるべきなのです」

それでは、私たちは監視国家での生活についてどんな結論を下せるのだろうか。

人間による監視、つまり、人間の目の写真あるいは人間が確実にモニターするカメラによって見られていると意識させる監視は、公共のカフェテリアで食器を片づけるといった積極的社会習慣を持つように行動を改めさせ、ときには窃盗犯罪を阻止できることが証拠により示されている。ところが、街灯も同じくらい効果的だということを示唆する証拠もある。相互に保証された監視も、冷戦の間、相互確証破壊の防止に役立ったようである。

しかし、監視はテロ行為の予測には役立たないように思える。なにしろ、多くのテロ事件は監視網をすり抜けたのだ。シュタージでさえ、一九八九年の東ドイツ体制崩壊を予測できなかった。そして、テロリストを見つけるために大量の監視データを選り分ける責任を負う人々にとって、それらのデータはあまりにも膨大で困惑することになるかもしれない。

いっぽう、ユビキタスで隠された監視は、抑圧の能力がきわめて高いように思える。ドイツの人々であれ、フィンランドの研究対象者であれ、無差別かつ秘密裏に監視された人々は自分たちの行動や発言を検閲し、修正することが見いだされている。そこで疑問が生じる。ユビキタスな監視網による無差別監視には、恐怖の文化のなかに住むに値するほどの利点があるのだろうか。

第4章　結社の自由

◉あるアラブ系青年の災難

ヤシール・アフィフィはもはや偶然の一致というものを信じない。ドライブ中に同じ車を二度見かけると緊張し、ルートを変えようかと考えこむ。「偶然起こることは科学者のように検討するんです」と彼は言う。

彼にもともと被害妄想《もうそう》があるというわけではない。快活《かいかつ》で軽快に歩き、力強い握手をする。まだ二三歳の彼は生まれながらのセールスマンといった雰囲気で、底抜けの楽観主義がにじみ出ていた。だが、ＦＢＩに監視されていると気づいて以来、ヤシールは極度に用心深くなっている。

ヤシールは三人の友人と同居していた独身者用アパートを引き払い、二人の娘を抱えた女性と結婚した。夜は家で過ごし、娘たちの宿題を手伝っている。何種類かのゲームをする以外は、フェイスブックの使用もやめてしまった。「オンラインで入力する言葉や電話でしゃべる話はすべてデータベースに送りこまれる、そう信じている人がいますが、私もその一人になりました」

彼は政治や宗教について話さないようにしている。上司にグーグルで名前を検索され、ＦＢＩ

の監視下にあるという情報を見られると嫌なので、仕事ではアラディンという別名を使いはじめた。法律違反のいたずらをするなど、とんでもない話だと考えている。友達がエープリルフールに悪ふざけをしようと言い出したら、「『お前の言ってることは間違いだよ。それは違法だ』と言うでしょう。ただの冗談だと言われても、『僕の電話番号を削除してくれ』と頼みますよ」と話している。以前からの友人で「酔っぱらったり麻薬でハイになったりして馬鹿なことをしでかすのが好きな」連中の約九〇パーセントと付き合わなくなったという。マリファナ吸飲についてネットに投稿し、暇なときにはビデオゲームをして過ごす無二の親友とも、めったに話さない。

ヤシールと妻のアンジェリーナ・アスフールと一緒に、インド料理のレストランでゆっくり昼食をとりながら、監視を受けてから彼がどう変わったかを夫人に尋ねた。「基本的に変わりません。ただ、今までの友達の誰とも付き合わなくなっただけです」と彼女は答えた。「そのせいで、付き合う相手について非常に慎重になったんです」。ヤシールがつけ加えた。

人々を交友関係によって分類することは抑圧的体制の好む作戦だ。シュタージは西ドイツと関係のある人をすべて見つけようと血眼《ちまなこ》になり、ナチスはユダヤ人の血を引くあらゆる人を突きとめることに取りつかれていた。イラン人はアメリカとつながりのある人をすべて特定しようと躍《やっ》起《き》になり、中国人は潜在的な体制反対派を見つけ出すことに夢中になっている。そんなわけで、第二次世界大戦の残虐行為ののちに採択された国連世界人権宣言に、**結社の自由**が権利の一つとして記されているのだ。

一般に、結社の自由とは、**人々が団体への加入を妨《さまた》げられたり、団体への加入を強要されたりするべきでない**という意味である。アメリカでは、言論の自由と集会の自由を守る憲法修正第一条はまた、結社の自由の権利を与えている。

最高裁は一九五八年、全米有色人地位向上協会の会員リストを入手しようとしたアラバマ州の試みは違憲であると裁定した。その理由は、憲法修正第一条による結社の権利を損《そこ》なう可能性があり、結社の自由は憲法修正第十四条で保障されている自由に不可欠であるということだった。「一般会員の身元を暴露することは、これらの会員を経済的報復、失業、身体的強制その他の公衆の敵意にさらしている」とジョン・マーシャル・ハーラン判事は多数意見のなかで述べている。「原告とその会員には明らかに信念を主張する権利があり、このような状況下で原告のアラバマ州会員を開示させる行為は、力を合わせて信念を貫く能力に悪影響をおよぼす恐れがあることは明白であろう」

しかし、今日の世界では、ある団体の会員だけを保護するという考え方は、結社の自由を考える上で時代遅れの方法である。ヤシールは「サンタクララの若いイスラム教徒」といった団体に入っていなくても、当局は彼の交友関係に目をつけていた。彼が残した交友関係のデジタルの足跡を、ＦＢＩは難なくすくい上げることができたのだ。

事実、近頃のテクノロジーの真の目的は、見えない関係性を明らかにすることだということができる。フィットビット社の歩数計などのデジタルツールを使って、自分自身の運動を測定する人々について考えてみよう。彼らは体と心の状態の見えない関係性を理解するために、自らの動きを調べているのだ。たくさん歩いた日には気分がよくなるのだろうか。

あるいは、電気、ガス、水道の使用量を監視するセンサーを壁に取りつけた私の夫のことを考えてほしい。彼は見えない関係性を明かそうとしており、それは役立っている。今では、トースターが信じられないくらい非効率的で、水道使用量が急増していることがわかっているのだ（娘がゆっくりシャワーを浴びるせいだと思うが、まだそれを証明するデータを十分集めていない）。

私は自分のデータから学ぶことには大賛成だが、自分自身を監視するために用いるテクノロジーはまた、他人が私たちを監視し、好き嫌いや交友関係に関する身上調書を作るために使われている。

現代世界では、私たちが何かを選択すると、必ず人や場所や考えと関わることになる。政治的なウェブサイトを訪れると、その見解に共鳴する。レストランで監視されている人のそばに座ると、あなたの携帯電話はその仲間のものと見なされ、当局に監視されるかもしれない。これらの関連性はかき集められてデータベースに入り、そこで利用されてあなたの未来の行動に関する予測が行なわれるのだ。

いわゆるビッグデータの流れの支持者でさえ、こうした問題は厄介《やっかい》だと認めている。ビクター・マイヤー＝ショーンベルガーとケネス・クキエは、二〇一三年の著書『ビッグデータの正体』（ビクター・マイヤー＝ショーンベルガー、ケネス・クキエ著、斎藤栄一郎訳、講談社、二〇一三年）のなかで次のように述べる。ビッグデータがますます人々の行動予測に使われるようになったため、安全策が導入されるべきで、それにはビッグデータ使用の監査を行なう「アルゴリズミスト」という新しい職業を創出することも含まれるかもしれない、と。そうした安全策がなければ、「正義という考え方が根底から揺らぎかねないのだ」と彼らは書いている。

その上、他ならぬビッグデータの擁護《ようご》者、グーグルの会長エリック・シュミットは、「ほぼ永久的なデータ蓄積」の増加は「過去現在を問わず、オンラインで知り合ったすべての人の不始末に対して、責任を問われる」時代の到来を告げるだろう、と警鐘を鳴らしている（『第五の権力』エリック・シュミット、ジャレッド・コーエン著、櫻井祐子訳、ダイヤモンド社、二〇一四年）。シュミットとコーエンは、テクノロジーがいかに市民に活力を与えるかに関しておおむね楽観的だが、同書の「Police State 2.0（警察国家二・〇）」という項目でこう警告している。**「信じられないほど威圧的なデジタル警察国家を築くために必要なものを、すべて市場で入手することができる」**。警察国家の管理下にあると、「こうしたレベルの監視には連座制が新たな意味を持つようになるだろう」という。

◉車の底に貼りついていたもの

ヤシール・アフィフィの監視が始まったのは、なぜ空港所持品検査でデオドラントがはねられるのかと無邪気《むじゃき》な質問をしたのがきっかけだったようだ。

二〇一〇年六月二十四日、ソーシャル・ネットワーキング・ウェブサイトのReddit.com《レディット》（＊訳注：米国の出版大手コンデナストが運営する代表的なソーシャルニュースサイト）で、「JayClay」というユーザーがこんな質問を投稿した。「じゃあ、僕のデオドラントが爆弾かもしれないんだったら、どうしてごみ箱に捨てるんだ？」

彼の投稿には何百ものコメントが入った。ユーザーのなかにはデオドラントの持ち込み禁止を「セキュリティ劇場」（＊訳注：セキュリティに取り組んでいるように見えて実は何も有効な対策が取られていない状況を揶揄《やゆ》した言い回し）と呼ぶ者もあった。他のユーザーたちは、爪切りや竹の針、カミソリ、ナイフなど、飛行機にこっそりと持ちこんだ物について語っていた。一人のユーザーはショッピングセンターを爆破するのは「簡単なことさ」と書きこんだ。

六月二十五日、「Khaledthegypsy」という名のユーザーが割って入った。「ショッピングセンターを爆破するのなんてすごく簡単だね。つまり、いつもの格好で爆弾さえ持ってればいいんだ。ショッピングバッグをさげてモールを爆破しようとしてるトレンチコート姿の変な奴じゃなくて。つまり、テロが実際に本物の脅威だとしたら、いったいどれだけのショッピングセンターが爆破されていることだろう……」

Khaledthegypsyはジョークで締めくくった。

「……だから……。そう……。今、確かに盗聴されてるね」

Khaledthegypsyは本名ハレド・イブラヒムという青年だった。カリフォルニア州サンタクララにあるコミュニティカレッジに通う一九歳の学生で、ヤシール・アフィフィの親友だ。そして、ハレドの勘は当たっていたのだ。四カ月後、二人はヤシールの青いリンカーンLS二〇〇〇セダンに乗ってオイル交換に出かけた。車がつり上げられると、ヤシールは車台から電線がぶら下がっているのに気づいた。電線は車の底に取りつけられたトランシーバーのようなものに接続されていた。「車の部品じゃないな」とヤシールは整備士に言った。

整備工がその装置をぐっと強く引っ張ると、簡単にはずれた。それは磁石で車台に取りつけられていたのだ。「時代遅れの追跡装置か、パイプ爆弾みたいだな」とヤシールは思った。

サンタクララで生まれ育ったヤシールは、両親の離婚後、一二歳のときにエジプト生まれの父親とエジプトに渡った。一八歳で米国に戻ってコミュニティカレッジに通い、就職して自活していた。エジプト人の家族を持つハレドとヤシールは小学校時代の親友で、ヤシールが米国に戻ってきたときに連絡を取り合ったのだ。

ヤシールの話では、米国に戻ってまもなく、彼の留守中にＦＢＩ捜査官が訪れ、あとで電話するようにと名刺を置いていったという。ヤシールが電話をかけると、「あなたが国家の安全に対する脅威となる可能性がある、という匿名の情報を得た」ので、ＦＢＩが聴取したいと捜査官は言った。ヤシールは喜んで質問に答えるが、まず弁護士に相談したいと述べた。

ヤシールは前払いの法律相談サービスに電話し、捜査官に会わないようにとのアドバイスを受ける。そんなわけで彼はＦＢＩの誘いを断わり、そのことは忘れていたのだ。彼は経営学の授業と中東の企業にコンピュータ機器を販売する仕事に打ちこんだ。

しかし車の下に取りつけられた装置を発見し、ＦＢＩのことを思い出した。その装置を後部座席に放り出したヤシールは、帰宅してルームメイトにそれを見せびらかした。

ルームメイトの一人は爆弾ではないかと心配し、ヤシールは、その装置を売ればどのくらいもうかるだろうかと考えた。根が疑り深いハレドは、それが何か確かめるために、まずRedditに投稿しようと提案した。そして午後十時十五分、ハレドがその装置の写真をアップロードし、「ＦＢＩが僕たちを追跡してるってことかな?」という簡単な問いを付けた。

Redditのコメンターたちは真夜中には、それがコブハム社製のガーディアンＳＴ８２０ＧＰＳ追跡装置であることを突きとめていた。コブハム社は法執行機関だけに製品の売り込みと販売を行なっている会社だ。要するに、ユーザーの「jeanmarcp」が書きこんだ通り、「間違いなく、ＦＢＩか警察に追跡されている」のである。

初めのうちはヤシールも張り切っていた。その投稿はRedditのトップページに掲載されて、三〇〇〇人以上の人がその記事にコメントを寄せ、四方八方からアドバイスが舞いこんだ。「最高だ」と思ったとヤシールは振り返る。

◉「あの装置を渡せ」

だが翌日、その興奮は冷めはじめた。アパートの駐車場にある彼の車のそばに男と女が立っている、とルームメイトが教えてくれたのだ。ヤシールは少し虚勢《きょせい》を張って、彼らに問いただそうと階下に降りていった。車は、アパートへの出入りを制限する電子ゲートのなかに駐車していたが、二人はまだ車の横に立っていた。

「やあ、どうされましたか?」とヤシールは尋ねた。「僕の車のすぐそばに立ってられますが」

「ナンバープレートの有効期限が切れてるのをご存知ですかな?」。男は笑った。

「あなたに関係ないでしょう」。ヤシールは言った。「車をバックさせるので、どいていただけますか」

しばらくは、このよそ者たちを置き去りにできるように思われた。ヤシールがアパートを出て左に曲がり、通りへと出ていくと、タイヤのきしむ音が聞こえ、黒っぽいSUVが二台、後ろに追いついてきた。二台は半ブロック追いかけてきて、それからライトを点滅させた。バックミラーにはもう一台の車、黒いシボレーカプリスも映っていた。

ヤシールは数百フィートも走らないうちに車を停めた。通りを挟んで彼のアパートの向かいにある小学校の前で、六人が彼の車に近寄ってきた。車のそばに立っていた男女、そして防弾チョッキを着こんで銃を構えた四人の男だった。

ヤシールの胃はぞくぞくし、手が冷たくなったが、断固《だんこ》とした態度で臨《のぞ》もうとした。捜査官は「警察」だと言い、期限切れのナンバープレートについて尋ねた。「だから大部隊で私の車を止めたんですか」。ヤシールが言うと、警官は車のなかを調べていいかと尋ね、ヤシールは同意した。だが、警官は車内を捜索せず、ヤシールに車から出て後ろに立っているＦＢＩ捜査官と話すように言った。

ヤシールが車外に出ると、警官がボディチェックをして武器を持っていないか調べ、それからＦＢＩ捜査官――あの車のそばに立っていた男女――に近づくことを認めた。男はビンセント、女はジェニファーと名乗った。

ビンセントは追跡装置を返してほしいと言った。「持ってませんよ」。ヤシールは答えた。「売ったかもしれないでしょう?」

ビンセントは強硬な態度で、その装置は連邦政府の所有物であると言い立て、ヤシールを連邦政府に対する罪で告発すると脅した。「あの装置を渡さなければ、司法妨害で逮捕されますよ」。

ヤシールは弁護士の立会を要求したが、無視された。

ジェニファーは優しく振る舞った。「あの装置を返していただきたいだけなんです。返してさえいただければ、手を引きますから」

ヤシールは、装置を返す手配をするように弁護士に連絡させると言ってみたが、ビンセントを激怒させただけだった。彼は直ちに装置を引き渡すようにと声を荒らげた。

「なぜこんなことをするんですか?」

ビンセントは、ショッピングセンターの爆破に関するハレドの投稿がプリントアウトされた紙を取り出した。

「だからお前を追跡しているんだ」

「だったら、どうしてハレドの車にこの装置をつけないんですか?」

「ああ、お前らは毎日一緒にいるからだ」

「それで、彼が言ったことについてどう思われますか」。ジェニファーが尋ねた。

「まったくばかげてますね」。ヤシールは言った。「ハレドはとても賢い男ですが、書きこんだ言葉はひどく間が抜けています……。どうして彼と話さないんですか?」

しかし、銃を構えた男たちを前にして、結局はヤシールの毅然《きぜん》とした態度も揺らぎはじめ、アパートのコーヒーテーブルの上にある装置の返却に同意したのだ。

ヤシール、ジェニファー、ビンセントは通りを渡り、友人や隣人たちが見守るなか、アパートに戻った。銃を持った四人の警官もついてきた。ヤシールは電子ゲートのロックを解除して皆を中へ入れ、全員で外階段を上って二階の部屋に行った。

◉やつらは何でも知っていた

ヤシールがドアの鍵を開けると、ビンセントが一緒に入ろうとした。「ドアから離れてくれ」ヤシールは言った。

ルームメイトたちは居間でテレビを見ていた。「おい、FBIがドアの外にいるぞ」。ヤシールは言い、彼らが答えるまもなく、装置をひっつかんで外にいるビンセントに渡した。

「僕を逮捕しますか?」

「いや、だが、二、三、質問したいことがある」

追跡装置を手放したので、ＦＢＩにどの程度詳しく監視されていたのか聞きたくなり、ヤシールはしばらく話すことを承諾した。

一緒に彼らの車を停めた所まで戻ると、四人の警官は立ち去り、ビンセントとジェニファーが残った。彼女はＦＢＩ捜査官ジェニファー・カナーンと書かれた名刺を差し出した。

二人はジハード（訳注：イスラム教徒の聖戦）に関わるような質問を浴びせはじめた。

「シリアやイラン、アフガニスタンに行ったことはありますか?」「いいえ」

「海外で何か軍事訓練を受けたことはありますか?」「いいえ」

「信心深いですか?」「金曜日にはモスクに行きます」とヤシールは答えた。

ジェニファーは「ヤシール・アフィフィは国家の安全に対する脅威ではない」とノートに書き、そのページをヤシールに見せた。

今度はヤシールが質問する番だった。「あなたたちは、どこにでもついて来ているんじゃないでしょうね?」

ジェニファーはアラビア語で答えた。「レストランでのあなたの好みは私も気に入ってますよ」

ヤシールはぼう然とした。「アラビア語を話すんですか。まさか、冗談でしょう」

彼女はアラビア語で続けた。「あなたがどこに行って何をしてるかもわかっていますし、ガールフレンドと一緒にサンタナロウに出かけることもわかっています」。サンタナロウはサンノゼ市にあるショッピングモールだ。

「ええっ、他にはどんなことを?」

「新しい仕事に就いたことも知ってますよ。就職おめでとうございます」。彼女は言った。「二週間したらドバイに行くこともわかっています」

ヤシールは心が重くなった。仕事については電話で話しただけだし、ドバイ出張についてはEメールで打ち合わせただけだった。FBIは電話を盗聴し、Eメールを読んでいたに違いない。

「僕のボクサーショーツの色も知ってるんですか」。彼は心のなかでつぶやいた。

「電話を盗聴しているんですね」

「まあ、それはお答えできません」

「いつかまた、あなた方と顔を合わせることになりますか？　また大部隊で僕の車を止めるつもりですか？」

「興味を引くものはないので、ご心配なく。たぶん私たちから連絡がいくことはないでしょうし、弁護士に連絡される必要もありません」

ヤシールはFBIのアドバイスなど聞く気はなかった。捜査官が立ち去ると、友人が米・イスラム関係評議会（＊訳注：イスラム教徒の法的権利の擁護団体。CAIR）と連絡できるようにしてくれた。

二〇一一年三月二日、米・イスラム関係評議会の代理人は、令状なしのGPS追跡装置がヤシールの修正第四条の権利を侵害し、彼の宗教的活動に関する記録を集めたことが修正第一条の権利を犯し、とりわけ監視が「修正第一条の権利による活動に対して客観的恐怖」をもたらしたとして、連邦裁判所に訴えた。訴状はヤシールが今「自らの政治的見解を述べ、特定の法にかなった関係を保つときに」恐怖を感じ、その監視が「他の者、特に採用を検討している雇用主に彼との付き合いをちゅうちょさせた」としている。

ヤシールは将来の追跡に対する差し止め命令を求めているだけでなく、彼の居住地に関するデータが政府の記録から削除されることを要求していた。

ＦＢＩはヤシールの訴状に対して秘密の回答書を提出する権利を勝ち取った。ヤシールの調査は終了しており、令状なしのヤシールの追跡は、当時は合法的だった、とＦＢＩはわずかな公開文書のなかで述べている（それ以来、最高裁は、捜査官がＧＰＳ追跡装置を設置する際に不法侵入することは容認できないと述べている）。政府はまた、修正第一条の権利が将来奪われる具体的な証拠を、ヤシールが何も指摘できていないと主張した。「彼は、こうした行為が今後いつ起こるかもしれないという具体的な危険性を示していない」

◉修正第一条が掲げた「表現の保護」

合衆国憲法修正第一条は否定的言い回しの権利である。すなわち、**してはならないことを言明**している。「連邦議会は、国教を定めまたは自由な宗教活動を禁止する法律、言論または出版の自由を制限する法律、ならびに国民が平穏に集会する権利および苦痛の救済を求めて政府に請願する権利を制限する法律は、これを制定してはならない」（＊訳注：在日米国大使館の訳による）
その結果、修正第一条が何を擁護《ようご》しているのかをはっきりさせることは、必ずしも容易ではない。私は、複雑に入り組んだ法律を解明する手助けとするため、修正第一条の著名な研究者でコロンビア大学学長でもある、リー・ボリンジャーと膝《ひざ》を交えた。
「修正第一条の理論はパラノイアと言えるかもしれません」とボリンジャーは語った。建国者たちは、デモクラシーを機能させるには政府を批判する自由が必要だと信じたのだった。結果として、修正第一条に関するいかなる訴訟事例についても、その最も重要な判断基準は、「問題となる行為は民主的討論への参加を制限しているか」というものである。

連邦最高裁判所は、いかなる活動であっても、それを制限することが民主主義への民衆参加を妨げる可能性がある場合には、その活動の抑制には細心の注意を払ってきた。たとえば一九六四年、最高裁判所はニューヨーク・タイムズ社が公務員に関する虚偽《きょぎ》を含む広告を掲載したことについて、「公務員の行為を批判する者に事実判定が真実であることを保証させる裁定は、それに匹敵する自己検閲につながる」として、その責任を負う必要はないとする判決を下した。

また二〇〇〇年には、グループに会員の受け入れを強制することは、表現のための結社の自由を侵害するという理由で、連邦最高裁判所は、米国ボーイ・スカウトが同性愛者会の会員を受け入れる必要はないという判断を下している。「修正第一条は、人気の有無にかかわりなく表現を保護する」と最高裁長官を務めたウィリアム・H・レンキストは記している。

しかし、最高裁判所は、自由な社会にとって監視が有害であるという主張に理解があったわけではない。一九七二年、最高裁は五対四で「米国陸軍監視プログラムによる諜報対象となっていた米国市民は、具体的な損害を被《こうむ》ったという立証ができず、そのため法的救済に必要な『論争の結果に関わる個人的利害』を欠いている」とする判決を下した。二〇一三年にもまた、連邦最高裁判所は五対四で、NSAの令状なしの傍受プログラムによる諜報を受けた米国市民は、訴訟に必要とされる「具体的で特定化され、かつ現実的または差し迫っている」被害を証明できていないとする判断を示した。

だが私は、一九七二年の判例における、ウィリアム・ダグラス判事とサーグッド・マーシャル判事による反対意見の雄弁さに感銘を受けた。彼らは陸軍監視プログラムを「修正第一条の原理と闘う、国という体のなかの癌《がん》」と呼び、次のように記述している。「情報部員が図書館で反体制的な人すべてのショルダーバッグを検査するとき、また、ピケライン（＊訳注：ストライキやデモのときに張る監視線）で彼の脇を目につかないように通り過ぎるとき、あるいは、彼のクラブに潜入するとき、かつて自由の代弁者として世界中で称賛されたアメリカは、もはやジェファーソンとマディソンが起草した姿ではなく、ロシアのイメージに近いものとなっている」

◉テクノロジーがプライバシーを奪っていった

ＦＢＩとの出来事の後、ヤシールとハレドは二人とも、通りすがりのすべての車に対して病的な恐れを抱いた。しかし徐々に恐怖心は消えていき、監視されることを受け入れる新たな感覚が生まれてきた。「どうしようもないですね」。あの出来事から一年後に、サンタクララのスターバックスで会ったとき、ハレドは言った。「とにかく、私たちのプライバシーはすべてなくなりそうです。テクノロジーが奪っていってしまいました」

ハレドは、ＦＢＩがヤシールの家を訪ねてきてから後の出来事を一つずつ説明した。数日後、ＦＢＩ工作員のジェニファーがハレドの携帯に電話をかけてきてメッセージを残したが、彼は折り返しの電話をしなかった。それ以降しばしば、非通知の番号から彼に電話がかかるようになった――受話器を取ると聞こえるのはシュッという音だけだ。「二日にわたって一日二回電話をかけてきて、それから三週間はないのです」と彼は言う。

初めのうち彼は自分の車に乗るたびに車の下をのぞきこんだが、しばらくするとやめてしまった。もしFBIが彼を追跡したいのなら、何としてでも手段を見つけるだろうと考えたからだ。彼のRedditへの投稿は回数が減り、数えるほどになった。不正行為に対する長い論文をよく掲載していたが、その大部分を短めで論議を呼ばないコメントに変更した。

ハレドはまたヤシールとの友達付き合いもやめた。Redditの会員が、GPSトラッキング事件についてのニュースはないかとうるさく尋ねはじめたときに、「あいつは何だか嫌な奴になって、当てにならなくなったから、絶交したようなもの」と書きこんでいる。

私がハレドと会ったとき、彼はちょうどエジプトから戻ったばかりで、向こうに帰ろうと考えていると話した。アメリカの人たちは自分たちの権利が失われていくのを目にしながら、無頓着《むとん ちゃく》すぎると言う。「この国にあるのは自由の幻想なんです。向こうには本当の自由があります。自分のしたいことは何でもやれるんですから」

自由についてもっと楽観的になるべきだと反論するのは難しかった。不幸なことに、二〇〇一年九月十一日のアルカイダによる米国襲撃以来、米国在住のイスラム教徒は、警察の面通しで容疑者のように扱われることがしばしばだった。

九月十一日のテロ攻撃の後、FBIは民間データを利用して「領域管理」システムを設け、イスラム教徒居住地を分析し、これらのコミュニティを情報提供者の標的とした。当然のことながら、これに対応してイスラム教徒に対するテロ容疑起訴が増加した。調査ジャーナリストのトレヴァー・アーロンソンは、FBIが九月十一日以降に行なったテロ容疑による起訴五〇八件を調査し、事案の半数近くに情報提供者が関わっており、三分の一がおとり捜査によるものであることを明らかにした。アーロンソンによれば、絶望して弱い立場にある人が情報提供者の標的となり、偽りのテロ計画に引き入れられることが多かった。「ほぼ例外なく、すべての手段をＦＢＩが提供するのです」とアーロンソンは言った。

イスラム教徒に対する最も攻撃的なスパイ活動の一つが、ニューヨーク市で発生している。ニューヨーク市警本部と中央情報局が秘密裏に連携し、ニューヨーク州およびニュージャージー州のイスラム教徒の政治グループ、居住区域、イベント、学生グループに潜入を企てたものである。二〇〇八年には、おとり捜査官がニューヨーク市シティカレッジのイスラム学生グループによる急流川下りの旅に同行している。二〇〇九年には、ニューヨーク市警（ＮＹＰＤ）の覆面捜査官が、ニュージャージー州ラトガーズ大学の近くに連絡場所を設けた。しかしその偽装は、建物の管理人が彼らをテロリスト下部組織と疑って警察に通報したことにより発覚し失敗に終わる。

ニューヨーク市に住む二〇歳の学生、アサド・ダンディアが、ＮＹＰＤの情報提供者の監視を受けた話を検討してみよう。二〇一一年、ダンディアはニューヨーク市フェサビーリラ・サービス（ＦＳＮＹＣ）という、ホームレスと貧困者への食事提供費用を集めることを目的とする慈善団体を共同設立した。二〇一二年三月、シャミール・ラーマンと名乗る男から、チャリティーに参加したいという連絡が彼のフェイスブックに入る。「共通の友人も数人いたし、彼の宗教的自己修練の役に立てるのが嬉しくて、ＦＳＮＹＣの友人の何人かを紹介しました」。自分に対する監視について、ダンディアはブログ投稿でそう記している。

ラーマンとダンディアは年齢がほぼ同じで、親友になった。ラーマンはダンディアの両親の家を何度か訪れ、一晩泊めてもらったこともある。ラーマンはまた騒々《そうぞう》しかった。「ラーマンは誰かに会うと、必ず電話番号を聞き出していました。たいていは会って数分後にね」とダンディアは書いている。「それから、僕を通じて出会った人と一緒の写真や、その人たちの写真を撮ることにしていたようです」

二〇一二年十月二日、ラーマンはフェイスブックにメッセージを投稿し、自分がNYPDの情報提供者であることを明らかにした。その後で彼は、マリファナの軽犯罪で何度も逮捕された後に情報提供者になったこと、月に一〇〇〇ドルもの支払いを受けていたことをマスコミに話した。しかし最終的にラーマンは、友人をスパイすることに嫌気がさし、終わりにしたのだった。「人を利用して金もうけをすることが嫌だったんです」。ラーマンはAP通信社に語っている。「過ちを犯しました」

ラーマンの激白は友人たちに衝撃を与えた。「ニュースを知って凍りつきました」と、ダンディアはブログに投稿している。「ゾッとする感覚でした。NYPDの密告者が自分の家に来たことがあるとは信じられませんでした」。その出来事でまた、ダンディアの慈善団体にも嫌疑《けんぎ》が掛かり、団体は後に名前を変更し、ムスリム・ギビング・バックとなった。地域のモスクはダンディアに、モスクでチャリティー集会を開催すること、そして礼拝参加者に寄付を求めることをやめるよう要請した。慈善団体は財政的・精神的な打撃を被った、とダンディアは述べている。ダンディアを含むメンバーは、慈善団体のフェイスブック・ページに投稿した写真の自分の顔をぼやかす作業を始め、ダンディアはニューヨーク市警本部に対する訴訟に加わった。

「私は自分のチャリティーの仕事について、できるだけ開放的で公であるよう努めていましたが

──今では、主に自分が個人的に知っている人たちと連絡を取っています」と、ダンディアは記している。

ヤシール・アフィフィもまた、防御用の盾の後ろに引きこもってしまった。幼なじみのハレドともう付き合っていない。ソフトウェア・セールスマンの仕事で忙しく、また大学の学位取得を目指して夜間クラスに通っている。家を買うために金を貯めており、妻は妊娠している。「自分が大人になったのに一番の親友が大人になっていなければ、一緒に過ごすのは大変です」と彼は言う。「人生の今の時点で彼と付き合うのは、まったくの時間の無駄《むだ》です」

ヤシールには危ないことをする余裕がない。自分がまだ何らかの監視リストに載せられていると彼は信じている。メキシコのプエルト・バヤルタへの旅から妻と一緒に帰国したとき、彼は到着の際に一時間近くも質問責めにあい、その間、連邦職員がバッグの中を調べ、質問を投げかけた。職員は妻の電話を取り上げたが、自分の電話を渡すのは断ったと言う。「彼らは尋ねる権利のない質問を聞いてきました。妻になぜ前の夫と別れたのかと尋ねたのです」と彼は話した。「憤慨《ふんがい》しましたよ」

しかし彼は、自分の怒りを抑えようとしている。「自分はイスラム系アメリカ人への嫌がらせをやめさせるような政策を希望するか──イエス」

かつてFBIに車を止めさせられた地点に来ると、彼は言った。「GPS追跡装置を自分の車に取りつけたことに対する謝罪の手紙を希望するか──イエス。でも、こんなことを当てにはしていません。僕は自分の人生を予定通り歩んでいます。裕福になりたい。いい家庭を持ちたい。アメリカン・ドリームが欲しい。他の人もそれを手にしてほしいのです」

第5章 何を守りたいかを見極めろ

◉「脅威モデル」を作成する

日々の生活のほとんどがモニターされる社会では、プライバシーに絶望感を抱くのは無理もない話だ。私がプライバシーに関する記事や本を書いていると初対面の人に話すと、すぐにこんな答えが返ってくることが多い。「もうあきらめましたよ。プライバシーは終わったんです」

実際、私もお手上げのような気分になっていた。私は三年にわたって、テクノロジーによるプライバシーの侵害について執筆していたが、自分自身を守る努力はあまりしていなかった。忙しすぎるからだと自分に言い聞かせていたものの、本当のところは、もう身を守ることなどできないと感じて途方に暮れていたのだ。

何度もそんな会話をしたので、私は罪の意識を感じるようになった。プライバシー侵害についてレポートしてきたことが、実は人々に絶望感を与えていたのだろうか。

もともと楽天家の私はまだ希望はあると思いたかったし、本質的に人と反対の行動を取るのが好きなので、懐疑的な人を論破したかった。それに、何といっても頑固者《がんこもの》だから、いくばくかの希望を見いだそうと心に決めたのである。

そこで、どんなに難しい状況でもドラグネットから逃れる努力をしようと決意した。読書や買い物といった日常の行動をモニターされないようにして、自宅でも外出先でも居場所を知られないようにしよう。熱いろうで封をするように、デジタルのシールを使ってＥメールやテキストを封印し、人と自由に付き合ったり意見を述べたりする方法を見つけよう。そして、私の子どもたちがデジタルの足跡を残し、以後の人生でそれに悩むことにならないよう、守ってやる方法を見いだそう。

それは厄介な課題だった。「できそうにないわ」と私は親友に言った。「クレジットカードを使わずに、いったいどうやって生活するの？　携帯電話も使わずに？　子どもたちに対して無責任ということになってしまう」

だが、こうした質問こそ検討すべき課題だということに私は気づいた。**現代社会で暮らしながらドラグネットから逃れることは可能だろうか**。監視ビジネスの業者が主張するように、私は何となくユビキタス監視に同意して、自分のデータと引き換えに無料サービスやセキュリティを手に入れていたのだろうか。同意を取り消すことにしたらどうなるのか。

私は、プライバシーに対する脅威を明らかにするところから始めた。

コンピュータセキュリティ業界では、敵を特定することを**「脅威モデル」を作成する**というが、これは、脅威が何かわかっていなければ脅威から身を守れないという考え方にもとづく。コンピュータセキュリティ産業の専門家ブルース・シュナイアーは、「セキュリティはトレードオフ（＊訳注：一方を追求すると他方が犠牲《ぎせい》になるような両立しえない関係）である」をセキュリティの第一レッスンと呼んでいる。「絶対的な安全というものはない」と彼は著書『Schneier on Security（シュナイアーのセキュリティ論）』の序文で述べた。「人生にはリスクがつきものであり、すべてのセキュリティにはトレードオフがついて回る。金銭、時間、利便性、能力、自由など、何かをあきらめることでセキュリティを手にするのだ」。あなたがあきらめるものが何なのかは、何を守りたいのか、誰から守りたいのかによって決まる。

◉特定すべき「敵」を間違えるな

二〇一二年、ＦＢＩは、元中央情報局長官、デイヴィッド・ペトレイアス将軍がかなり低レベルの技術を使って自分の伝記の執筆者ポーラ・ブロードウェルと不倫していた事実を暴露し、批評家たちは彼が不倫相手と共有のＧメールアカウントを用いたことを嘲弄《ちょうろう》した。彼とブロードウェルはそこにお互いへのＥメールの下書きを残しており、外交専門誌『フォーリン・ポリシー』は、それを「古めかしいスパイ技術」と呼んだ。しかし、本当の問題は**将軍が真の敵を見誤ったこと**だった。

彼と不倫相手は、自分たちの情事を配偶者に気づかれまいとしていた。そうした場合、自宅外のコンピュータから共有のＧメールアカウントにアクセスすれば、絶対に大丈夫なはずだった。だが彼らはＦＢＩが、フロリダ州タンパ市のボランティア・イベント企画者、ジル・ケリーに何通もの脅迫メールを送った容疑で、ブロードウェルの捜査を始めるとは想像もしていなかったのだ。ＦＢＩは、おそらくブロードウェルの使っているＥメールプロバイダーに対する召喚状によって、脅迫メールが送信されたコンピュータのＩＰアドレスを取得した。

そして、ＦＢＩ捜査官がこれらのＩＰアドレスを追跡し、安全対策の施されていないさまざまな公衆Ｗｉ‐Ｆｉ接続端末にたどり着いた。そのなかには数軒のホテルがあり、脅迫メールの送信日の宿泊客リストを調べると、それらの送信日にそれらのホテルに宿泊した客に共通する名前がポーラ・ブロードウェルだったのだ。ほどなく、捜索令状か召喚状によってブロードウェルのＥメールが調べられ、ペトレイアスとの不倫が明るみに出る。

ペトレイアスと愛人がＦＢＩを出し抜くつもりだったら、少なくとも次のような方法を講じる必要があっただろう。共有アカウントにログインするコンピュータのＩＰアドレスを隠し、暗号化プログラムを使い、絶対に偽名でアカウントを作成するのだ。だが、それでも二人の不倫が発覚しなかったとは限らない。

結局、自分の敵を正確に特定できたとしても、完全なプライバシーなどあり得ない。ここで、もう一つの事例について考えてみよう。「ユナボマー」（＊訳注：Unabomber、University and Airline Bomber＝大学の研究者と航空会社を標的とする爆破者を短縮した造語）と呼ばれたセオドア・Ｆ・カジンスキーである。カジンスキーはモンタナ州の片田舎の電気も水道も電話もない山小屋で、世捨て人として暮らしながら、爆発物を送りつける一連の爆破事件を起こし、そのために三人が死亡、二三人が負傷した。しかし、この世捨て人もＦＢＩから永遠に逃れることはできず、ＦＢＩはついに山小屋にいるカジンスキーを見つけ出した。そのきっかけは、カジンスキーの犯行声明文を読んだ弟がカジンスキー本人の若い頃の論文の提供を申し出て、声明文の言語分析で論文の語句と比較対照されたことだった。

これはうまくいったケースである。ＦＢＩがカジンスキーを逮捕して連続爆破事件が終結したとき、世間の人々は安心して暮らせるようになった。私たちは、**脅威モデルを作成すると楽になれる**のである。

◉私の強みと弱みとはなにか

では、私の脅威モデルとはなんだろうか。ジャーナリストとして働く私には就学前の息子と小学生の娘がいて、大学教授の夫はしばしば研究調査のために海外に出かける。自分の家族の状況を一言で言い表わすなら、「忙しい」だろう。プライバシーとセキュリティは、いつも急いでいるとすき間から下に落ちていくといった感じだ。

それでも私は、自分自身と子どもたちを無差別トラッキングから守りたい。こんなことをしていると将来にどんな悪影響を与えるだろうかと心配したりしないで、人々と付き合ったり、出かけたり、意見を述べる自由が欲しい。

そしてまた、ジャーナリストを標的とする脅迫から身を守りたい。オバマ政権はジャーナリストに機密資料を渡す人々を起訴しようと躍起《やっき》になっているからだ。二〇〇九年以来、オバマ政権は政府の内部通報者八名をスパイ法に違反したとして告発している。スパイ法は過去九二年間に三回だけ適用された法律で、国家公務員がジャーナリストに機密情報を提供したとして告発されたのだ。

ジャーナリストが刑務所行きになることはあまりないようだから、自分のことはあまり心配していない。嘆《なげ》かわしいことだが、刑務所に入ることになるのはジャーナリストに情報をリークする人である。私は情報を渡してくれる人たちに確かな秘密保持の誓約をできるようになりたい。

というわけで、私には明らかに二つの脅威がある。無差別トラッキング、そしてジャーナリストとその情報源を標的とした攻撃だ。

脅威モデルを作成する際に、**自分自身の強みと弱みを見極める**ことも重要である。

私の強みは、数年にわたってプライバシーとテクノロジーについて執筆してきたことだから、支援や指導をお願いできる専門家が大勢いる。それに幸せなことに、「解決」すべきプライバシーの問題もない。数年前、ソーシャルネットワークのマイスペース（MySpace）に関する著書を刊行したとき、ネット上の自分の評判を完璧に守ろうと頑張った。サーチエンジン最適化コンサルタントに相談して、ウェブサイトの作成と私のソーシャルネットワークのプロフィールから不適切な部分を削除する作業を手伝ってもらった。こうすればグーグルの検索結果において、他人が私について書いたことではなく、自分が自身について書いたことが多くを占めるようになる。

また、私の子どもたちはまだ幼いので、そのデータは公表されていない。携帯電話もコンピュータも使わせていないし、アイパッドの使用も制限し、ソーシャルメディアのアカウントも持たせていない。だから、子どもたちのことで「解決」すべきこともあまりないわけだ。

ところが、私には弱みがたくさんある。たぶん最大の問題は忍耐力がないことだ。自分のテクノロジーツールがうまく動かない理由を考えずに、手っ取り早い方法を取ることが多く、リスクにさらされやすくなってしまうのだ。

もう一つの大問題は、自宅の住所が世間に知られていることだ。夫とともに自宅を購入してリフォームしたとき、『ウォール・ストリート・ジャーナル』紙の同僚の懇願《こんがん》に負けて、同紙のオンライン不動産ページにリフォームについてのブログを書いたのだ。自宅の正確な住所を公表したわけではなかったが、少なくとも一つのブログが掲載写真から住所を突きとめてしまった。そんなわけで、プライバシーの基本要素の一つをすでに失っている。

夫もプライバシーのことなど気にしない人だ。プライバシーを問題にしていないばかりか、彼の専門分野は本質的にプライバシーを侵害するものである。夫は機械工学の専門家で、そのプロジェクトの一つはエネルギー使用を監視する遠隔センサーを設置することだ。実際、私に相談もしないで自宅にエネルギーセンサーを取りつけた。引っ越してきた日に初めてそのことを知ったが、家に入ると夫のゼミの大学院生が家のなかにいて、システムの配線を終えるところだった。

とはいえ、彼が設置したリアルタイムエネルギー監視装置は実のところ、ちょっと素敵なものだ。いつでもエネルギー使用量がわかり、使用パターンからいろいろ学ぶことができる。もちろん、ゼミの大学院生も私たちのエネルギー使用をモニターしているので、少し変な気持ちはする。

「金曜日には何をしてるんですか」。ある日、ゼミ生の一人が夫に尋ねた。「金曜日にエネルギー使用量が急上昇するのですが」。これは、金曜日に掃除婦が来て電気掃除機をかけるせいだと判明した。

子どもたちもプライバシーに関心はない。彼らにとって「プライバシー」は「だめ」という意味の言葉にすぎない。ユーチューブに動画を投稿できないのも、子ども用のソーシャルネットワークに登録させてもらえないのもプライバシーのためなのだ。先生方が子どもたちの写真をパスワード保護のないブログに投稿することに私が抗議する理由も、プライバシーである。

実は私の娘は、プライバシーは打ち負かすべきものだと考えていて、私のパスワードを当ててみるのを楽しみにしている。あるときは、私のアイフォーンのパスワードを突きとめ、アイフォーンにアクセスしてパスワードを変更し、変更したパスワードを忘れてしまった。アイフォーンから締め出された私は、業者に頼んで初期化してもらい、やっと使えるようになった。

そんなこんなで、ともかく家庭内では独りで戦うつもりだ。私の戦友は、科学技術者、コンピューターマニア、それにこの問題に関心のある世界中の市民から成るおんぼろネットワークになるだろう。

◉人それぞれの「脅威モデル」

そうなると今度は、自分の身を守るための戦略が必要になり、どこまでやるかを決めなければならなかった。地下壕《ごう》のなかに住む？　それとも名前を変えようか？

私はプライバシー保護についての本を二、三冊読んだが、どれも驚くほど極端な内容の話だった。J・J・ルナは著書『アメリカ版・完全に行方をくらます法』（J・J・ルナ著、喜須海理子訳、はまの出版、二〇〇一年）のなかで、「あなたへの手がかりを消す第一歩は」、〝本名と自宅の住所を切り離す〟ことだと述べている。**すでに住所が公になっていたら引っ越すように**、と彼はアドバイスする。

ルナは次に、自宅や車などの**資産を所有する有限責任会社をニューメキシコ州に設立**することを勧めている。さらに、住所が知られてしまうので、**子どもたちを公立学校に通わせてはならない**という。このリスクを取り除く方法が二つだけある。**子どもを学校に通わせずに家で勉強させるか、プライバシーを保証している私立の学校に通わせる**ことだ。

私には子どもを私立学校に入れる余裕もなく、仕事をやめて自宅で教育することもできないし、どちらかにしたいとも思わない。

ルナのプライバシー脅威モデルとはなんだろうか。それは私立探偵だ。彼の話によると、すべてのアドバイスに従ったとしても、無制限に資金を持つ私立探偵はやがてあなたを見つけ出すことができるという。

ボストン・T・パーティ（ケネス・W・ロイスのペンネーム）は著書『One Nation, Under Surveillance（監視下にある一国家）』において、「アメリカは法的な軸を捨ててしまったので、もはや法律は機能していない」と書いている。彼が読者に勧めるのは、銃の買いだめ、食物の自家栽培、子どもを自宅で教育すること、そしてパピー・リナックスというOSソフトの入ったCDからコンピュータを起動することである。

彼の脅威モデルは敵意に満ちた政府で、市民に襲いかかろうと身構えているのだという。私はそこまで被害妄想的にはなっていない。政府がどうしようもないものだとは思わないし、まだ法制度を信じており、チェック・アンド・バランスの大半が機能していると思う。私は銃の買いだめや自家栽培を始める準備もしていない。それに在宅教育を始めるつもりはないし、クレジットカードをやめて全額現金払いの生活に変える気もない。

私は別の脅威、つまり無差別トラッキングの増加――市民の生活のすべてをとらえて永久的記録に残そうとするドラグネット――から身を守ろうとしているのだ。私が心配するのは、この無差別トラッキングのためにある種の思想や人々と関わることができなくなり、経済的に苦しくなり、やがて恐怖の文化が生まれることである。最悪の場合、無差別トラッキングが全体主義的監視国家をもたらす可能性もあるのではないかと心配している。

私は自分の脅威モデルを作成するために、国家機密を扱う政府高官から監視対策ツールを作ったコンピュータマニアまで、さまざまな専門家に相談したが、それぞれが異なる助言をしてくれた。たとえば、銀行との取引に一台、プライベート用に一台、仕事用に一台と用途ごとに異なるコンピュータを使用するように助言する人もいれば、三台のコンピュータのセットアップを模擬して一つのコンピュータを三区画に分けるソフトの適用を勧める人もいた。さらに、いずれにしてもデータは入り混じってしまうのだから、区分しても無駄だと言う人もいた。こうした会話を繰り返した末に、**私は特効薬がない**ことに思い至った。

◉対ドラグネット交戦規則十三カ条

私は自分の戦略を見いださなければならない。そこで、表計算ソフトを作り、脅威とそれぞれの脅威に対抗する戦術案の要点を書き出した。脅威のなかには、オンラインとトラッキングを避けることで、かなり簡単に対抗できそうなものもある。私は種々のタイプのトラッキング対策ソフトをインストールし、どのソフトがうまく機能するかを評価しよう。しかし、その他の脅威はもっと巧妙《こうみよう》で、そばを通るとナンバープレートを撮影するナンバープレート自動読取装置に対抗するよい方法はわからなかった。ある専門家は、ナンバープレートにスプレーを吹きかけるかガラスで覆《おお》えば、赤外線カメラに写らないと言ったが、私の住むニューヨークでは、「こうしたナンバープレートの記録画像あるいは写真画像をゆがめる」方法でナンバープレートを覆うことは違法となっている。

ここで私は、戦術を決める前に、行動を決定する指針をまとめるべきことに気づき、交戦規則を考案した。

①法を犯さない

脱税や法律違反をしたくないので、合法的な活動だけに関わるつもりだ。何が合法的なのかがはっきりしないこともある。偽造運転免許証について考えてみよう。私は司法省の元監視活動専門弁護士マーク・エッケンヴィラーに、偽の身分証明書が合法的かどうかについてアドバイスを求めた。マークは、他人の身分証明書を犯罪行為に用いることを違法とする法令を指摘したが、またいっぽう、その法令は、実在の人物の証明書を悪用していることを犯罪者が認識していなければならないという意味だとする、二〇〇九年の最高裁決定も指摘した。それは、運転免許証を架空の人物のために偽造することは容認されるという意味にも取れるが、マークは郵便詐欺や電信詐欺の法令のことも述べた。そこには、「偽《いつわ》りの約束」によって金銭や財産を獲得する「いかなる陰謀」に関わることも不法である、と明記されている。

当然のことながらマークは、偽の身分証明書を作るべきかどうかについて正式なアドバイスをすることは拒んだ。しかし、判例によれば、架空の名前の偽造身分証明書を用いることは、不正行為に使いさえしなければ安全なように思われた。だがそれでも、偽の身分証明書を作ることはやめた。法的に安全を期すほうがいいと思ったのだ。

②現代社会に住み続ける

私にはテクノロジーを放棄する気はない。テクノロジーが人々に力を与え、世界で大きな変化を起こすことができたと信じている。ただ、テクノロジーにどっぷり浸《つ》かった生活のマイナス面を制限したいだけだ。

その結果、私は完璧なプライバシーを確保することなどできないだろう。どんな対策でも、有能で意志の強い敵に裏をかかれる恐れがある。元ＣＩＡ秘密工作員で現在はセキュリティ・コンサルタントのジョン・Ｊ・シュトラウクスは、防御の固い金融機関の本店に押し入るために雇われた経緯を話してくれた。その金融機関の周りをガードマンが三重に取り巻いていたので、彼は何も知らない従業員の車のトランクに潜入者をひそませて侵入させたのだ。

これと同じく、私が取る行動の大半は出し抜かれる可能性がある。たとえば、暗号を用いてＥメールの内容にスクランブルをかけても、敵は、暗号化の前にキーストロークを記録するソフトを私のコンピュータにインストールすることができるだろう。

私の目標は何としてでも勝つことではなく、ただ私の敵にもっと苦労させることである。路上での監視から身を守ることはできないかもしれないが、私は敵が、容易に分析できるＧＰＳ座標によって簡単に私の居場所を突きとめるのではなく、何時間もビデオテープを見るように強制できるだろう。

③標準的なツールを使う

マイケル・ポーランの工業食品に関する魅力的な著書『雑食動物のジレンマ』（日本版は東洋経済新報社刊、二〇〇九年）によると、彼は狩猟と採集を行なって食事を準備する。豚を殺し、森でキノコ狩りをし、隣家の木からさくらんぼを摘《つ》んで作る食事を「完璧な食事」と呼んでいる。

私にアドバイスしてくれる数人のコンピュータマニアは、ポーランと同じようなやり方でテクノロジーに取り組む。自分で作成・修正・設計できないツールは信用していないのだ。電話にインストールされたソフトウェアを回避して自分で選んだソフトウェアを実行し、お決まりのOSを起動させるのではなく、ブート（起動）可能CDでコンピュータを起動する。

これは自分のデータを守る「完璧な」方法かもしれないが、悲しいことに私にはできそうにない。私は自分のサイトを運営できるくらいハイテクに詳しいつもりだが、電話のソフトの修正を始める自信はないし、それが正しい方法だとも思わない。現代の素晴らしさはこうした強力なテクノロジーがようやくシンプルになり、一般人が恩恵を享受《きょうじゅ》できるようになったところにある。

したがって、現代生活の指針に従う私は、当然、コンピュータマニア集団の「自分の食べ物は自分で殺して手に入れろ」式の超過激な方法も避けようと思う。その代わりに、ある程度ハイテクに詳しい人なら手の届く通常のツールを使用するつもりだ。

④データ保存ゼロを目指す

自分のデータを保護するための最善策はデータを渡さないことであり、そのための一番の近道はデータを蓄積しないサービスを利用することだ。

もちろん、そんなサービスはめったにないが、実際に存在するのだ。マンハッタン中心部の超高層ビルにある私の主治医の診療所もその一つである。九・一一テロ以降、ニューヨークのビルではたいていそうなのだが、ビジターは入り口でドアマンから身分証明書の提示を求められる。だが私の主治医の診療所では、患者のプライバシー保護のために各患者の暗号を決め、それを身分証明書の代わりにドアマンに提示することになっている。そうすれば、ドアマンは任務を果たしながら、患者に関するデータは一切保持していないのだ。

出張先では、業務遂行に必要な最低限のデータを保存する会社を選んで仕事をするようにしたい。運がよければデータ保存はゼロとなり、そうでなくてもデータ保存は最小限となるだろう。

⑤マッド・パドル・テストをやってみる

私のデータの痕跡を最小限にとどめられたかどうかを確認する一つの方法は、セキュリティ技術者が「マッド・パドル・テスト」と呼ぶ思考実験を試すことである。それは次のようなものだ。デバイスを泥の水たまり《マッド・パドル》に落とし、泥ですべって頭を打ち、自分のデータにアクセスするパスワードを忘れたとしよう。さて、あなたは今利用しているサービスからデータを取り戻せるだろうか。その答えがイエスだとしたら、データの痕跡《こんせき》を残しているということで、ノーだとしたら、首尾《しゅび》よくデータの痕跡を残さなかったが、当然、自分のデータを失ったということだ。

マッド・パドル・テストの問題点は、いずれにしてもあなたの負けになることだ。しかしこれをやってみれば、忘れたパスワードを復元できるサービスを利用している場合は、そのサービスがあなたのデータにアクセスできるということに思い至るだろう。

⑥データを偽装する

私のデータの痕跡をできるだけ少なくできないときは、偽名を使ったり偽情報を提供したりしてデータを偽装することができる。嘘をつくのが苦手だと認めるのはきまり悪いが、私は嘘をつくと肉体的に落ち着かなくなり、ウェブフォームに偽名を書きこんだだけでも、体が熱くなって脈拍が速くなる。

だが実は、何も恥ずべきことはないのだ。最近まで、多くの日常活動において匿名の取引は当たり前のことだった。現金で支払い、発信者番号表示のない電話から電話をかけ、ときには差出人住所のない手紙を送っていた。

だから私は、簡単な業務遂行のためにオンラインの申し込みフォームへの記入を求める人々には、必ずしも真実の答えを返す必要はないことを絶対に忘れないようにしたい。小学校の休み時間にも教室にいて、先生のために黒板を拭いていたようなぶりっ子の私にはいばらの道だが……。

⑦私のトラフィックを保護する

私の「トラフィック」の分析から身を守るために頑張るつもりだ。「トラフィック」とは、私がEメールや電話やインスタントメッセージを誰とやり取りするかということである。

世間の人々はEメール、テキスト、インスタントメッセージの内容を傍受されることを心配するが、トラフィック分析は、メッセージの内容と同じぐらいあるいはそれ以上を明らかにすることが多い。私が一日に六通のメッセージを麻薬密売人とやり取りしているとすると、あなたは本当にその内容を知る必要があるだろうか。メッセージの量だけで、麻薬密売人と関係のある容疑者のリストに載せられてしまうはずだ。

コンピュータはまた、膨大な量のテキストを選《え》り分けてパターンを見つける性能より、送信先と発信元のリストを分析してパターンを見いだす能力のほうがずっと優れている。その結果、無差別トラッカーはたいてい、まずトラフィック・パターンに焦点を合わせるので、私は自分のトラフィック・パターンを防御することを最優先するつもりだ。

⑧リアルタイム通信を使う

通信傍受法により、警官は米国で電話やビデオチャット、インスタントメッセージなどのリアルタイム通信を傍受する前に、通常の捜索令状より取りにくい「スーパー捜索令状」を入手することを義務づけられている。

しかし、一度こうした通信が保存されると、捜索令状なしでデータを取得できることが多くなる。そこで、追跡を避けるにはリアルタイム通信を使ってその通信を保存しないことだ。

テキストやインスタントメッセージについては、特に発信者が受信者側の情報保存をどうにかすることはできないので、保存をやめるのは簡単ではない。だが幸運なことに、ほとんどの場合、音声やビデオの話し合いは保存されない初期設定となっている。

というわけで、旧式の単純な家庭用電話機は、いまだにプライバシーを守る最高の通信手段の一つである。

⑨データを分散させる

クレジットカードを一枚紛失するより困るのは、財布を丸ごとなくすことだけだろう。それと同様に、あるデータを紛失するのは全データをなくすほど困ったことではないので、私は自分のデータを分散させるようにしたい——避けられないリークやデータ破壊、政府のスパイ活動などによるダメージを最小限にするために。

たとえば、Ｅメール、検索、マップ、アンドロイド携帯といったグーグルの多様なサービスのどれを残すかを決めなければならない。二〇一二年後半だけで、政府がグーグルに二万一三八九回の情報提供要請を行なったことを考えれば、私の貴重なデータのすべてをグーグルのコンピュータに保管しないほうがいいだろう。

言うまでもなく、自分の全データを自宅に保存することにしない限り、一部のデータを脆弱《ぜいじゃく》なデータベースに保存されるのを完全に回避する方法はない。しかし、私は自分のデータを分散させることによって、暴露のリスクを軽減したい。

⑩パフォーマンスに料金を払う

プライバシー保護技術を生み出すコンピュータマニアの多くは、フリーソフトウェア運動（*訳注：ソフトウェア自由化運動。フリーソフトウェアの原則を支援する活動）を支持している。ユーザーは自分で制御できないシステム内に閉じこめられないよう、使用するソフトの作成と修正をできるようになるべきだ、と彼らは考えている。

理論的には、フリー（修正が自由）なソフトウェアがフリー（価格が無料）である必要はない。ところが現実には、利潤を追求する会社の大部分はプログラムを開示して修正されることを好まないので、最も修正フリーなソフトウェアが結局は無料になる。

不幸な結果として、こうしたソフトウェアの多くに収入源がなく、余暇に無料で作成したプログラマーが他の趣味に関心を移すと、放置されて多くのソフトが衰退してしまう。そんなわけで、私はプライバシー保護のために、プログラマーに給料を払うプロジェクトが継続するよう、（寄付やソフト購入によって）支援するつもりである。

⑪透明性に関する規則

私について知っているデータを見せてくれるトラッカーは、私のデータを見せないトラッカーほど不快ではない。

透明性が鍵なのだ。私の信用報告書については、それを検討して誤りに異議を唱える機会があるので快《こころよ》く思っている。だが、私の動きを追跡している会社の大半は、保有している私に関するデータを見せようとしない。それは不当だと感じるので、透明性を提供するトラッカーに対してもっと寛大《かんだい》なアプローチを取るつもりだ。そして、私のデータの削除や訂正、あるいはダウンロードをして持ち去ることを許可するトラッカーには、さらに親切にしたい。

⑫抗議としてのプライバシー

私は空港では、いつもボディスキャナーを通り抜けるのではなく、ボディチェックを要求する。ボディチェックは非常に立ち入った検査で、一度など、検査官がウエストバンドから下をチェックしていて、私のズボンの中に深く手を突っこみすぎた。また、検査官が後ろから私のバンドを勢いよく引っ張ったので、危うく転倒しかけたこともある。多くの点で、ボディチェックは自動スキャナーより侵襲的だ。

しかし、スキャナーをあえて避けるのは、ただその手続きに抗議したいからである。ボディスキャナーは公然と行なわれる珍しいタイプの無差別トラッキングなので、私は抗議するためにその機会を利用するのだ。それは家でリサイクルするようなものだと考えている。私が義務感から分別する缶や瓶は地球の運命を変えそうにないし、車で何マイルも走っていることのほうが、はるかに環境を汚染している。しかし、リサイクルは常用癖に陥りやすい薬物のようなもので、より大きな変化が手の届くところにありそうに思わせるのだ。

私のプライバシー侵害に対するささやかな抗議によって、より大きな変化に手が届きそうに見えることを願っている。

⑬恐怖に負けるな

自分のプライバシーを守る方策を講じると、被疑者リストに入ってしまうことがあるかもしれない。連邦検察官はアリゾナ州の事件で、「被告はプリペイド・ワイヤレスカードを申し込んだ際に偽名を使ったので、プライバシーへの合理的期待を有しない」と主張した。

また、エドワード・スノーデンが暴露した国家安全保障局（ＮＳＡ）の文書によると、ＮＳＡの指針では「国内通信を直ちに破棄する」と定めているのに、ＮＳＡはアメリカ市民の暗号化通信を保存しているという。

「秘密の意味」のあるメッセージは保持される可能性がある。つまり、暗号化されたＥメールのために、ＮＳＡの一種の要注意人物リストに入る可能性が高いのだ。

けれども、プライバシー保護のための行動によって監視リストに入るのでは、という恐怖に負けたくない。そうではなく、こうして警戒されることを、ドラグネットに対する私の政治的抗議の一部と見なすつもりである。

◉徹底して個人情報を守り抜く男

私が足を踏み入れようとしているこの新しい世界は、強圧的な政権の反体制派にはおなじみのもので、カフェでの静かな会話のほうが、電話やＥメールなどの電子通信より安全な世界だ。

私がスタートを切りつつある生活への理解を深めるために、反体制派が直面した課題を念入りに調べた男性、マイク・ペリーに接触した。彼は、検閲や監視を逃れるように設計されたソフトウェアを作成する「トーア・プロジェクト」の開発者で、九・一一テロ以降、ブッシュ政権のプライバシー侵害に激しい怒りを覚え、トーアのコンピュータプログラマーとしてボランティア活動を始めたのだ。ペリーは自分のプライバシーを深刻に受け止めるようになっていた。

彼は上司や技術部長と一緒にアマゾンで専門的な資料を見ていたとき、政治や個人的話題に関する本の「お客様へのおすすめ商品」に悩まされた。アマゾンのおすすめ商品もあまりに「個人的」だと感じた彼は、自分のデータの痕跡を消しはじめた。

ペリーに会ったのはサンフランシスコの公園だった（ジョン・シュトラウクスによると、人が耳をそばだてるような「爆弾」といった言葉を口にしなければ、明らかに公共の場はプライベートな会話によい場所だ）。ペリーはいかにも元祖ハッカーという雰囲気の男だった。ほっそりとして顔色が少し青白く、全身黒ずくめの服装をしている。彼は日常行動におけるセキュリティの基本について多少話した（自分のセキュリティに関わる話なので、すべて話したわけではない）。

ペリーは「監視ビーガン（＊訳注：完全菜食主義者）」だと自称している。完全菜食主義者が動物性食品をまったく摂《と》らないように、一切の監視を避けるという意味である（ただし、例外が二つあり、実名で航空チケットの予約をし、実名でホテルに宿泊することもある）。

彼がどこに住んでいるのかはごく親しい友人でも知らないが、何人かの親友が彼の住んでいる街区までつけていったことはある（一度、彼の家族が訪問したが、彼らも正確な住所は知らない）。ある友人がGPS機能付きのプリペイド式携帯電話を彼のバッグにこっそりと入れたが、住所を突きとめることはできなかった。

郵便物はコインランドリー、UPS（＊訳注：ユナイテッド小包宅配便会社）のお預かりボックス、別名で小包を受け取る「ビジネス・ボックス」などの数カ所で受け取り、いくつかの使い捨て携帯電話を使っている。プリペイド式携帯電話の支払いは現金で済ませ、相手との関係によって複数の電話機を使い分けている。一つは公的な仕事用、もう一つは私的な仕事用、三つ目はトーアとの連絡用だ。「私は話題によって電話機を替えるようにしているのです」と彼は言った。電話を使用しないときには電池を取り外すことにしているという。

各関係先に対して特定の使い捨て身元情報を割り振るのがいいと確信しており、いくつものEメールアドレスとインスタントメッセージアドレスを作っている。ペリーは私と話した後、私が連絡できる専用インスタントメッセージアドレスを作成し、私とのやり取りが終わったら削除するのだと言った。

ペリーの生活は大変そうに思え、私はその生活からどんな影響を受けたかを尋ねてみた。「正直言って、親密な付き合いがしにくくなりました」。監視を避けるテクニックのせいで二人のガールフレンドと別れることになり、彼との会話専用の暗号化チャットプログラムを使い続けるのを嫌がるため、何人かの友人とも連絡しなくなったという。

これは若者のゲームのような気がしはじめた。結局、ペリーは在宅勤務の独身男性なのだ。私は二人の子どもの母親で毎日出勤するのだから、コインランドリーに通い、数個の電話機を相手によって使い分けるのは難しそうだった。

だがペリーは、いずれにしてもおそらく彼のやり方がまったく間違っていて、私が監視ビーガンになる必要はない、と穏やかに言って私を安心させた。「ただの『監視フレキシタリアン（＊訳注：緩やかな菜食主義者）』の人もいますし、それもいいですね」

それから彼と私は市営地下鉄に乗って私の目的地に向かった。彼は駐車場に向かう私を駅の外まで送り出し、地下鉄に戻って自宅に向かった。——それがどこにあるのかわからないが。

第6章 データの場所を知る

◉グーグルには日記より詳しい私の日常記録があった

「自分のデータのことを知るべきですね」。キャピトルヒル近くのカフェで遅い朝食をとりながら、マイケル・サスマンは言った。

かつて司法省コンピュータ犯罪および知的財産部署で連邦検事の職にあったサスマンは、前の晩の深夜まで外出していた。ロック歌手ブルース・スプリングスティーン、通称「ボス」の熱烈なファンだった彼は、車を二時間半運転し、バージニア州シャーロッツビルで開催された公演を妻と一緒に見に行っていたのである。サスマンは充血した目をしていたが、私の脅威モデル作成を手伝ってくれることになっていた。

「うんざりしますよ」と本音を言ったが、彼がクライアントに対して最初に行なう仕事は監査だった。サスマンは現在、パーキンス・クーイ法律事務所のパートナーとして、インターネットのプライバシー問題についてグーグルなどの企業にアドバイスを行なっている。「私たちは組織図の確認から始めて、次に、この会社がさまざまな情報源から集めているあらゆるデータの探索に着手します」と彼は話した。

彼の指摘は重要なポイントを突いていた。もし私が自分のデータがどこにあるかわかっていなかったら、どうやって保護できるのか。しかし、私の課題は内部にあるデータの所在を明確にすることではなく、外にあるデータを探し出すことだった。というわけで、私は自分のデータを発見するプライバシー捜索の旅に出ることにしたのである。

最も明らかな情報源、私が**フリースタイル企業**と呼んでいるグーグル、フェイスブック、ツイッターから始めることにした。これらの会社は私についてどんな情報を持っているのだろうか。

グーグルのデータを探すために、データ・リベレーション・フロントのウェブサイトを訪ねた。このグーグルの奇妙なプロジェクトは、ユーザーがグーグルに蓄積したデータをダウンロードできるようにするものだ。私はデータ・リベレーション・フロントの「テイクアウト」メニューを用いて、二〇〇六年にGメールを始めてからメールを送った二一九二人の連絡先をダウンロードした。またピカサ（グーグルの写真サービスで、それを使っていることを忘れていた）に記憶させていた数枚の写真も入手できた。さらにグーグルドライブの利用者と共有していた一二のドキュメントを取り出した。

だが、それで終わりだった。ウェブサイトの閲覧履歴をダウンロードしようとしたが、データ・リベレーション・フロントから告げられた。「グーグルのウェブ履歴から逃れる方法はありません」

グーグルのダッシュボードは、種々のグーグルサービスの利用状況についての情報を含んでいるページで、Gメールのアカウント設定に埋めこまれているが、そこにもう少し情報があった。

ダッシュボードによると、Gメールでコンタクトを取った二一九二人のなかで最も接触頻度が高かった人物は、当然ながら私の夫だった。また私はGメールで二万三三九七回のEメールとチャットを行なったことが記録されていた。

不思議なことに、私のウェブ検索履歴はダッシュボードには残っておらず、自分のアカウントの「その他のツール」という部分に隠されていた。それによって、二〇〇六年にアカウントを開いて以来、グーグルが私のネット検索を記録し続けてきたことが明らかになった。どうやら私は、**月に約二万六〇〇〇回ものグーグル検索を行なっていたら**しい！

グーグルはご親切にも、私の検索を日付やカテゴリー（地図、旅、本など）ごとに分類していた。仏教徒が「モンキーマインド」と呼ぶ、あちこちと落ち着きなく飛び回る心の状態が表われていて、恐ろしいほどだった。

二〇一〇年十一月三十日の検索を見てみると、その日は技術ニュースを数件読むことから始めたが、突然、娘のための「ピンク色できらきら光るトムスの子供靴」を探した。次に自分が書いている記事の用語を調べるために類語辞典へと移り、それからレストランを予約するためにオープンテーブルへ、次いでプライバシー立法のテキストをダウンロードしようと、議会サイトを訪れていた。ふう。

私の検索は自身の心の内を明らかにするだけでなく、私の所在地も示している。「ベルリン市街地図」を何度も検索したのはベルリン旅行のときであり、「ハイアットリージェンシー プネ」は、インドに住む夫の両親に会うための毎年恒例の旅の最中でのことである。「DFW airport, Irving, TX → 3150 Binkey Ave., Dallas, TX 75205」というのはダラスに出張したときのものだ。

これは日記よりはるかに詳しく、自分の日々の思考を知る手がかりとなる。息子が生まれてから授乳枕を検索したことや、アリゾナでの家族休暇中によいメキシコ料理店を探したことを懐かしく感じた。

私はそのデータをダウンロードしたくてたまらなかったが、簡単に手に入れる方法はなかった。グーグルのスポークスマン、ロブ・シルキンは私に言った。「グーグルの『テイクアウト』でエクスポートできない製品はたくさんあります。二〇一一年に五つの製品でスタートして、絶えず製品を増やし続けてきたのですが」。ウェブの履歴は消せますよ、と彼はつけ加えた。しかし一度それを見てからは、削除する気にはなれなかった。自分のものにしたかったのである。

◉フェイスブックからはすべてのデータは取り出せない

フェイスブックは私のデータに関してそれほど協力的ではなかった。「Ｆａｃｅｂｏｏｋデータをダウンロード」をクリックしたところ、フェイスブックからアーカイブが送られてきたが、それは記録の漏《も》れが多いことで有名なものだった。アーカイブには私の友人リストも、投稿も、「いいね！」も、また他の人の投稿へのコメントも含まれず、その代わり、削除したはずの写真が数枚、削除した友人、いつどこで（主に自宅、職場、それに出張先がいくつか）フェイスブックのアカウントにログインしたかを示す一覧表が入っていた。投稿と「いいね！」は「アクティビティログ」と呼ばれる別の箇所にあることがわかった。しかしそれも妙に中途半端だった。私のアクティビティログには投稿が数件含まれていただけで、「いいね！」もコメントもなく、しかもそれをダウンロードすることはできなかった。

私のフェイスブックのデータは、マックス・シュレムスが二〇一一年にフェイスブックから入手したデータとはほど遠いものだった。ウィーンの法科学生だったシュレムスは、欧州プライバシー法にもとづいてフェイスブックに自分のデータを要求し、一二二二ページにおよぶ個人データを受け取った。そこには彼のすべての友人、投稿などがリストアップされていたが、それだけでなく、シュレムスが削除したと思っていた多くのデータ――彼が以前断った友人リクエスト、消したはずのポーク（Poke）、削除したはずのウォール投稿やステータス（近況）更新のデータ――も含まれていた。

二〇一一年八月、シュレムスは、フェイスブックが保有している多くのデータはEUのデータ保護法を侵犯していると主張し、アイルランド・データ保護委員会（フェイスブックの欧州オフィスはアイルランドにある）に提訴した。EUでは、データ収集方法が透明であることと、データの保有をその収集目的に必要な期間に限定することを個人データ所持者に要求しているのだ。

その結果、アイルランド委員会はフェイスブックの慣行を再検討し、削除したコンテンツに関わるポリシーのよりよい説明を含む「ベストプラクティス」を推奨《すいしょう》した。一年後、フェイスブックはそのデータ利用に関わるポリシーを改訂し、「ユーザーアカウントについての情報の保有はアカウントが削除されるまでとする」と明記した。二〇一二年、アイルランド委員会はフェイスブックのコンプライアンス状況を審査し、同社は委員会の提案の「大部分」を履行しているという評決を下した。しかし、同機関によると、フェイスブックはまだ、完全に確認された「疑う余地のない」アカウント削除を行なっているわけではないという。

要するにフェイスブックは、削除の有無にかかわらず、私のデータを残しておきたいらしい。

それなのに私は当分、自分のフェイスブックデータを全部入手することはできそうになかった。

◉フリースタイル企業には人生の記録が残っていた

ツイッターから自分のデータを入手するのは簡単だった。ただ「全ツイート履歴をリクエストする」ボタンを押すだけでよかった。ツイッターからすぐにEメールが届き、二〇〇八年にアカウントを開設してからの二九九三件のツイートが掲載された、扱いやすいエクセルスプレッドシートが添付されていた。

しかしいつもそう簡単だったわけではない。ツイッターは二〇一二年までユーザーがツイートの履歴全体をダウンロードできるようにしてこなかった。もっとも傾向を観察するためにツイッターの動向分析を有料で購読する企業には、二〇一〇年から似たデータを提供してはいたのだが。

私のツイートは、グーグルの検索と比べるとそれほど奥深いものではなかった。多くは自分の仕事の延長で、同僚か自分自身の記事についてのツイートや、イベントでのライブツイートだったが、なかには忘れてしまっていたツイートもあった。たとえば、二〇〇九年三月九日には「昨夜は一年ぶりに熟睡――赤ちゃんがついに一晩中眠ってくれた。ハレルヤ」と書いている。

全体として、フリースタイル企業はこの数年間の私の生活をはっきり描いたデータを集めていて、それはシュタージ・アーカイブで調べたどの文書よりもはるかに包括的だった。

ただ、**気味は悪かったものの、その多くにノスタルジアを感じた。これは私の人生のデジタル記録だった。**

それを見て、マンハッタンにある自宅近辺の遊び場で、友人と彼女の夫に偶然出会ったときのことを思い出した。同い年の娘たちがジャングルジムで遊ぶ様子を見ていると、友人の夫は私がプライバシーについて書いた記事について尋ねた。

「以前はもっとプライバシーのことを気にしていました」。彼は言った。私は例の「隠すものは何もないですよ」という主張かと身構《みがま》えた。しかし彼の考え方はまったく違っていた。彼は、プライバシーを心配するより「自分の人生について何か人為的なものを残すという考えが好き」なことがわかった、と話したのである。要するにこういったデータはすべて「永続性」を提供しているという。

昔のツイートとグーグルの検索履歴を見ると、この友人の夫との会話を思い出さずにはいられない。ユビキタスなデータ収集を擁護する議論のなかでも、この永続性という考えはよいもののように思える。

◉そのデータには「永続性」があった

永続性をもう一度感じることになったのは、データブローカーが保管している私に関する情報をかいま見たときだった。それは、私がボルチモア郊外のチェサピーク湾を見渡すマイク・グリフィン邸のデッキに座っているときのことだ。

マイクは「取り立て屋」で、たまたま自動車調査のビジネスを始めることになったという。スリムで背が高く、気力にあふれていて、コーヒーと煙草だけで生きているように見えた。

その頃、私はナンバープレート自動読取装置の増加を記事にするための調査をしていて、マイクを訪ねることにした。彼は米国有数の民間ナンバープレート撮影会社を経営している。カメラを搭載した一〇台の車が、日に三〇〇から四〇〇マイルを走って、ボルチモアやワシントンDCの大都市圏で自動車のナンバープレートを撮影するのだ。二交代制で働く運転手たちは、毎月一〇〇万枚のナンバープレートの所在地データを収集した。

マイクはそのデータを、主に取り立てのために手配されている車を探すのに用いている。捕捉する手配車の台数はカメラなしの場合はひと晩六台だったが、この技術によって一五台に増えた。しかしマイクによると、最終目標は彼のデータへのアクセス権を**保釈金立替業者**、**令状送達人**（＊訳注：裁判所の令状や書状を被告人に届ける人）、**私立探偵**や**保険業者**に売ることだという。

「五年後にはデータ収集を本業にしたいものです」と彼は私に言った。

マイクはデータを買いそうな候補として、TLOという会社を考えていた。TLOについては、私も何年も前から耳にしていた。創立者のハンク・アッシャーは伝説的人物だった。麻薬密輸業者から警察の熱狂的ファンに転身したアッシャーは、データブローカーの業界で飛びぬけて派手な男だった。

若い頃、フロリダの高層ビルを彩《いろど》った事業のオーナーとして巨万の富を築くと、アッシャーは三〇歳でリタイアした。バハマのグレート・ハーバー・ケイに移住してからは、高速ボートや双発機のエアロスターを操縦していた。やがてコカイン中毒になった彼は、ついには、フロリダにコカインの荷物をいくつか飛行機で運ぶことに同意した後、やり過ぎたことに気づいた。彼はコカインをきっぱりとやめ、島での麻薬密輸から足を洗おうと決心した。

アメリカ麻薬取締局で働きはじめた彼は、当局がもっとよいデータベースを必要としていることとに気がついた。一九九二年に彼は**オートトラック**という製品の販売を始め、それはやがてデータ収集業界を激変させることとなる。オートトラックを使うと、公開記録の調査をもっとスムーズに行なえる。アッシャーはフロリダ州自動車登録所からデータを購入すると、それを容易に検索できるようにした。とっさの場合にも、警察官が住所や社会保障番号の一部、または名前を部分的に入力するだけで、その人の運転履歴や自動車の経歴を参照することができる。

それまでナンバープレートを調べるには、個人のフルネーム、性別、生年月日をインプットする必要があったのだが、オートトラックは警察官の捜査のやり方を一変させた。ジャーナリズム業界における調査も同様だった。私も、調査中の人物の名前と住所を探すために、オートトラックを何度も利用したことがある。

しかしやがて、アッシャーの派手な生活と薬物使用歴が悪い結果をもたらし、会社は彼に一億四七〇〇万ドルを払って追い出してしまった。アッシャーはひるむことなく、すぐに次の会社を立ち上げ、アキュリントという類似品を発売した。九・一一同時多発テロの後、彼は「高テロリスト要素」リストを作成するマトリックスという名前のプログラムを企画したが、プライバシーへの懸念という暗礁に乗り上げた。彼は圧力を受け、またしても会社を辞する。

二〇〇九年、アッシャーは事業再興を目指して頑張り、データベース会社ＴＬＯを設立した。ＴＬＯは最後の会社（The Last One）を表わすもので、自分が立ち上げる最後の会社という意味をこめていたが、その言葉の通り、二〇一三年に六一歳でこの世を去ってしまった。

マイクによると、ＴＬＯ社のデータは、アッシャーが辞めた二社を何年も前に買収したレキシスネクシス社のデータより、質がよくて価格も安いという。TLO社の料金はシンプル・サーチが二五セント、アドバンスト・サーチが五ドルという安さである。これに対して、レキシスネクシス社のピープルワイズ・サービスでは、ベーシック・レポートが一ドル九五セント、プレミアム・レポートが二四ドル九五セントとなっている。

「私についてのレポートを見せていただけます?」。私は尋ねた。

「いいですよ」。彼は答えた。

一分も経たないうちに、私は自分の昔の住所すべてが記された四ページのレポートを手にしていた。大学の寮の部屋番号#536Bにまでさかのぼって書かれ、レポートの情報にはまったく不正確なところはなかった。

私は息をのんだ。寮の部屋番号、他の五人の大学新卒者とシェアしたワシントンDCのグループハウスの住所、それに夫と同居を始める前に短期間保有したニューヨーク市のワンルームマンションのことは自分でも忘れてしまっていた。それぞれの住所を見て、以前の記憶が波のように押し寄せてきた。

これはフリースタイル企業が持っていた私のデータよりも、ある意味でもっと奥深く、要するに何十年もさかのぼった私の実生活だった。永続性とはこのことだろう。

◉お粗末な調査結果

ところが、他のデータブローカーから自分の情報を集めているうちに、永続性への愛情は冷めてしまった。民間データブローカー二〇〇社以上のリストを作りあげたが、調べつくしたわけではないのはほぼ確実だった。そのうちの数社は、信用調査機関エクスペリアン社などの、名前がよく知られた会社だった。だが、大半はのぞき趣味のような「調査」ビジネスの小グループで、わずかな料金で、あるいは広告と引き換えに無料で他人の情報を提供するサイトだった。

　調査ビジネスへの参入を阻《はば》む障壁はきわめて少なかった。ビーンヴェリファイド・ドットコムについて考えてみよう。二〇〇七年、ジョッシュ・リーヴィとロス・コーエンは安価なオンライン素行調査サービスを提供しようと、二〇万ドルの出資で事業所を設立した。二〇一一年には、同社によれば、わずか一六人の従業員で一一〇〇万ドルを売り上げたという。

　アメリカのデータビジネスにはほとんど規制がないが、大半の西欧諸国ではその点が異なっている。それらの国々では、個人が自分のデータにアクセスして修正できる、また場合によってはデータを削除できるようにすることが、データ収集事業者に義務づけられている。

　二一二カ所のウェブサイトの細則を読み通した結果、サイトにある自分のデータを見ることができるのは、そのうちの三三カ所に限られることがわかった。ただ、よく調べてみると、三三カ所のなかには実はデータを提供しないサイトもあり、自分のデータを見るためにアカウントを設定しなければならないところもあった。

　私はデータブローカー二三社に連絡を取り、そのうち一三社から自分のデータを受け取った。運転免許証のコピーを同封して郵送で申し込むよう要求した会社もあれば、Ｅメールでの申し込みを認める会社もあったが、入手した回答のほとんどは業界大手の会社からのものだった。

　ダイレクト・マーケティング最大手の一社で三〇億ドル以上の年間売上があるイプシロン社は、私の名前、住所、年齢、そして所属政党が記された二ページの薄いレポートを送ってきた。

そこには私の最近の購入品がリストアップされ、アパレル、メディア、ビジネス、健康、ホームオフィス、スポーツなどの項目に非常に大ざっぱに分類されていた。最も具体的な情報はサイクリング、ランニング、スポーツといった私の家族の趣味についての説明だが、自分の自転車にすら五年も乗ったことのない者にとって、それは現実というより憧れに近いものだった。

データ収集業界最大手で年間売上一一億ドルのアクシオム社は、私のデータを取得するための処理費用として、五ドルの小切手を送るよう要求してきた。私はショックを受けながらも、ぐっとこらえて発送した。一カ月後、アクシオムは私の社会保障番号、生年月日、有権者登録記載事項、子どもの頃からの住所が記載された九ページのレポートを送ってきたが、アクシオムが販売している私の趣味についての情報は含まれていなかった。情報共有に消極的なアクシオムの姿勢はとりわけ腹立たしいものだった。なにしろ同社はその年次報告書で、「米国のほぼすべての消費者について三〇〇〇以上の消費性向」のデータを保有していると豪語《ごうご》しているのだから。その主要製品の一つがペルソニックXのデータベースで、人々を二一層の「ライフステージ・グループ」の範囲内で七〇のクラスター（群）に区分けしている。

プライバシー問題の分野で活躍中のジャーナリスト、ダン・タイナンに教えてもらい、私はアクシオムのウェブサイトで、年齢、婚姻関係の有無、収入、子どもの年齢を入力するとペルソニックXのクラスターを決定できるページを発見した。私の実情報を入力すると（それはちょっと怖かったが）、アクシオムから、私は「家族持ち富裕層」――全グループのなかで最も高学歴で裕福なグループの一つ――のクラスターに属しているという報告が送信されてきた。このクラスターに属する人は大学院卒で（その通り）アジア人である（夫がそうだ）ことが多いという。また「多忙な生活のためにネット購入が好みというより必須になっている」ことも当たっている。しかし「家族持ち富裕層」につけられたストック写真はばかげたもので、自家用ジェット機の前に男女が立っている写真だった。私たちは自家用ジェット機を持つほど豊かではないし、ビジネスクラスに乗るほどでさえなく、ひたすらエコノミークラスを利用している。

その他のアクシオムのクラスターは、「ウォーキング・スタイル重視派」、「既婚のインテリ派」、「敏捷《びんしょう》な都会派」、「放浪の田舎派」、「贅沢《ぜいたく》ライフスタイル派」などと名づけられている。しかし、アクシオムの宣伝用サイトには名前を入力しないので、私が本当はどのクラスターに属するのかはわからなかった。

アクシオムはその後、名前と住所、生年月日、Eメールアドレス、社会保障番号の下四桁《けた》を入力すると、自分のデータを参照できるオンラインサービスを導入した。そんな秘密データを引き渡すことはためらわれたが、もう一度、ぐっとこらえて自分の情報を送信した。その結果得られた人口統計学的データはまるで貧弱だった。アクシオムによると、私は「アジア系のシングルマザーで、一七歳の子どもがいて、二〇〇九年型カローラを運転している」ということだったが、すべて違っている。しかし、ショッピングのデータは印象的だった。私が通常の買い物よりオンラインショッピングのほうを好んでいることを正確に伝え、私が購入していたリンネル製品、家庭用品、女性用アパレル――「下着や靴下」といった品目を明らかにしていた。

◉ブローカーの持つデータの正確性はピンキリ

データロジックス社は「一兆ドルの消費者取引があり、ほぼすべてのアメリカ人家庭」のデータを保有すると主張しているが、同社から私の要求に対する回答を入手するのに三カ月かかった。しかしある日、フェデックスの封筒が届き、中には私の「関心分野」をリストアップした二枚の紙が入っていた。それは寄せ集めの情報だった。そう、私は「ママ」で「グルメ」で「女性用ファッション」を「オンラインで購入する人」だが、私を「ファッショニスタ（＊訳注：最新ファッションに敏感な人）」で「ヤングアンドヒップ（＊訳注：流行に敏感な若者）」と呼ぶのは、あまりにも現実とかけ離れている。

同様に、私の家ではエネルギー効率の高い電球と有機牛乳を購入しているが、だからといって「グリーン・コンシューマー（＊訳注：緑の消費者。環境問題を考慮して買い物をする人）」で「健康食品」購入者だと決めつけられるのには驚いた。しかもデータのいくつかは完全に間違っていたのだ。私たちにはペットはいないしテレビもないので「ペット用品」を買ったことはなく、「スペイン語テレビ放送」を見たこともない。

データロジックスのその他のカテゴリーはわざとあいまいにしたものだった。「政治的見解」や「政治地理学」は私の興味のあるカテゴリーだが、レポートでは、彼らの見方による私の見解は明らかにされていなかった。同じく家庭の収入や住宅の評価額についても、カテゴリーはあったものの開示されていなかった。

インフォグループは、ただ私の名前と住所が書かれたEメールを送ってきただけだった。これは、私が自分のデータにアクセスするために提供したものと同じ情報だ。おやまあ、これはどうも、といった感じである。

もう一つの業界最大手企業、レキシスネクシス社からはもっとよい結果が得られた。リクエストを送って四日後、レキシスネクシスは一〇ページの無料「アキュリント個人レポート」を郵送してきて、それには一九八九年以後の私の全住所が載っていた。

ＴＬＯ社のレポートと同様に、それは気味が悪いほど正確だった。一九九六年にサンフランシスコのアパートを探している間、私が両親の家に一カ月滞在していたこと、そして一九九二年にワシントンポスト社のインターンとして上司の家の屋根裏で二カ月過ごしたことも把握《はあく》していた。「仲間かもしれない人」の項目には、私の夫と彼の母親がリストアップされ、彼女が彼のニューヨークのアパートを訪ねた日が記されていた。

トムソン・ロイター傘下のウエストロー社は最も寛大で、二冊の無料レポートを送ってくれた。私の兄を世帯主と記した以外はほぼ正確な三四ページの「サマリー」レポートと、私の自動車のナンバープレート番号や住宅ローン情報、勤め先が記載された八ページの「包括」レポートである。私が目にしたなかで、ウエストロー社の包括的なレポートだけが私の住所履歴の入手先を記しており、それらはすべて信用調査機関だった。

データへのアクセスを提供している会社のなかにも、見せかけだけのようなものがある。二〇一〇年（この情報を公式に入手できた最後の年）の売り上げが一億五〇〇〇万ドルの最大手オンライン人材調査サイト、インテリウス社は、ユーザーが自分のデータを閲覧できるTrueRep.comというウェブサイトを開設していた。しかし、私が見つけたインテリウス社サイトでは、そのサービスについての宣伝は一切なく、自分のデータを探すためにTrueRep.comを訪れた際には、うまく機能していなかった。会社に連絡を取ると、「バグ」が修正されて自分のデータへのアクセスが可能になったが、まずその前に、家を建てた時期や運転している車のモデルなどについての個人的質問一式に答える必要があった。不思議なことに、それらの質問を済ませると、レポートは私の家や車に関する詳しい情報は一切提供しなくなった。私の両親、夫、兄弟の名前は確かに正しかったが、言うまでもなく、インテリウス社が実際に開示した内容よりもっと詳しい情報を持っていたことは間違いない。しかし、私については住所の間違いが二カ所あった。一つはブロンクスで、もう一つは国際連合というのである。

とはいえ平均的に見て、データブローカー（信用度評価会社）の私に関する情報はまずまず正確だった。私の住所と人間関係についての調査は大部分が正しく、イライラしがちなワーキング・マザーであることや倹約より便利さを大事にする性向があることも、正確に指摘していた。

◉重大な誤り

私は、規制を受けた民間データブローカーからもっと正確な情報を得られるのではないかという期待を抱いた。一九七〇年に制定された公正信用報告法は、「信用調査書その他の報告書を利用する者はすべて、当事者が仕事やローン、保険の加入を拒否されるなどの『不利な扱い』を受ける場合には、事前に当事者に通知しなければならない」と定めている。しかし、つい最近まで、人々は何かを拒否されるまで、自分の報告書に簡単にアクセスすることはできなかった。

二〇〇三年、議会は三大信用調査機関――トランスユニオン、エクスペリアン、エクイファックスの三社――に対して、AnnualCreditReport.comを通して、市民が信用報告書に毎年無料でアクセスできるようにすることを義務づける法律を通過させた。しかし、それらの無料報告書には消費者が評価される実際の信用度の「スコア」が含まれていない。

トランスユニオンに自分の信用レポートを要求した際に、データに間違いがあることを知ったきっかけは、身元確認用に考案されたセキュリティ確認のための質問、**「次の五つの企業のうち働いたことがある二社はどこですか」**に正しく答えられないことだった。リストのなかで働いたことのある会社は一社だけだったが、二社をクリックしないと質問への回答にならない。そこで私はもう一社をランダムに選択して、とにかく自分のレポートにたどり着くことができた。ふーむ、セキュリティはこれだけか。

私の信用レポートを読んでみると、私は二〇一一年一月三十日現在、ボルジョミ1株式会社という法人で働いていると記されていた。直《ただ》ちにネットで検索してみると、ボルジョミ1という会社はブルックリンに拠点を置き、グルジア共和国から輸入したボトル入りミネラルウォーターを販売する業者だった。レポートにはまた、私の以前の住所が文字化けして「304 06920304 T75 Apt 79」と記されていた。

こうした私の経験は異常なものではなかった。連邦取引委員会が最近行なった信用レポートの正確さに関する調査によれば、**二六パーセントの人が自分についての三通の報告書の少なくとも一通に、一カ所以上の重大な誤りがあることを見いだしている。**

◉**「データの一部は推定である」**

しばらくして私は、自分についてのもっと悪いデータが、規制を受けないデータブローカー業界の一角にあることに気がついた。**データ・スコアリング業界**である。

この業界を偶然見つけたのは、eビュローという会社から自分のデータを入手したときだった。一ページのレポートで、私には子どもがなく、高校中退で年収が三万五〇〇〇ドルと記されていて、どれもまったく見当違いだ。

少し調べて見ると、eビューローはデータ・スコアリング業界（＊訳注：同一規則にのっとり点数を付与していくことで、対象をランクづけ、カテゴリー分類する）の、設立されたばかりの新興企業だった。あなたのツイートやフェイスブックへの投稿の人気度を分析して、あなたに「影響力がある」かどうかを判断する会社もある。また、信用度スコアの代替策を開発するために、新しいデータソース——パーソナリティや携帯電話の使い方——の利用をもくろむ会社は数多い。

二〇〇四年に設立されシカゴに本社のあるeビューローは、より優れた信用度スコアを構築するために自社製「スコアリング」予測システムを開発しようと、ベンチャー投資家から三八〇〇万ドルの資金を調達した。同社は、マーケティング担当者がターゲット顧客に誰を選ぶか決められるように、人々に関する情報を分析し、彼らとの「連絡の確実性」と「生涯顧客価値」を予測するのだという。eビューローがスコアシステムの普及を促進するのは、銀行やクレジットの取引経験が少ない人たちの金融サービス利用を容易にし、また借金取りが取り立ての見込みを予測できるようにするためだ。その「収入見積り」用のマーケティング・シートで、eビューローは、自社のスコアが「病院の新規入院患者の慈善医療プログラムへの適格性」を評価するために使用できると述べている。

eビューローに私に関するデータの間違いについて問い合わせると、「eビューロー・コンプライアンス」から、データの一部は推定であると注記したメールが届いた。さらに同社は、「情報は第三者の情報源から入手されたもので、eビューローおよびその情報提供元、ベンダー、ライセンサー、代理店または支社は、情報の正確さや誤りがないことについての保証はできない」と付記していた。もし情報が正しくなければ退会を選択できるというので、私はその申し出に従った。

さらに薄気味悪かったのはＰＹＣＯ《ピコ》という会社だ。この会社は私の名前と住所だけでパーソナリティ・タイプがわかると主張した。その販売資料によると、ＰＹＣＯは「人の個人的行動についてのデータ、つまり人間関係、取引、活動、興味、趣味、購買行動などを逆行分析するアルゴリズムを開発した」と主張している。ＰＹＣＯはビッグデータ・ブローカーから入手したデータを用いて、個人の人生におけるいくつかの決断を分析し、それが人のパーソナリティについて何を意味するのかを解釈する。たとえば結婚することは約束への積極性を意味するものとされ、その情報は外向的か内向的、あるいはリーダーかフォロワーかを決めるデータとして使用される。

ＰＹＣＯによれば、アメリカ人の成人一億八一〇〇万人のプロフィールを作成済みであるというが、私の分は持っていなかった。

◉なぜ彼女はテロリスト監視対象リストに載せられたのか

いよいよ最後に、私はアメリカ政府が持つ自分のデータを引き出すことにした。国家安全保障局が私のファイルを提供することなどあり得ないのは明らかだったが（他の人が試したが失敗した）、他の機関なら可能性はある。

一九七四年に成立したプライバシー保護法は、個人に対して、政府にある自分のファイルを参照し、誤りがあればファイルの情報を訂正できる権利を与えている。しかし、プライバシー保護法には巨大な抜け穴があり、諸機関は法の適用を免《まぬが》れるのである。

そのため、個人が自分のファイルを手に入れることは容易ではない。ジュリア・シアーソンという名のオハイオ州の住人の話を検討してみよう。二〇〇六年、彼女は週末をカナダで過ごした後に、米国税関国境警備局の検問所まで車を運転してきたところで、「武器を持っていて危険」な「テロリスト容疑者」と判定されたのだった。連邦局職員は彼女とその四歳の娘を、解放まで数時間にわたって勾留《こうりゅう》したのである。

シアーソンはイスラム教への改宗者だったが、自分がなぜテロリスト監視対象リストに載せられたかを知りたかった。そこで彼女は、情報公開法とプライバシー保護法にもとづいて、税関と国土安全省に自分に関するファイルを請求した。しかし受け取ったデータには自分が対象になった理由が記載されていなかったため、彼女はそれらの機関が情報公開法とプライバシー保護法に違反しているとして訴訟を起こす。各機関は、監視対象リストについては情報提供を免除されていると反論した。

シアーソンは二〇〇八年に多少の資料を受け取ったが、なぜ対象になったかを知ることはできなかった。二〇一一年、連邦第六巡回区控訴裁判所は、政府が憲法修正第一条によって保護される活動の記録を違法に保持している場合は、国は与えた損害への責任を負うという判断を示し、下級審への審理差し戻しを命じた。シアーソンは二〇一三年、七年以上におよぶ法廷闘争の末に賠償金を受け取るという結果を受け入れた。

◉政府が持っていた驚くべき個人情報

それでも私は、自身について何を入手できるか知りたいと思った。ＦＢＩに自分のファイルを要求したところ、**私についての記録は存在しない**（ふぅ！）が、「**あなたの活動テーマが何らかの監視対象となっているか**を肯定または否定するものではない」という通知を受け取った。

米国税関国境警備局に要求すると、もっと収穫があった。申請してから約三カ月後にデータが詰めこまれた分厚い封筒を受け取った――政府の基準からすればきわめて速《すみ》やかな回答である。

ファイルの解釈を手伝ってもらうために、旅行業界で一五年間働いた後に、サンフランシスコを拠点に仕事をしている独立トラベルライターのエドワード・ハズブルックに電話をかけた。彼は以前、米国関税局が、自動ターゲティング・システム（ATS）という記録システムの利用を始めていたことを二〇〇六年十一月に明らかにした後に、彼自身の記録を請求したことがあった。そのシステムは「リスクアセスメント」のためにアメリカ市民の旅行記録をまとめていたものである。

彼は二〇〇七年に初めてATSにデータ要求を申請し、二〇〇九年にそれを更新した。一年後に彼は、完全な税関ファイルの開示に応じないのはプライバシー保護法に違反するとして当局を訴えた。連邦裁判所は、税関が遡及《そきゅうてき》的に彼のファイルをプライバシー保護法の適用から除外するのは、彼がそれらを請求した後であっても合法であるとしたため、彼は敗訴したのだった。ハズブルックは私のファイルを見て、解読を手伝うことに同意してくれた。

最初の八ページはTECSデータベースからのものだった。TECSは以前の財務省執行情報システムの改修更新版で、財務省や国土安全省の方々にあるデータを含む「超」データベースのようなものである。私のTECSファイルには、私の出入国情報が一九九〇年にまでさかのぼって含まれていた。各渡航について、空港と日時、そして内容が抹消された「結果」という項目が記されている。ハズブルックによると、この抹消された項目は、私が二次審査に回されたかどうかを示しているらしい。

それは私の旅行歴をある範囲に限定してのぞき見するようなものだった。航空便のフライト情報には税関エリアへの到着時刻が含まれていたが、渡航先やどこから帰国したかは記されていなかった。車による越境「VEH」が一度だけあり、それは二〇〇三年にナイアガラの滝でカナダに入国したときのものだった。

私の旅行歴をもっと詳しく知ることのできる情報は、二番目の資料に含まれていた。それは三一ページにわたる海外旅行の詳細な予約情報で、乗客名簿を意味するPNRというデータベースがもとになっていた。

PNRは、以前は政府の手元にあるわけではなかった。航空会社が保有する商業用の記録だが、九月十一日のテロ攻撃の後、議会は航空輸送保安法をあわてて通過させ、航空会社が「要請に応じて」税関に商業用の予約データを提供するよう命じた。そして「要請に応じて」はいつものようにすぐに成文化され、航空会社に対して、税関の全予約データベースへの電子的アクセスを許可することを義務づけたのだ。

現在では、航空会社は顧客の海外旅行予約データを定期的に税関国境警備局の自動ターゲティング・システムに提供していて、システムは、個々の旅行者がアメリカに与える「リスク」を評価している。当局によれば、五年分の予約データを使っているが、テロ対策のために情報は一五年間保持しているという。

ヨーロッパ諸国の政府は九・一一テロの後、この変更が欧州プライバシー法に抵触するとして反対した。法的・外交的な闘いが延々と続き、その間には欧州裁判所が合意を無効とした時期も短期間あったが、ヨーロッパ諸国は最終的には要求に屈して合意書に署名した。結局のところ、彼らは自国市民が米国にビザなしで渡航できる権利を失いたくなかったのだ。そしてまた、ヨーロッパ諸国は多少の譲歩も勝ち取っている――米国がＰＮＲデータを保管し利用できる期間に制限を設けたことと、機密情報へのアクセスは「個別的に」許可されることである。

自分のＰＮＲデータを見て、欧州諸国と米国との闘いに納得がいった。各ＰＮＲデータは信じられないほど詳細にわたるもので、最初の予約から飛行機搭乗までの、ありとあらゆるやり取りを網羅《もうら》していた。

そこには私の全桁のクレジットカード番号が何回か記録されていたし、Ｅメールアドレス、生年月日、パスポート番号、それに会社、家庭、携帯のすべての電話番号が記載されていた。また私が一緒に旅行する者の情報――夫のＥメールアドレス、子どもの誕生日や全員のパスポート番号もあった。子どもたちの名前（単にＣＨＤ１、ＣＨＤ２と示されていた）と食事の要望が、人為的に挿入された唯一の情報のようだった。

ハズブルックは、航空会社がそのメインフレームシステムの通信に使う暗号のような指示文を解読した。「ＯＳＩＹＹＴＣＰ‐４ＰＡＸ‐ＲＥＣＬＯＣ５ＣＬＭＷＱ／５ＢＵＯＥＭ」というのは、航空会社職員に注意を喚起するためのシステム一斉メッセージで、私の家族四人（４ＰＡＸ）が二つの異なる予約専用コード（ＲＥＣＬＯＣ）の予約を取っているが、一緒に座る（ＴＣＰ）ために、並んだ座席を欲しがっていると伝えるものだった。

私の会社の旅行代理店もまた連邦政府に情報を提供しているようだった。ロンドン出張では、旅行代理店は税関に私のホテル予約情報（ブルームズベリーホテル、クイーンサイズ・ベッド）、法人クレジットカード番号とその有効期限、従業員ＩＤ番号、自分の部署の予算コード、そして私は「ＶＩＰではない」ことを示す内部コードを伝送していた。

さらに厄介なことに、代理店は報道記者が旅行の予約のときに記入する「旅行の目的」の内容を政府に送っていたのである。その記載内容は、承認を得るために記者の上司に転送されている。幸い、私には「超」のつく被害妄想があり、この欄にはただ、「会議」や「報道のための出張」としか記入していなかった。しかし私の同僚たちのなかには、プランをもっと詳細に書いた者もいたことは間違いない。その欄に「政府の内部通報者ジョン・スミスとメリーランド州で会うための出張」などと書いたレポーターもいたと考えてもまったくおかしくはないのである。

私がウォール・ストリート・ジャーナル社の弁護士に電話をかけると、記者の旅行プランが政府に送られていると聞いて驚いていた。調査が行なわれ、広報担当の女性が、問題の発生は不注意によるもので特定の航空会社の国際旅行に限定されていると語り、ジャーナル社は技術的な問題が解決されるまで、その航空会社による旅行を中止した。「私たちはこの問題ができる限り早く解決されるように代理店と密接に協力し合っています」と彼女は話した。

その間にも私の取材旅行についての詳細情報が政府のファイルに居座っていて、私のテロリズムのリスクが分析されているのだ。そしてそれを取り除くために私にできることは何もなかった。自分への監査はひどく不安になるものだった。私が入手できたのは自分の手に入るごくわずかな情報だけだった。しかし、そんなに少量でも驚くほど広範囲にわたっており、次のような内容が含まれていた。

・大学時代にまでさかのぼるすべての住所
・今まで使ったことのあるすべての電話番号
・私の親戚のほぼ全員の名前（義理の両親を含む）
・過去七年間にEメールをやり取りした三〇〇〇人近い人々のリスト
・七年間の間に毎月行なった約二万六〇〇〇回のウェブ検索の記録を、地図、買い物といったカテゴリーにきちんと分類したもの
・自分の買い物習慣についてのわずかばかりの情報
・自分の勤務先の、ウォール・ストリート・ジャーナル社との取材プランについての内部通信

私のデータの大半は民間データブローカーによるものだったが、そのすべてが政府のドラグネットに一網打尽《いちもうだじん》にされるのはわけもないことだった。

私は自分のデータを、私が調べたシュタージのファイル、人々の生活を監視する手段が限られ原始的な調査方法しかなかったシュタージのデータと比較せずにはいられなかった。シュタージがどんなに途方もない夢を抱いていたとしても、ほとんど努力もしないでこれほど多量の市民に関するデータを取得できるようになるとは、空想するより他なかっただろう。

第7章

パスワードは防御の最前線

◉ツイッターがハッキングされた！

プライバシー保護プロジェクトを始める前に、私はハッキングを受けた。

二〇一二年、労働休日（＊訳注：九月の第一月曜日で法定休日）付きの週末のことだった。弟とフィアンセが子どもたちをキャンプに連れていってくれたので、夫と私はやっと二人きりで家で過ごせることになり、張り切っていた。

土曜日の朝はゆっくりと起き出した。いつもと違い、大急ぎで子どもたちに食事をさせてスイミング教室に連れていく必要もないので、私はＥメールとツイッターをチェックしようと、ＰＣの前に座った。すると、すぐにいくつかのコメントが入っているのに気づいた。私のツイッターのアカウントからスパムメッセージを受け取ったというもので、送信メッセージをチェックすると、何十ものメッセージを友人たちに送信し、リンクをクリックするように要求していた。

何が起きたのかは明らかだった。**私のアカウントがハッキングされたのだ。**

「私からのスパムＤＭを受け取られた方々にお詫《わ》び申し上げます。ハッキングを受けたのです。

今、後始末をしています」と午前九時二十七分にツイートした。私のアカウントから送信した一〇〇以上のスパムＤＭを、ダイレクトメッセージ機能を使って削除するのに一時間かかったが、運よく被害はそれだけだった。

だがひょっとすると、もっとひどいことになっていたかもしれない。私のパスワードは最初にインターネットにログオンして以来、ほぼすべてのアカウントのベースに使ってきた六文字の辞書掲載語だった。賢《かしこ》いハッカーなら、他のいくつかのアカウントを試してみて、それらにも同様に侵入できただろう。

そんなことは百も承知のはずだった。テクノロジー関係の取材もこなす記者として、複雑で長いパスワードを使うべきこと、各アカウントに異なるパスワードを設定すべきことはわかっていた。きまりの悪い話だが、実は、私は最高のパスワード戦略について一年近く議論していたのだ。キーワードを考え、それを各サイトごとに少しだけ変えるという案を持っていたが、一回ハッキングされると、すべてのパスワードを変えざるを得なくなるのではと心配していた。さまざまなタイプのパスワード管理ソフトを検討したものの、この状況で無料ソフトと有料ソフトのどちらの信頼度が高いか決めかねていたし、自宅と職場で使う別々のコンピュータでソフトを管理する点も気がかりだった。

さらに、コンピュータマニアの友人、マイケル・Ｊ・Ｊ・ティファニーが提案した戦略についても検討した。それは**「ロキ・メソッド」**と呼ばれ、古代ギリシャ人が長い詩の暗記に使っていた記憶法を用いて、きわめて長いパスワードを覚えるように訓練するものだ。しかし、それがとても簡単な方法だと彼から聞くたびに、私には難しく思われた。

要するに、約一年にわたってパスワード問題で身動きが取れず、その間ずっと、自分のすべてのパスワードをお話にならないほど侵入されやすい状態のまま放っていたのだ。私は最適な戦略を考えつくまでパスワードを変えないつもりだった。だが、ハッキングされたことで目が覚めた。プライバシーの問題に取り組む前に、自分のセキュリティ対策を整える必要がある。

プライバシーとセキュリティは相容《あいい》れないと見なされることがあり、結局のところ、私たちはセキュリティのためにプライバシーを放棄するよう常に求められている。空港でのボディスキャナー、インターネットをスキャンしてテロリスト関連キーワードを検出するプログラム、あらゆる街角に設置された監視カメラなど、いくつかの例を考えてみよう。

元国家安全保障局職員のセキュリティ・コンサルタント、エド・ジョルジョはかつて、『ニューヨーカー』誌にこう語った。「この業界ではこんな言いならわしがあるんです。『プライバシーとセキュリティはゼロ・サム・ゲーム（＊訳注：参加者全員の得点の合計が常にゼロである得点方式のゲーム）だ』とね」

しかし実際は、セキュリティがなければプライバシーがあっても何にもならない。

「私たちは自由とセキュリティが二つの相反する価値だという考えを捨てなければなりません。シーソーの両側に乗っていて、一方が上がれば必ずもう一方が下がるといったものではないのです」と、国土安全保障長官のジャネット・ナポリターノが二〇一二年のスピーチで述べている。「その問題で明らかなことは、恐怖におびえながら暮らしていると自由に生きられないということです。私たちが大切にしている権利を行使したいのなら、セキュリティが不可欠なのです」

まさにその通りである。私は自らの自由を守る対策を取る前に、デジタル領域の安全を確保しなければならなかった。とにかく、**ハッカーなどの不法侵入に身をさらしたままにしておくなら、無差別トラッキングから身を守っても何にもならないだろう**。

私はこのプロジェクトがこんなに難しいものになろうとは思っていなかった。

◉恐怖心をあおってお金を落とさせる業界

コンピュータセキュリティで厄介《やっかい》なところは、私たちが受けるアドバイスの大半が愚《ぐ》にもつかないということだ。

児童虐待者の問題を考えてみよう。二〇〇八年にマイスペースに関する本を執筆していたとき、ネット上の児童虐待者は子どもをさらっていく鬼のような存在だった。専門家の誰もが勧めたのは、家族のコンピュータを居間に置き、子どもたちが使用するときには監視するという対策だった。それはばかげたアドバイスで、その通りにすることは不可能だった。ほとんどの両親は職場か家庭で働いているし、たいていの子どもはコンピュータでマルチタスクをこなし、宿題、友人とのインスタントメッセージ交換、ウェブ検索を同時に行なっている。親が生活費を稼いで食事の用意をしながらこうした行動のすべてを監督できるなど、ばかばかしくて話にならない。

私はこうした警告が、チクチクするラベルを「はがすのは違法」だと記したマットレスのラベルや、ヘアドライヤーのコードに付けられた「このタグを取らないでください！」というラベルと同じだと考えるようになった。こうしたラベルはたった一人の読者、つまり弁護士のためにあり、それ以外の人は平気でラベルを無視するか、無視することに罪の意識を感じるのだ。

同様に、コンピュータセキュリティに関するアドバイスの多くは従うことが不可能である。

ウィルス対策ソフトを実行する。ファイアウォールをインストールする。ファイルのバックアップをする。使用していないときにはWi‐Fiネットワークをオフにする。暗号化していない場合は公衆Wi‐Fiスポットに接続しない。ホテル宿泊時はノートパソコンをセキュリティケーブル（＊訳注：PC本体のロック穴に装着する盗難防止用のケーブル）でロックする（！）。ジャバスクリプトが内蔵されているウェブサイトは避ける。古いソフトはアンインストールする。マイクロソフト・アウトルックやアドビ・リーダーは使わない。携帯電話の紛失・盗難に備えてIMEI（国際移動体装置識別番号）（＊訳注：携帯電話端末・携帯データ通信端末に付与される国際的な識別番号）を記録しておく、といったものだ。

このなかには、特にファイルのバックアップ、公衆Wi‐Fiネットワークに対する警戒といったよいアドバイスもあるが、コンピュータの専門家でない大半の人々は、必要なものと不必要なものを分けるのに苦労する。

このように対策があまりにも多岐《たき》にわたるのは、一つには、**コンピュータセキュリティ産業にとって、ユーザーに恐怖感を抱かせてセキュリティ製品に金をかける気にさせることが必要だから**である。脅威を大げさに言えば、利益につながるのだ。世界的に懸念《けねん》されたコンピュータ二〇〇〇年問題が、大惨事にはならなかったことを覚えているだろうか。

◉パスワードには欠陥が潜んでいた

面白いのは、私が知っているコンピュータセキュリティ専門家の大多数がウィルス対策ソフトを信用していないことだ。その代わりにソフトを常にアップデートし、インストールするソフトを厳選する。何よりも、発行元を明確にできない場合はリンクをクリックしたりファイルを開けたりしないのだ。かなり偏執《へんしつ》的なコンピュータセキュリティ専門家の知り合いのなかには、ソーシャルネットワークで公開する個人情報を最小限に抑えている人もいる。

パスワードは、コンピュータセキュリティに関するアドバイスのばかばかしさを示す代表例である。一般に、**パスワードは三カ月ごとに変え、複数の記号と文字で強固なものにすべきで、どこにも書きとめてはいけない**と言われている。

私の職場ではこれらのルールが金科玉条《きんかぎょくじょう》となっていて、三カ月ごとに、パスワードの再設定を忘れないようにとのメールが送られてくる。記憶が確かなら、私はこの制度が始まる前は一一文字程度の相当長いパスワードを使っていたはずだ。だが、絶えずパスワードの更新を迫られているうちに、次第に新たな案が思い浮かばなくなった。二〇一二年にはついにあきらめ、催促Eメールが届く月のアルファベットをパスワードにすることにした。パスワードの再設定を催促する三月のEメールが届くと、パスワードをMarch2012!に変えて（記号を含めるように要求されていたため、感嘆符《かんたんふ》が必要だった）、六月にはそれを2012June?に更新し、その後もそんな感じで続けた。こうして簡単に推測できる九文字になってしまったのだ。

パスワードを省略して短くしたのは私だけではないようで、その証拠はたっぷりある。二〇一〇年、コンピュータセキュリティの研究者が三二〇〇万個のパスワードのデータベースを分析し、最も人気のあるのは「123456」で、その次が「12345」、「123456789」、そして「password」であることを発見した。コンピュータセキュリティ会社、インパーヴァの研究者たちは、パスワードの約三〇パーセントは七文字未満で、五〇パーセント近くは名前か辞書掲載語を使っていることを見いだした。その結果「二一〇回試すだけでハッカーはたいてい一秒ごとに新しいアカウントにアクセス、あるいはたった一七分で一〇〇〇個のアカウントに侵入できるだろう」という。

二〇一三年から始まった最近の研究は、この状況があまり変わっていないことを示唆《しさ》している。イギリスの通信規制機関であるオフコムは、イギリスの全成人インターネットユーザーの半数が、訪れるウェブサイトの大半に同じパスワードを使用していることを見いだした。さらに二六パーセントの成人ユーザーは、自分の誕生日や名前などすぐに推測できるパスワードを使っているの語ったのである。

幸い、コンピュータ科学者たちはまた、こんなひどいパスワードになったのは私たちユーザーの責任ではない、と結論づけている。ケンブリッジ大学コンピュータ研究所のロス・アンダーソンは、好評のテキスト『Security Engineering』を著し、そのなかでこう述べている。「パスワード問題を一言で言えば、**『覚えられないパスワードを選び、それを書きとめるな』**というところにあるのだ」

二〇〇四年、アンダーソンが共著者として名を連ねた米国電気電子学会（ＩＥＥＥ）による「パスワードの記憶可能性とセキュリティ」の研究が発表され、パスワードの欠陥《けっかん》の一因はパスワード作成時に与えられる指示にあると結論を下した。

著者たちは約三〇〇人の学生に対してパスワード作成の実験を行なった。一つのグループには七文字以上で少なくとも一つの記号を含むパスワードを作成するように依頼し、第二のグループには数字や文字が書かれた紙を渡し、目を閉じて八個をアトランダムに選ぶよう依頼した。第三のグループは、「It's 12 noon I am hungry（お昼の十二時でお腹が空いている）」といった記憶を助ける文をもとに「I's12Iah」などのパスワードを作成することを求められた。

その後、研究者たちが種々のハッキング技術を用いてパスワード破りを試みると、最初のグループ（ユーザーはあまりアドバイスを受けずにパスワードを作成した）のパスワードの約三分の一、第二、第三グループのパスワードの一〇パーセント以下を破ることができた。

「ユーザーのパスワード作成に対するアドバイスを変更することを勧めたい」と彼らは結んでいる。ユーザーに記憶法を用いてパスワードを作る方法を教えるべき場合もあれば、管理部門が単純にユーザーにパスワードを割りつけるほうがよい場合もある。単独では**「推測しにくくて覚えやすいパスワードをユーザーが選ぶことはまれだ」**という。

二〇一〇年、ロンドン大学ユニヴァーシティカレッジのコンピュータ科学者たちも、パスワードに欠陥があるのは組織のパスワード管理ポリシーのせいだとした。著者たちは二つの大組織での「自然状態でのパスワード使用」を調査し、厳しすぎるパスワード規則によって、ユーザーは強力なパスワードの作成と頻繁な更新を強いられ、ストレスを感じてパスワードを書きとめることになり、かえってセキュリティが脅《おびや》かされることに気づいた。「パスワード管理策の要件がユーザーの能力を超えると、ユーザーはさらに複雑な、あるいは安全でない対処法を考えざるを得なくなる」と著者たちは述べた。ついでながら、多くのコンピュータセキュリティ専門家によると、**パスワードを書きとめてもそれを安全な場所に保管しておく限りまったく問題はない**という。

二〇〇五年、当時マイクロソフト社のセキュリティ対策担当シニアプログラムマネジャーであったジェスパー・ヨハンソンは、セキュリティ会議でスピーチを行ない、産業界がパスワードに関する誤ったアドバイスを与えているとして厳しく非難した。「パスワードを書きとめることは厳禁とするパスワード管理策を取っている会社は？」と彼が尋ねると、大多数の聴衆が手をあげた。「それは絶対に間違いです。パスワード管理策で、**パスワードを書きとめなさい**と言うべきだと思います。私はまったく違うパスワードを六八個持っていますが、どれも書きとめてはいけないと言われたら、どうすると思いますか？　すべてに同じパスワードを使うでしょう。システムのすべてがよいパスワードを受け入れるわけではないので、いい加減なパスワードを選び、どこにでもそれを使用して絶対に変えようとしないでしょう。もし私がそれらのパスワードを書きとめ、その書きとめた紙か何かを大事にしまっておくなら、何も都合の悪いことはありません。よいパスワードをもっとたくさん覚えておけるのですから」

この調査を知って、私のひどいパスワードのことがあまり気にならなくなった。だが、何十もの強力なパスワードをどうやって作成するかという問題は、まだ解決していなかった。

とにかく、私が覚えていられる文字列は数個しかなく、ウェブサイトの多くはそんなに頭を働かせる価値のないものだ。

◉文字列の金庫、ワンパスワード

ハッキングを受けた朝、Ｅメール、インターネットバンキング、ソーシャルネットワークといった重要なアカウントのパスワードを変更した。六文字の辞書掲載語を少しずつ変えて使うのをやめて、文字、数字、記号を組み合わせたもっと長いパスワードを作成し、紙に書きとめた。

これはほんの間に合わせの手段で、そのパスワードではまだ十分でないことはわかっていた。ほとんどは一つのパスフレーズ（＊訳注：複数の語や文字列から構成される暗号）を変化させたものだったが、新しいフレーズを考え出そうとするたびに頭が真っ白になった。それで頭に浮かんだある研究によると、大人の三八パーセントは、新しいユーザー名やパスワードを考えるくらいなら、トイレの便器掃除や皿洗いなどの家事をしたほうがましだと思うものだという。

私は頭が真っ白なまま数週間過ごした揚《あ》げ句《く》にあきらめてしまい、パスワード管理ソフトをインストールすることにした。「性能には対価を払う」という主義にもとづき、私は評判のよい有料サービスのワンパスワード（1Password）を選ぶことにした。これなら経営破綻の心配がない本物のビジネスで、顧客サービスもよいだろうと踏んだのである。

ワンパスワードは本質的にはパスワードを入れた金庫室だ。すべてのパスワードをそのソフトウェア内に保管し、一つのマスターキーならぬマスターパスワードで金庫室の鍵を開けるのだ。パスワードの安全を一〇〇パーセント確保するために、マスターパスワードはカナダにあるワンパスワードの会社に保管されるのでなく、あなたのマシンの暗号化ファイルのなかに保存される。もしマスターパスワードを忘れたら、すべてのパスワードにアクセスできなくなる。つまり、ワンパスワードはマッド・パドル・テスト（p105参照）に合格したわけだ。

すべてのパスワードを自分のコンピュータに入れておくのは怖かったが、思考が停止してパスワードを思いつかない状況に直面し、思い切って始めたのだ。私はソフトをダウンロードし、オンラインでパスワードを見つけては入力するプロセスを開始した。

それは実に手間のかかる手続きだった。私は、航空会社のマイレージサービス、ホテル、行き当たりばったりのオンラインショッピングサイトなど、どれだけ多くのアカウントを開いているかを忘れていた。そこで、いくつかのサイトではワンパスワードの提供しているパスワードジェネレーターを使い、文字、数字、記号を混在させた適切な長さのパスワードを作成した。あまり重要でないサイトには弱いパスワードをそのまま入力し、あとで改善することに決めた。

私は三カ月のうちに、五一個のパスワードをワンパスワードに詰めこんだが、インターネットバンキングやEメールや重要な仕事ファイルなどの極秘パスワードを入れるのはまだ恐ろしく、紙に書いておいた。だがすぐに、問題が起きた。私は**どのパスワードもさっぱり覚えていなかったの**だ。私がワンパスワードで作成したパスワードはqwER43@!といった文字、数字、記号が並んだ理解できないもので、自分で作ったパスワードはTr0ub4dour&3といった数字や記号を間に入れた単語であり、どれも簡単には思い出せなかった。

ところが驚いたことに、**コンピュータから離れている間にパスワードが必要になることが実に多かった**のである。夫が送料無料の私のアマゾン・アカウントを利用しようと、電話でパスワードを聞いてきたが、ランチを食べているところでわからないと答えるしかなかった。彼はEメールで私のマイレージサービス・アカウントのパスワードも尋ねたが、それも答えられなかった。また、私は新しい携帯電話を購入し、デスクから離れたところでツイッターのアカウントを設定しようとしたものの、ツイッターのパスワードがわからないことに気づいた。

最初は戸惑《とまど》ったが、こうしたパスワードの緊急事態が実際はまったく緊急性のない事態であることがわかってきた。ツイートを急ぐこともないし、アマゾンの注文も後でできるのである。

◉セキュリティ製品はたくさんある

いっぽう、私は他の方法によるデータの保護も始めた。なりすまし犯罪（個人情報窃盗）と闘うためにシュレッダーを購入し、個人情報を含む書類を処分するようにした。そして、クレジットカードやパスポートの無線自動識別信号はハッカーにスキミングされる可能性があるので、それをブロックする財布も買った。

もっと深刻なハッキングを受けた場合のデータの安全性を確保するため、私は外付けハードディスクを買って、定期的にファイルのバックアップをするようにした。さらに、私のマシンに侵入する恐れのあるハッカーを撃退しようと、ハードディスクを暗号化した。

ウェブカメラの上にはステッカーを貼り、ハッカーが遠隔操作で私を監視できないようにした。ノートパソコンの画面に貼って、飛行機のなかで肩越しや隣の席からのぞき見しようとする人の目をさえぎるプライバシーフィルターも購入した。

それから、コーヒーショップのＷｉ‐Ｆｉ接続からパスワードを盗もうとするハッカーに対抗するため、ＨＴＴＰＳエヴリウェア（HTTPS Everywhere）というソフトをインストールした。これは、可能な限りいつでも私のインターネット接続が暗号化されることを保証するソフトだ。

全般的なＷｉ‐Ｆｉの利用についても私はさらに慎重になり、自宅のＷｉ‐Ｆｉルーターに頼らず、コンピュータを有線のイーサネット接続につないだ。旅行中は携帯用Ｗｉ‐Ｆｉホットスポットを持ち歩いて利用することにした。接続にむらはあっても、侵入を受けやすいホテルのＷｉ‐Ｆｉシステムを利用してインターネット通信がホテルのシステム経由にならざるを得なくなるより、はるかに安心だった。

また、可能な場合には、二要素認証として知られる二重パスワードシステムも設定した。Gメールの場合、ログイン時にパスワードに加えて入力する確認コードが必要となり、そのコードを取得できるアプリをインストールするのだ。インターネットバンキングについては、オンライン設定の仕方を探し回って、支払いを許可する前に「ピン（PIN）」番号が必要になる方法をついに探し出すことができた。

しかし、これらのシステム設定をするのは、電話番号を提示しなくてもよい場合に限定した。ツイッターも二要素認証を提供していたが、ログインする際にツイッターからのテキストメッセージを受け取ることになっていたため、利用しなかった。

また、コンピュータのすべてのネット接続を監視するための「リトル・スニッチ」というシステムも使ってみたが、すぐにやめてしまった。私のコンピュータがある時間内に何回ネットに接続しているかといったことは知りたくないことに気づいたからである。

ブラウザを開き、Gメールに接続し、スポッティファイで音楽を流すだけで、七六回もの接続を承認する必要があった。それぞれの要求はこんな感じだった。「スポッティファイが終了するまで d1hza3lyffsoht.cloudfront.net の port80(http) への接続を許可してください」。私は「常時」か「終了するまで」のいずれかを選び、一時間後には九七回も無分別な選択をしていた。何をしているのかわかっていないことに気づいて、私はそのソフトをアンインストールした。

こうしてセキュリティ製品の選択肢を調べているうちに、**どれを信用すればいいのかわからないことが最大の問題だ**という結論に達した。私の恐怖を食い物にしようとする冷笑的な企てに用心すべきことは十分わかっていたが、いろいろな製品の性能を実際に試すための知識が足りなかったのだ。

それまでは主として、自分の知っている人々が考案したツールや、定評があるツールを使っていた。ＨＴＴＰＳエヴリウェアのソフトを作成した電子フロンティア財団の技術者たちとは知り合いで、彼らを信用していたし、リトル・スニッチは有名なプログラムだった。同様にワンパスワードも定評あるサービスだったが、検討中のスパイダーオークという暗号化クラウドサービスについては、どう考えればいいのかわからなかった。バックアップに不具合が生じた場合に備えてデータをクラウドに保存し、どこからでも私のファイルにアクセスできるようにしたかったのだが、スパイダーオークはあまり知られていないサービスだった。

その会社のウェブサイトを見ても、イメージをよくつかめなかった。コンピュータセキュリティの大半のサイトは、黒い背景色と「ミリタリーグレードの暗号化」について触れた数多くの文章を誇示する傾向があったが、スパイダーオークのサイトはそんな感じではなかったのは気に入った。明るいオレンジ色を基調としたサイトで、マッド・パドル・テストのコンセプトに似た「ゼロ知識プライバシー環境」（＊訳注：アップロードした本人の他は政府や運営スタッフでさえもデータを閲覧しないこと）を宣伝していた。米国自由人権協会の技術者、クリストファー・ソゴイアンがスパイダーオークを私に勧めたのだが、サイトと推薦の言葉だけでは、お腹いっぱい食べたい者に薄いおかゆを出すようなものだった。

◉スパイダーオークの堅牢《けんろう》性

というわけで、私は同社のＣＥＯであるイーサン・オバーマンにＥメールを送り、次のサンプランシスコ滞在時にインタビュースケジュールを組んだ。私たちはおしゃれなコーヒーショップで会った。ブロンドの髪にたくましい腕のイーサンは、コンピュータおたくというより運動選手のように見えた。

コーヒーを飲みながら彼の話を聞いたが、なるほど、いわゆるコンピュータおたくの話ではなかった。彼はシカゴ郊外の上品な町で育ち、寄宿制進学校のホッチキスを卒業後、ハーバード大学に進学した。私が想像したように当時はハーバード大学ラクロスチームのキャプテンだった。二〇〇〇年に卒業後、雑誌社の発行部数管理の家業を手伝うことになる。そこではデジタル戦略が必要だったため、Ｅメールによるマーケティング事業を立ち上げた。

しかし数年後、イーサンは家業のために働くことが嫌になり、休暇を取って旅に出て、初めてマッキントッシュのコンピュータも購入した。あるとき、母親に電話して、両親の部屋のクローゼットに保管したデスクトップ型パソコンからメールでファイルを送るように頼んでいて、そこにビジネスチャンスがあることに気づいたのだ。

エックスドライブやモージーといった「バックアップサービス」はたくさんあったが、それらは一台のバックアップを提供しているだけだった。彼は複数のマシン間で自分のデータを同期させることも望んでいた。「バックアップなんてセクシーじゃないですよ」と彼は私に言った。「歯を磨くようなものですね。本当にセクシーなのは、どこでも自分のデータにアクセスできることなんです」

セクシーかどうかなど、どうでもよかった。私はこの会社の「ゼロ知識」についてもっと具体的な話を聞きたかったのだ。それについては、イーサンは上機嫌でビジネスパートナーのアラン・フェアレスに紹介してくれた。

その二週間後、私はイーサンのパートナーでスパイダーオークの最高技術責任者でもあるアラン・フェアレスと電話で話した。アランは、自分がデータの暗号化を要求したのだと述べた。「データが私のコンピュータから出る前に暗号化することが重要でした」。彼はスパイダーオークがユーザーのパスワードを取得し、それらを独自の暗号方式に変換する方法を説明した。その暗号はユーザーが作成したパスワードと同程度の堅牢性に限定されていて、「パスワードの長さについての条件もありません」と彼は言った。「ユーザーのパスワード選択法を変えさせるのはよくないという結論に達し、同時に、**パスワードを忘れた場合はデータはなくなります**、ということにしたのです」

私がパスワードについて学んだことを考え合わせると、ユーザーに不利な状況を押しつけないスパイダーオークは高く評価できる。アランは次のように語り、私はすっかり納得してしまった。「我々がユーザーを我々自身から守っていることが脅威モデルで、それはまた、ユーザーを他の世界から守るよい方法になります」。彼の話によると、スパイダーオークも法的データ提出要求を受けていたが、この会社には暗号解読法がないことがわかると、その要求は取り下げられたという。

私はほっと安堵《あんど》のため息をついた。脅威モデルとパスワードについて率直に話しているうちに、彼は信用できる人だと思うようになった。そしてスパイダーオークはマッド・パドル・テストに合格し、私は登録したのだ。しかし、コンピュータセキュリティを手に入れるためにここまでやるのはばからしいように思えた。すべてのテクノロジー提供者を訪ねて、その信頼性を判断する必要があるだろうか。

そして、それだけやっても、スパイダーオークによる私のセキュリティは、いまだに私のパスワードの強度にかかっているのである。

◉パスワード破りは簡単――最後は「力ずく」で

かつてはパスワードを破るには技術が必要だったが、今は誰でも破ることができる。コンピュータ処理能力の増大によって、パスワード破りがすばやくできるようになった。そして、漏洩《ろうえい》したパスワードの膨大なリストの入手が容易になり、プログラマーは、パスワードをより正確に解析するプログラムを書くことができるようになった。ジャーナリストのネイト・アンダーソンは、ハッシュキャットという無料オンラインプログラムを用いて一日に八〇〇〇個のパスワードを解読した。「私はパスワード破りが簡単なことは知っていましたが、**ばかばかしいほど易《やさ》しい**とは知りませんでした。ええ、お話にならないほど簡単だったので、一度など大きなハンマーでノートパソコンをたたき壊したい気分になったのを抑えて、やっと自分が何をしているのかわかったぐらいです」と彼は書いている。

パスワード破りの手順（非常に簡略化している）は次のようなものである。

①ハッカーが破るべきパスワードのリストを手に入れる。
②これらのリストは通常、暗号化されるか、「ハッシング（＊訳注：ハッシュ化。元のデータから一定の計算手順に従ってハッシュ値と呼ばれる疑似乱数《ぎじらんすう》を求め、その値によって元のデータを置き

換えること。パスワードの保管などでよく用いられる手法である）」されている。
③次にハッカーは、ハッシュ値を複号《ふくごう》しようとする。
④たいていのハッカーはまず「辞書」攻撃の実行を試みる。つまり、ハッシュのパターンを従来の辞書掲載語と比べるのだ。
⑤その後、ハッカーはハッシュ値のパターンを有名な漏洩パスワード・データベースと比べる。
⑥次に、ハッカーは「力ずくの」（＊訳注：もっぱら計算機の処理能力を頼み、プログラマーの頭脳を働かせていない）攻撃を試み、「aaaaaa」「aaaaab」「aaaaac」などの単純な配列の選択肢を試す。

力ずく攻撃は、コンピュータセキュリティ研究者のロバート・グレアムが「指数関数的問題」と呼んだものだ。「処理に必要な時間がすぐに妥当な範囲を逸脱《いつだつ》する」のである。そのために、アンダーソンが力ずくの攻撃を実行したのは六桁のパスワードだけだった。九文字か一〇文字のパスワードを試すと、解読に数週間か数カ月が必要と彼は推定した。彼は一万七〇〇〇個のパスワードを試してみたが、解読できたのは八〇〇〇個だけだった。「教訓は明らかでした。私はファイルのなかのハッシュ値はすべて残らず解読できたでしょうが、マシンに負荷がかかりすぎ、壊れなかったとしても一年の大半をかける必要があったでしょう」と彼は述べている。

パスワード破りの世界から学ぶ一つの教訓は、パスワードを保管する場合はハッシュ化をうまくやるべきだということである。業界で最良の方法はハッシュ値に「ソルト」をつけ加えることだ。つまり、ユーザーが六文字のパスワードを作成した場合、ハッシュ化する際にはそれに「ソルト」という数個の特有の文字をつけ加えて長くし、それからハッシュ化する。そうすれば破りにくくなるのだ。残念なことに、ソルト化はあまり普及していない。最近行なわれたリンクトイン、ヤフー、イーハーモニーへの不正侵入では、簡単に破ることができるソルトなしのハッシュ値が多数あることが明らかになった。

パスワード作成に際して、パスワード破りの世界から学ぶべき教訓はシンプルなものだ——**文字列を長くして、単純な辞書掲載語やよく知られたパスワード（「password1」など）は避けること**である。

◉解読に何世紀もかかるパスワード

パスワードの強度の尺度はコンピュータ研究者が「エントロピー」と呼ぶものだ。エントロピーが高いほど、パスワードは破りにくくなる。ワンパスワードのメーカーであるアジルビッツのパスワード専門家、ジェフリー・ゴールドバーグは、エントロピーとは「同じシステムを使って何通りの異なる結果を得られるか」の尺度だと教えてくれた。辞書掲載語などの短く簡単なパスワードは簡単に推測できるため、そのエントロピーは非常に低い。種々の記号、文字、数字を含むより長いパスワードは、何通りも推測しないと解読できないので、より大きなエントロピーを持つことが多い。

ウィキリークスのジュリアン・アサンジュがこれを理解したのは、自らが設立した同サイトの海外電信データベースに次のようなパスワードを作成したときだった。

「AcollectionOfDiplomaticHistorySince_1966_ToThe_PresentDay#」

それは五八文字もの長さで、記号はわずかで覚えやすい。言うまでもないが、そのパスワードが知られているのは『ガーディアン』紙がウィキリークスに関する書籍のなかで公表したからであり、そんなわけで、明らかに他の点では安全なパスワードではなかったのである。

エントロピーを評価するのは腹立たしいほど難しい。単純な単語や簡単な文法を使って長いパスワードを作成した場合、エントロピーは低い可能性がある。私は自分が作成したパスワードのエントロピー評価に熱中することになった。ある日、娘のダンス発表会場の外で座っていたとき、ドロップボックスの技術者、ダン・ホイーラーが作ったオンラインのエントロピー評価ツールを偶然見つけた。彼の評価ツールは「エントロピー」と各パスワードの解読時間を測定するもので、私はすぐに、覚えやすい文字列の新しいパスワードをテストするというスリルに夢中になった。そして無謀にも、すべてのパスワードを入力しはじめた。

最初は銀行のパスワードだった（覚えやすい文字列の一二文字）。おおっ、すごい。エントロピーは五六ビットで、解読には「何世紀も」かかるのだ！

それからワンパスワードで作成したＧメールのパスワード（一八文字）を試してみた。エントロピーは八〇ビットで、解読には「何世紀も」かかるということだった。ただ、覚えられないので大嫌いなパスワードだ。

しかし、『ウォール・ストリート・ジャーナル』紙のＥメール用パスワード（九文字）は期待外れだった。記憶法を使って作成したのだが、エントロピーは二八ビットにすぎない。たった七時間で解読できるとは！

いやはや、ではこれはどうだろう？　ワンパスワードのアカウントを保護するために使っているパスワード（これも自作の覚えやすい文字列のパスワードで一七文字）は三七ビットのエントロピーで、五カ月で解読できるという。もう！

これは病みつきになると同時に気がめいる娯楽だったが、次第に一つのパターンが明らかになってきた。**ワンパスワードで作成したパスワードはきわめて強力で、自作のパスワードは強力なものから非常に弱いものまでさまざまだった**のだ。

私の自作パスワードで最悪だったのは次の二つだった。自分のコンピュータにログインするためのパスワードは四分で解読でき、自分のブログにログインするためのパスワードは「即座に」解読できるというのだ。

全部を解読するというスリルがだんだんなくなるにつれ、Ｗｉ－Ｆｉを使用して未知の解読システムに自分のパスワードを入力するのは、恐ろしく間が抜けていたことに気づいた。それは自分の携帯Ｗｉ－Ｆｉスポット経由で、暗号化されたウェブ接続、パスワードは保存しないと約束したウェブサイトではあったが、それでも何らかの理由で、最終的に私のパスワードがパスワード解読チームの使うデータベースに入ってしまう可能性があった。

そんなわけで、今では新しいパスワードを作るべき二つの理由ができた。一、私のパスワードには十分なエントロピーがないこと、そして二、自分の愚かさである。

エントロピーの高いパスワードを探していた私は、広くさまざまな選択肢を検討した。あまり知られていない言語や、ジュリアン・アサンジュが用いたような長いパスフレーズを使ってパスワードを作ることなどを考えてみた。

しかし、またもや私は自分の心の問題に直面した。あまり知られていない言語を一、二語、あるいはパスフレーズを一、二語思いつくことができたとしても、結局はアイデアが尽き、弱いパスワードを使うことになるのはわかっていた。

研究によれば、人は長めのパスワードを作っているときでさえ、近道をする傾向があるという。二〇一二年、ケンブリッジ大学の研究者たちはアマゾン・コムのパスフレーズの使い方を調査し、多くが「dead poets society」「three dog night」「with or without you」といった有名な映画や音楽やフレーズにもとづいて作られていることを見いだした。その結果、多くのパスフレーズは通常のパスワードと大差のない弱いものだった。「私たちの研究成果は、ユーザーが完全に無《む》作為《さくい》に選んだ単語から成るフレーズを作ることができず、自然言語にフレーズが出現する確率に影響されることを示唆している」と著者のジョゼフ・ボノーとエカテリーナ・シュトヴァは述べている。

この研究によって私の疑念は確実なものとなった。私には**自分で考えなくてよいシステム**が必要である。そして、ダイスウェアがまさに私が必要としていたパスワードシステムであることに気づいた。それは一見すると単純だがよく調べると複雑なもので、六面体のサイコロを五回転がし、その結果を用いてダイスウェアの単語リストから数字を選ぶ。そのリストには七七七六個の短い英単語が含まれ、それぞれの単語には番号が打ってある。たとえば、こんな感じだ。

16655 clause　　16663 clear
16656 claw　　16664 cleat

16661 clay　　16665 cleft
16662 clean　　16666 clerk

ダイスウェアの制作者、アーノルド・ラインホールドは、五語以上の単語が続くパスワードを勧める。したがって、そうして作成されたパスワードは「alger klm curry blond puck」のようになる。さらに単語をつけ加えたり、数個の文字や記号や大文字をつけ加えたりすれば、パスワードをもっと強力にすることができる。パスワードリサーチ・コムの創設者、ブルース・マーシャルによると、小文字で五文字から成る単語を五つ連ねた単純なダイスウェアのパスワードでも、解読には一八〇〇日以上かかるという。

サイコロを使えば、数字を無作為に選ぶことになる。もちろん、乱数を生成するソフトやサイトもあるが、ライホールドらのセキュリティ専門家は、未知の乱数発生器を使わないよう警告している。あなたのパスワードシステムを破ろうとしている敵がそれを作成した可能性があるからだ。実際、エドワード・スノーデンが公開した文書によれば、ＮＳＡは乱数発生器の標準規格の一つを作り、それを破ることができたという。

もう二度とパスワードについて考えなくてもよさそうなので心が弾み、私はダイスウェアの三七ページの単語リストをプリントアウトし、穴をあけてバインダーにとじこんだ。ところが、パスワードを作成するたびにサイコロを転がすという手順におじけづき、バインダーをしばらく机の上に放置してしまった。そして、素晴らしい考えがひらめいた。昔から夏休み中の子どもはこんなものだろうが、八歳の娘が退屈して家のなかでゴロゴロしていたので協力を求め、私のためにパスワードを作ってくれたらお小遣いをあげると言った。

一時間以内に、娘はパスワードを五つ手書きした紙を持ってきて現金を要求し、私は三ドル五〇セント渡した。

楽にお金をもうけて興奮した娘は、祖父母、叔父、家族ぐるみで付き合っている数人にEメールを送り、パスワード作りビジネスを始めたことを知らせた。それはこんな内容である。

件名：私のビジネス
私はパスワードをつくる自分のパスワードビジネスをはじめています。
パスワード五つで三ドル五〇セントです。一ページに五つのパスワードです。
ごいらいをお待ちしています。

母はすぐに私にメールを寄越し、孫のEメールアカウントがハッキングされたのかと聞いてきた。私はそれが本物のビジネスだと請けあい、母は新しいパスワードの申し込みをした。夏の終わりまでに、娘は家族や友人のために約五〇個のパスワードを作成し、パスワード一個の料金を一ドルに値上げした。

私は感動していた。今やワンパスワードには私が覚えていないパスワードが山のように保管されていて、重要なアカウントの強力で覚えやすいパスワードが一ダースほど入っていた。

そして、思わぬもうけものだったのは、ついに娘をその気にさせてプライバシーに――少なくともプライバシーで利益を上げることに――関心を持たせたことだった。

第8章

さらばグーグル

◉ある地方の小さな町の図書館がFBIと闘った

二〇〇四年六月八日、ワシントン州デミングの公立図書館にFBI捜査官が現われ、『bin Laden: The Man Who Declared War on America（ビンラディン——アメリカに宣戦布告した男）』（ヨセフ・ボダンスキー著、日本版は毎日新聞社刊、二〇〇一年）を借りた者の名を教えるよう要請した。

カナダとの国境付近にある人口わずか三五三人の小さな町、デミングでは、こんなことはかつて起こったことがない。テロの温床として有名な町というわけでもなく、強いて言えば、ノースカスケード山脈のふもとの丘陵地帯でガソリンとビールを補給できる場所として知られていたくらいだった。

とはいえ、図書館員たちはこんな事態に備えていた。一年前、ワシントン州ワットコム郡図書館システムの当時の顧問弁護士デボラ・ガレットが、スタッフに対して捜査当局の要求への対応訓練を行なっていた。一九八〇年代にFBI捜査官が大学の図書館に姿を見せはじめ、外国人が借りた本のタイトルを教えるよう要求したので、図書館員は情報防衛のために闘う意識を持っていた。その後四八州において、何らかの方法で貸し出し記録の機密性を守る法令が採択された。デミングの図書館にＦＢＩ捜査官が現われたとき、勤務中の図書館員は記録の引き渡しを拒否し、その代わりに当局の要請を担当の弁護士に伝えると約束して、捜査官にお引き取り願った。

要請を受けたガレットはＦＢＩに電話し目的を尋ねた。捜査官の話によると、図書館の利用者が電話をかけてきて、その本の余白にこんな文章が走り書きされていると通報したのだという。「私が行なっていることが犯罪と見なされるのなら、私が犯罪人だということを歴史に証明させよう。アメリカに敵意を抱くことは宗教上の義務であり、私たちが神によって報われることを願っている」

ＦＢＩへの電話の後、ガレットはそれが一九九八年のオサマ・ビンラディンへのインタビューからの引用文だと気づいた。そのインタビュー記事をＦＢＩに送り、「これで終わりになるだろう」と思った、とガレットは語った。しかし、数週間後、図書館記録の提出を求める大陪審《だいばいしん》の召喚令状が届き、図書館員たちはその命令について論議しないようにとの要請を受けた。

ワットコム郡図書館は難しい立場に立たされた。召喚状に応じることは図書館員が信じる原則を捨てることになり、適法の大陪審召喚状に従うことが法的に義務づけられているため、召喚状に応じないのは難しくなる。図書館は召喚状の範囲を限定するために闘う必要があり、ガレットは一九九八年の判例に依拠することを提案した。この判例は、ワシントンＤＣの連邦裁判所が「憲法修正第一条の読書資料の保護により、クラマーブックスアンドアフターワーズ書店がモニカ・ルインスキーの書籍購入記録を引き渡す必要はない」としたものである。

図書館の理事たちは困惑していた。闘って敗訴した場合、**情報を引き渡して自分たちの主義主張を捨てる**か、あるいは**召喚令状に応じなかった罪により懲役刑に処せられる**か、という恐ろしい選択を迫られることになる。理事たちはその問題について話し合い、闘うことを決意した。「態度を明確にするのは怖かったのですが」とワットコム郡図書館理事会の会長エーモリー・ペックは回想する。「覚悟を決めていました。少なくとも図書館の利用者のごく基本的な権利を守ることができたのです。広く、好奇心を持って、さまざまな分野の本を読み、たぶん危険な本も読むことができる権利……。どんな本を選ぶかは絶対に秘密なのです」

ガレットは憲法修正第一条にもとづいて召喚状の無効申し立てを行ない、FBIは召喚状を撤回した。「私の考えでは、この事例は、自分たちの行動が裁判所で再審理されることを人々が知るとどうなるかを示しています」と今は裁判官を務めるガレットは言った。「人々は良心的になるのです」

◉ネット関連企業は「監視」になると弱い

インターネット・プロバイダーの場合、それほど勇敢に私の読書資料を保護してくれることは現実的に期待できない。

もちろん、プロバイダーは顧客を守る努力をしており、グーグルは大勢の優秀な弁護士を抱えている。二〇〇六年、グーグルは二カ月分の検索記録提出を求める司法省の要請に異議を申し立て、その要請の範囲を狭め、要請された数十億のURL件数を五万件に減らす権利を獲得した。二〇〇七年にはアマゾンが、サイトで古書店から本を購入した人々の身元情報を求める政府の召喚状を拒否して、裁判で争い勝訴した。政府はアマゾンの外部古書店に対する脱税調査の一環として、本の購入者に面接しようとしたのだが、アマゾンは氏名の開示を拒んでいた。裁判所は「連邦捜査官が誰か別人に不利な証拠を探し回る際に、法を守る市民の読書リストを嗅《か》ぎまわるのは、人騒がせで非アメリカ的な筋書きである」と認めた。

だが監視の話となると、インターネット会社は法的に不利な立場に置かれるので、しばしば闘いに負ける。インターネットには、図書館の貸し出し記録を守る各州プライバシー法に相当するものはないのだ。憲法修正第一条の要求は、実際の損害がないとして退けられることが多く、大半の技術者は、図書館員と違って自分自身を知的自由のために闘う戦士とは考えていない。

インターネット通信のほぼすべての監視に適用される関連法は、一九八六年に制定された電子通信プライバシー法である。これは、電話や普通の郵便物に対する保護をデジタル領域にまで広げる目的で制定されたが、当時の法律は、人々が家庭外のコンピュータやサービスにそれほど大量の情報を保存することは想定していなかった。その結果、Ｅメールや携帯電話の位置記録などの保存された通信を、政府が捜索令状なしに取得できることが多くなっている。法律が政府に求めるのは、そのデータが調査に「関係があり重要である」と示すことだけだ。

したがって、捜査当局にとっては、**市民の郵便物を開封するより、合法的にＥメールを読むほうが簡単**なのだ。それだけでなく、電子監視に関連した裁判所の命令は極秘にされることが多く、ユーザーは捜査が行なわれたことを知らされない。その結果、私たちのデータのゲートキーパーは、顧客を守る闘いを続けにくくなる。二〇一二年、マイクロソフトは捜査当局が要請した顧客データの八三パーセントを提出し、同年、グーグルは情報を求められた事例の三分の二において、ユーザーに関するデータを引き渡した。

グーグル、アップル、フェイスブックなどの主要インターネット会社は、**Eメールや携帯電話の位置記録の取得には捜索令状が必要となるように、合同で電子通信プライバシー法の改正を後押ししている**が、今までのところ、その法改正への努力は実っていない。

私たちのチームは会社が政府の監視と闘った数少ない事例について調べてきたが、彼らの闘いは成功しなかった。そうした事例を二つだけ検討してみよう。小規模なインターネット・プロバイダーのソニック・ネットと巨大プロバイダーのヤフーである。

二〇一一年、ソニック・ネットは、極秘の裁判所命令と闘い、敗れた事実を公表した。その命令は、二年の間にウィキリークスのボランティア、ジェイコブ・アッペルバウムと連絡し合った人々のEメールアドレスを要求するものだった。裁判所命令に異議を申し立てることは「かなり費用のかかることでしたが、それは正しいことだと思っていました」とソニックの最高経営責任者デーン・ジャスパーは語った。ジャスパーは私に話すことで、政府の要請について議論することを禁じた裁判所の報道禁止命令に逆らっていたのだ。

ヤフーについては、二〇〇八年に外国情報監視裁判所が、令状なしのユーザーデータ引き渡し命令に対するヤフーの異議申し立てを却下した。ヤフーは政府の広範な要請が違憲であると主張したが、裁判所は「中立人は次々に恐ろしい話を持ちだすが、本件の状況下における実際の損害、重大な過ちを犯す危険性、不正使用の広範な可能性の存在を示す証拠は一切提示していない」として監視によって損害を受けた者がいることを同社が立証していないとする裁定を下した。

他にも多くの事例があるが、すべてに一貫した特徴がある。すなわち、**インターネット企業は監視のことになると、手も足も出なくなる**ということだ。

◉ユーザーの信頼を裏切るグーグル

私はグーグルが嫌いではない。実際、グーグルは監視について、ガラス張りであるよう懸命に努めてきた。大手インターネット企業では初めて、捜査当局から受けた要請数を公表し、電子通信プライバシー法の改革を推し進める連合のなかで積極的に活動している。そして、外国情報監視裁判所から受けた要請数の開示を禁じる、政府の報道禁止令を不服として上訴している。

ところが、グーグルは繰り返しユーザーの信頼を裏切ってもいる。二〇一〇年、グーグルはバズというソーシャル・ネットワーキング・ツールの提供を開始した。これは、ユーザーがＧメールで頻繁《ひんぱん》にメールやチャットをする人々を、自動的にユーザーの「フォロワー」として登録するものだった。しかし、「いいね！　バズを試す」というボタンをクリックすると、自分がＧメールで最も頻繁に連絡している相手の身元が公開されるということが、ユーザーに十分通知されていなかった。グーグルはその後、バズが人を欺《あざむ》くとする連邦取引委員会の告発を示談《じだん》で解決することに同意し、バズに関する集合代表訴訟を示談にするために八五〇万ドルを支払った。

二〇一二年に私と同僚は、グーグルが、アイフォーンなどのアップル製品のユーザーが利用するブラウザ、サファリのプライバシー設定を無視しているという情報を公表した。グーグルは特別のコードを用いてブラウザを欺き、グーグルの追跡を許可するようにしていたのだ。その年の後半、グーグルは、アップルのプライバシー設定を無効にした行為がグーグル・バズの調停条件に違反していたとする、連邦取引委員会の告発を示談にするために、二二五〇万ドルを支払うことに同意した。当時、二二五〇万ドルという示談金は、連邦取引委員会の民事制裁金としては最高額だった。またグーグルは二〇一三年、ストリートビューの車がWi-Fiネットワークから発信される個人情報を誤《あやま》って収集し、市民のプライバシーを侵《おか》したと主張する三八州の司法長官三八人と、七〇〇万ドルを支払って和解することに同意した。

グーグルには私の膨大なデータも保存されている。自分自身で行なった監査で、グーグルが二〇〇六年以降の私の検索履歴を保管し、その期間にEメールを送った二一九二人全員を特定していることがわかっている。時代遅れのプライバシー法のことを考えれば、グーグルが全データを秘密にしてくれることは期待できない。グーグル・データのダイエットをする必要があった。

◉検索エンジン「ダックダックゴー」の使い勝手は

そこでグーグル検索の利用をやめることから始めた。私は、二〇一二年に発表されたグーグルのプライバシーポリシーの変更に腹を立てていた。それによってグーグルは、私の検索に関する情報を使ってGメール上にカスタマイズされた広告を掲載するなど、その多様なサービスから得た情報を組み合わせることができるようになったのだ。また、グーグルは私のアカウントの検索履歴を、自分で削除しない限りは削除してくれない。グーグル・アカウントにサインインしていないコンピュータから検索すると、九カ月後にはデータから一部の識別子《しきべつし》が取り除かれる。

つまり、理論的には、**政府はグーグルに二〇〇六年以降の私の全検索データを請求できる**ということになる。そういった政府の請求が公にされたことはないが、**検索履歴を利用可能にしてお**

くのは、情報の探り出しをしてくれと言っているようなものだ。

私の検索データは私個人に関する最もデリケートな情報の一つである。バーナーフォン（＊訳注：使い捨てプリペイド携帯電話）の購入を検討していたら、バーナーフォンのことばかり検索するし、顔認識技術に関する記事を探している場合は、顔認識技術のことばかり検索する。大体において私の検索データから、かなり正確に未来の行動を予測できるのだ。

私はグーグルの代わりに、小さな検索エンジン「ダックダックゴー」を選んだ。ダックダックゴーは、データを一切保存しないという方針を取っている。私のコンピュータによって自動的に送信される情報、たとえばＩＰアドレスなどのデジタルフットプリントを一切保管しないので、ダックダックゴーには、私の検索クエリー（＊訳注：ユーザーが検索時に入力する単語やフレーズのこと）と私を結びつける方法がないのだ。同社の個人情報管理方針には「ダックダックゴー（あるいは他のウェブサイト）にアクセスすると、ウェブブラウザは自動的にあなたのコンピュータの情報を送信しますが、この情報があなたとあなたの検索を結びつけるために利用される可能性があるので、私たちはこれを一切保存しません」と記されている。

検索エンジンを切り替えるとすぐに、私はいかにグーグルに依存していたかに気づいた。グーグルが推奨する検索項目も、私のいつもの検索についてのグーグルの完璧な記憶機能もなかったので、一つひとつの検索にもっと手がかかった。

たとえば、ダックダックゴーは私がニューヨーク市に住んでいるという情報を保存していないので、「ナチュラリー・ヒストリー・ミュージアム（Naturaly History Museum）」と間違ってタイプすると、ロサンゼルス市のナチュラル・ヒストリー・ミュージアム（Natural History Museum）

を提示した。比較するためにグーグルで調べてみたが、やはりスペルが修正されて、ニューヨーク市に住んでいるとの推定から、マンハッタンのアメリカン・ミュージアム・オブ・ナチュラル・ヒストリー（American Museum of Natural History）が検索結果の一番上に掲載されていた。ダックダックゴーには私についての情報がないため、検索の仕方を工夫せざるを得なくなった。たとえば、私は不精《ぶしょう》を決めこんで、行き先のページがわかっていても、ナビゲーションバーではなくグーグルの検索バーに、大まかなくくりでCNN.comなどのＵＲＬを打ちこんでいたが、ダックダックゴーでは閲覧したいページの正確なアドレスを打ちこむことにした。

次に気づいたのは、子どもの学校や私のヨガ教室のスケジュールなど、何度も訪れるウェブページをブックマークしないで、グーグルで検索していたことだ。私はよく見るウェブページをブックマークに登録するようになった。

実際、やるべきことをグーグルに任せるのに慣れすぎていたので、グーグルが単語の残りのスペルを出してくれることがなくなって、単語を全部打ちこまなければならないのがちょっと面倒だった。しかし、グーグルの提案がなくなると、気を散らして必要のないものまで検索することが少なくなった。「a」を打ちこむとグーグルが「amazon」を表示し、急にアマゾンに注文すべきものがあることを思い出す、そんなこともなくなったのだ。

ダックダックゴーを利用して、たいていは自分が欲しいものを見つけることができたが、わずか三件の検索結果を目《ま》のあたりにして妙な気持ちになったこともある。グーグルで「何百万」もの検索結果を見ることが当たり前になりすぎていた。だがダックダックゴーにはいくつかのブラックホールがあった。グーグルマップを見られなくなったことは大打撃で、他に同じくらい好きなオンライン地図は見つからなかったし、グーグル・ニュースも懐かしかった。

友人のディナーパーティーに行く前に、最近、彼がコロンビア大学で昇進したことについて知っておこうと検索したことがある。そのことについての最近のニュースが少しあったはずだったが、彼の名前、スリー・スリーニワサンで検索しても、名前とコロンビアで検索しても、何も出てこなかった。最後に「スリー、コロンビア・アンド・ニュース」と打ちこむと記事が出てきて、そこにニュースがあった。ダックダックゴーのニュース検索システムを使うためには、自分の再訓練が必要だった。

私はグーグルに順応していたということがわかってきた。あるいはその素敵な白い背景色のおかげだろうか、いつもグーグルは真新しい一枚の紙のように思っていたが、実は私のほうが、グーグルが答えたいような質問を作っていたのだ。

今度は、質問への回答方法が違う別のサービス、ダックダックゴーに順応しようとしていた。それは新しい人間関係のようなもので、私は新たなパートナーの奇癖《きへき》や弱点を見つけた。ダックダックゴーに力づけられた私は、ひそかに私を追跡するような意図のないパートナーに調子を合わせつつあった。

私はグーグルから逃げ出したが、世間ではまだグーグルが中心になっていた。私は別のサービスを使いこなせるようになり、しかも必要な情報は探し出すことができた。このようなさまざまな経験をするなかで、一九九四年に初のウェブブラウザ、ネットスケープを開発したマーク・アンドリーセンの言葉を思い出した。「コンピューターとインターネットの普及によって、仕事は二種類に分かれることになるでしょう」とアンドリーセンは二〇一二年のインタビューで語っている。「コンピュータに指図する側と、コンピュータに指図される側です」
ダックダックゴーへの切り替えをやり遂げ、私はコンピュータに指図する側に入る可能性が高くなるかもと感じていた。

◉その本拠地はお城だった

二、三カ月、ダックダックゴーを利用してみて、少し不安になってきた。私が信頼している人たちは誰なのか？　なぜ彼らのロゴは蝶ネクタイをつけたアヒルなんだろう？　ちょっと奇妙な感じがした。

グーグルのトラッキングは虫が好かなかったが、私は心のなかで、グーグルが陽気で傲慢《ごうまん》なアイビーリーグ大学のような場所だというイメージを膨《ふく》らませていた。原理原則はあるが、あまり罪の意識がなく、中国の検閲に対しては高姿勢で勇敢《ゆうかん》な立場を取るが、毎日、私の個人データを使って金もうけをしている。

ところが、蝶ネクタイをつけた陽気なアヒルを見ても、原則や罪の意識についての同じようなイメージはなかなか湧《わ》いてこなかった。

そんなわけで、アヒルの背後にいる人たちに会いに行こうと、電車に乗ってフィラデルフィアに向かった。フィラデルフィアからさらに二〇分ほど、緑豊かな郊外を車で走り抜け、ブリンマー大学のキャンパスのそばを通り過ぎて、目的地のペオリに到着した。駐車場で、ダックダックゴーの創設者ガブリエル・ワインバーグはすぐに見つかった——彼の車にもアヒルのステッカーが貼られていたのだ。もじゃもじゃの赤褐色の髪を除いては、太いフレームの眼鏡にフード付きスウェットの何の変哲もないコンピュータおたくに見えた。私は彼の車に飛び乗り、二分でオフィスに着いた。

驚いたことに、私たちが入っていった駐車場の前には、カラフルな丸い小塔の付いた石造りの城があった。「お城で働いているんですか?」と私は訊いた。

その通り、だった。ダックダックゴーのオフィスは二階にあり、壁にはいくつものアヒルが飾られていた。室内には水玉模様の長椅子が置かれ、デスクのそばに自分の子ども用の遊び場をしつらえていた。彼の話では、最初、会社としてプライバシーを重視していたわけではなく、ただ、もっとよい検索エンジンを作りたいと思っていただけだった。二〇〇六年にネームズ・データベースというソーシャルネットワーキング・ウェブサイトを一〇〇〇万ドルで売却し、妻の職場である製薬大手企業グラクソ・スミスクライン社の近くになるよう、ペンシルバニア州のバリーフォージュ村に転居した。

百万長者になったばかりのワインバーグは、いくつものプロジェクトを試してみた。自分のTVスタジオを造り、ゴルファーのソーシャルネットワークの開発に取り組み、よりよい検索結果を得るためにクラウドソーシングを利用するサービスを開始した。だが、あちこち検索しているうちに、スパム同然の項目だらけのグーグルの検索結果に悩まされることが多くなっていった。

そこで彼は、もっと良質な検索エンジンを制作することにした。「質のよいリンクを重視していた昔のグーグルを再現したかったんです」と彼は言った。プライバシーを問題にするようになったのは、ウェブサイトの最初のバージョンをテクノロジー業界に送り出してからのことだった。何人かのユーザーがサイトのプライバシーポリシーを問い合わせてきたのだ。「正直言ってそれまで、プライバシーのことなんかまったく考えたことがありませんでした。ですから、検索のプライバシーを厳しくチェックしてみたんです。検索エンジンがどんなユーザー情報を手にできるかを考えると、ぞっとします。それはインターネット上で手に入る、一番デリケートな個人情報だと言えるでしょう。**一番クールな行動方針は、こちらがデータを完全に手放し、何も保存しないこと**だと考えました。そうしてから、これが我々の会社の中心命題のようなものだと気づいたのです」

二〇一一年には、彼は完璧なプライバシー保護方針を採用していた。サンフランシスコに「**グーグルはあなたを追跡します。私たちは追跡しません**」と書かれた大型広告を出し、プライバシー保護ツールの新興マーケットに賭けるベンチャー企業、ユニオン・スクエア・ベンチャーズの出資を受け入れた。

テイクアウトのサンドイッチを食べていると、この会社の技術者たちも数人やって来て、検索エンジンをゼロから作りあげる挑戦について語り合った。良質な地図を制作する課題や、私がニュースの検索結果にフラストレーションを感じたことも話題にした。ダックダックゴーのプライバシー保護方針を維持するのは難題で、技術者たちは多くの技術ツールをゼロから作りあげる必要があった。たとえば、無料のブログ作成支援ソフトにはトラッキング技術が含まれていたので、独自のブログソフトを作成しなければならなかった。

「皆さんはサバイバリストのようなものですね」と私はワインバーグに言った。「食べ物を自家栽培して、銃をストックする必要があるんですね」

話をしながら、彼らがより優れた検索エンジンの制作に懸命に取り組んでいることに驚いた。

どういうわけか、水玉模様の長椅子、アヒル、お城、ワインバーグの赤褐色の髪などを見ているうちに、現実の会社というよりむしろ趣味の世界だと思いこまされていたのだ。しかし、彼らは本当に真剣な様子だった。

私は、一九九〇年代後半に『サンフランシスコ・クロニクル』紙のレポーターを務めていたときのことを思い出した。当時、私はこの最新の検索エンジン、グーグルに否定的で、こんな風に考えていた。機械的に順位づけをして出した検索結果が、私の好きな検索エンジン、アルタビスタの人の手で管理された検索結果よりよいなどと言えるのか、と。

そして今、私はフィラデルフィア郊外で水玉模様の長椅子に座り、お城で働く数人の男たちが、年間三〇〇億ドル近く稼ぐ検索エンジンに対する脅威になれるものかと考えていた。

とはいえ、テクノロジー産業において、最高のアイデアのなかには最初は常識外れのように思えるものもあるのだ。

◉決別しきれないＧメール

私はＧメールの使用をやめたくなかった。コンピュータマニアの友人たちはたいていＧメールを使っている。プライバシーについて病的に心配する友人でもそうだ。そしてＧメールではドキュメントの共有も簡単にできるし、他のユーザーとチャットすることもできる。

しかし、私のメールを読んでいると認めるメールサービスを使うことが正しいとは思えなかった。もちろん、グーグルは人間がメールを読むことはないと主張している（そして、それを疑う理由はない）。私のＥメールをスキャンしてキーワードを探し、このキーワードにもとづいて広告を入れるのは、ただのコンピュータだ。

だがそれは、国家安全保障局が国内での盗聴について主張していたことでもある。そう、海外スパイ活動の際に、当局のコンピュータがあらゆる種類のアメリカの個人データを「うっかり」収集しているのだ。ただし、当局はアメリカ市民に関するデータを「最小化」しているので、情報調査を行なっている場合やデータに犯罪証拠が含まれる場合など、一定の条件のもとでなければ、人間がそれを見ることはできない。

突きつめていくと、これはすべてのドラグネットに共通した問題である。**ただのコンピュータが収集していても、結局は、データが不正使用されることになるのだろうか**。答えはイエスと決まっているようだ。グーグルは二〇一〇年、ティーンエージャーのGメールチャットをのぞき見した技術者を解雇し、ユーザーのデータを探ったことにより技術者を解雇したのは二回目だと述べた。二〇〇八年には、元NSAの傍受《ぼうじゅ》オペレータ二名が、同僚とともに何百件ものアメリカ人の通話を盗聴し、そのなかにはテレフォンセックスも含まれていたことを暴露した。

それでも私は、Gメールとの決別を一日延ばしにしていた。Gメールは実に簡単で、使いやすく、検索が容易だったからだ。

最終的に、マサチューセッツ工科大学のプロジェクトのおかげで、私は新しいEメールサービスを見つける気になった。その大学の研究者グループが、自分のGメールアカウントのメタデータを視覚化できる、イマージョンというツールを作成したのだ。

イマージョンに私のGメールアカウントへのアクセスを許可するのはちょっと恐ろしかったが、開発者は発見したものを削除すると約束していたので、私は思い切ってやってみた。数分間の計算後、イマージョンには、私とEメール「協力者（私が三通以上のEメールを交換した人）」上位五〇四人とのつながりを示す美しいグラフィックが表示された。イマージョンによると、私のトップ「協力者」は親友で、その次が夫だった。

そのグラフィックは、私が一〇人ほどの人ととりわけ頻繁にEメールを交換していることをはっきり示しており、自分のソーシャルネットワークがいかに独自の情報を示すものであるかを思い知らされた。動揺した私は、Gメールと縁を切る努力を始めた。

自宅でEメールサーバーを運営することをちょっと考えてみたのは、「二時間であなたのEメールを耐NSA化する」というブログ投稿を見かけたからだった。けれども、その投稿を八節分読み、投稿者が「あなたがデビアン・ウィージー（＊訳注：パソコン用OSの一種「Debian《デビアン》」のバージョン名「Wheezy《ウィージー》」のこと）を使っていると想定しています」と書いているところで、あきらめてしまった。あまりに専門的で、私の手に負えないのは明らかだった。

◉もっともプライバシーが保護されるEメールサービスを探せ

仕方がないので、私はプライバシー保護を打ち出したEメールサービスを探し回り、ハッシュメール、ネオメール、カウンターメールなど、何十ものサービスを見つけた。マッド・パドル・テストに合格した有料Eメールサービスのカウンターメールがとても気に入ったが、それはスウェーデンが本拠地なので除外する必要があった。アメリカ市民である私のEメールは法律で保護されている。NSAはスパイ活動で得たアメリカ市民のEメール情報を少なくとも「最小化」しなければならないが、私を外国人と見なした場合はずっと制限が少なくなるのだ。

というわけで、アメリカに拠点のあるEメールサービスとなると、エドワード・スノーデンが使用していたらしいテキサス州のサービス、ラバビット、シアトルの団体が運営するサービスのライズアップなど、選択肢は数社しかなかった。その二社のプライバシーポリシーを調べてみると、ライズアップのほうが少しだけ魅力的だった。どちらも最低限のユーザー情報だけを保管し、マッド・パドル・テストに合格したが、ライズアップがEメールアドレスの位置情報も残さなかったのに対して、ラバビットはEメールアドレスの位置情報を保持したので、捜査当局に利用される可能性があった。

ライズアップに加入するのは簡単ではなかった。無料のサービスだったが、会員に「招待してもらう」ことが必要で、幸運にも私は、米国自由人権協会の技術者クリストファー・ソゴイアンからの招待状を手配できた。たまたま彼も、知り合いのなかで最もプライバシーにこだわる人間だったのだ(これは賛辞のつもりである)。

招待状を手にした私は登録手続きを始めたが、すぐに次の契約書へのサインを求められ、途方に暮れてしまった。

以下のいずれかを提唱するためにライズアップ・ネットのサービスを利用することを禁じる。

・資本主義、支配、階層制度への支持
・階級による抑圧が人種や性別による抑圧に取って代わるという考え
・革命の前衛となる戦略
・人口抑制

これに同意しない場合は、ライズアップ・ネットを利用できないものとする。

その大半はまず問題のないものだった。私はライズアップを利用して革命を扇動《せんどう》するつもりも、人口抑制を推し進めるつもりも、階級対人種・性別による抑圧のいずれかの立場を主張するつもりもなかったし、支配や階層制度を支持しそうにもなかった。

しかし、**「資本主義への支持」**を否定するのは難しかった。何と言っても、私は『ウォール・ストリート・ジャーナル』紙で働いていて、それはかつて「資本主義の冒険」という有名なキャッチフレーズで自らを宣伝していた新聞だった。だが、私は自らに反論した。記者としての仕事は資本主義の番人になることで、資本主義を無制限に支持することではない。私は言葉を分析しているのかもしれないが、ライズアップの社会的契約に同意できると思った。

だが、まだ終わっていなかった。自分のEメールをウェブからではなく、自分のコンピュータから管理する方法を見つける必要があった。ライズアップはユーザーにごく少量のデータしかサーバーに保存させないので、運営のコストが抑えられる。さらに重要なことに、政府がライズアップから奪い取れるデータが少なくなるわけである。当然、ライズアップはユーザーのデータを獲得しようとする試みと「積極的に闘う」ことを約束しているが、その闘うべきデータがなければ、闘いは容易になるに決まっている。

ライズアップでのデータの割り当てがあろうがなかろうが、私は自分の古いEメールをGメールの「クラウド」ではなく、自分のコンピュータに保管すべきだった。一九八六年の電子通信プライバシー法によって、政府は第三者によって保管されたEメールを、一八〇日経過後は令状なしで取得できるようになったため、古いメールを自宅外に保存しておくことは、残念ながら政府のドラグネットを招く結果になるのだ。

私はプライバシー保護に熱心なEメールソフトを探し回り、一番よいと思ったのは、暗号化メールをサポートする無料のオープンソース・プロジェクト、サンダーバードだった。しかし、サンダーバードの最大の支援組織モジラは二〇一二年にサンダーバードのサポートを打ち切ってしまった。

私は「性能には対価を払う」という方針に従い、ポストボックスというサンダーバードの有料版を購入した。そして、すべてのGメールをポストボックスにダウンロードし、ライズアップがポストボックスと連携するように設定した。こうして全体が動作を始めると、驚くほど開放感があった。Eメールプロバイダーをさっと切り替えて、Gメールでメールを受け取り、ライズアップのアカウントから返信できたのだ。

妙な話だが、私は最初、自分のライズアップ・アカウントを使うことをためらいがちだった。相手が反資本主義団体からのEメールにリンクしたくないのでは、と不安に思っていた。そこで私は、政府高官や企業の上級幹部など、一番心配しそうだと思われる数人にメールし、アナーキスト的な団体のアドレスからメールを送っても構わないかと尋ねてみた。

彼らの反応は「えっ?」から「なんだって?」まで、さまざまだったが、誰も気にしていないようだった。ふと頭に浮かんだのは、私がGメールを始めたとき、誰にも、自分のEメールがグーグルにスキャンされることに「同意」するよう頼まなかったことである。

Gメール以外のサービスのユーザー数人が、Gメールのユーザーに送信したEメールをスキャンするグーグルは通信傍受法に違反しているとして、この問題をめぐってグーグルに対して起こされた集団訴訟に加わったことは注目に値する。グーグルは、「仕事仲間に手紙を送った者が、受取人のアシスタントがその手紙を開封しても驚いたりしないように」、暗黙の同意があると主張した。私がその主張を受け入れられるか確信が持てないが、とにかく、私は夫の郵便物を開封する前に必ず許可を求めることにしている。

私は、メール相手のメッセージをスキャンしないサービスに切り替えたことで、メール相手の役に立っていることに気がつき、何も尋ねることなく、すべての仕事の連絡先にライズアップを使ってメールすることにした。

しかし、私はＧメールを完全にやめたわけではなかった。長年、ＡＯＬのアカウントを維持しているように、そのまま置いておくことにした。ＡＯＬは徐々に私のオンラインショッピング用のＥメールアドレスになってきている。私はＧメールも維持して、「母親」としてのメールのやり取りに限って使うことにした。子どもを遊ばせる日を決めたり、子どものキャンプの申し込みをしたり、いつものグーグル共有ドキュメントを通じて学校と連絡し合ったりしている。

最後に、グーグルの共有ドキュメントをすべて私のハードディスクにダウンロードし、これで、グーグルのサイトにログインする必要はほとんどなくなった。しかも嬉しいことに、時々こっそりとグーグル検索をしても、グーグルにログインしていないと、私の身元がわからないというおまけもついてきた。

私は技術のエベレストに登ったような気がした。Ｅメールを自分で管理し、もうＥメールに管理されることはなくなったのだ。

◉メールプライバシーの最後の砦《とりで》

ところが、私の至福感はつかのまだった。

二〇一三年八月、エドワード・スノーデンが利用していたEメールサービス、ラバビットが突然閉鎖された。同社の創設者、ラダー・レヴィソンは「アメリカ国民に対する犯罪に共謀する」代わりに、会社を閉鎖したと述べている。レヴィソンはその闘いを第四巡回控訴裁判所に持ちこむつもりだと語り、彼が下級審で闘って敗訴したことをほのめかした。

数多くの電子監視訴訟と同じように、レヴィソンはその要請について論じることを禁じる箝口《かんこう》令を受けた。しかし、訴訟で何件かの文書が開示された後、レヴィソンは、**ユーザー全員の通信を解読する暗号化キーの引き渡しを要求されたことを暴露した**。換言すれば、彼はマッド・パドル・テストを侵害するように求められたのだ。「それは、コカ・コーラ社にその秘密の製法を引き渡すことを要求するようなものでした」とレヴィソンは言った。

そのようなことは、以前にも暗号化メールサービスで起こっていた。二〇〇七年、プライバシー優先のEメールサービス、ハッシュメールは、政府がユーザーの個人データを解読できるように、ユーザーのログイン時にパスワードを傍受できるソフトをインストールするよう裁判所に命じられた可能性を強く示唆した。

なぜ、レヴィソンがユーザーのプライバシーを侵害するより、原則にもとづいて会社を閉鎖することにしたのか、理解できた。ただ、何の予告もなくEメールアカウントを失った四〇万人の人々に同情せずにはいられなかった。「何年も使ったEメールアカウント、保存したメールや重要なメールが突然、すべてなくなってしまったんです。会社の名を汚すことです」と一人のユーザーがラバビットのフェイスブックに書きこんだ。「本当にひどい……。私の人生をめちゃめちゃにしてくれてありがとう」と別のユーザーが投稿している。ラバビットは私のＥメールサービス候補の第二位に挙がっていたのだから。

こうした目にあうのは私だったかもしれない。

ラバビットが閉鎖された後、別のプライバシー保護主義の会社、サイレント・サークルがＥメールサービスを終了した。同社によると、まだ政府の要請を受けたわけではないが、要請が届く前に行動したかったのだという。「私たちは災難が迫っているきざしを感じて、サイレント・メールを閉鎖するのが最善策《さいぜんさく》だと判断したのです」と同社は述べている。

ライズアップは一気に、プライバシーを保護する最後のサービスの一つになった。ライズアップ・コレクティブはメッセージを掲載し、政府のいかなる監視の企《くわだ》てとも闘うつもりであり、ユーザーＥメールの保護をさらに強力にする「抜本的で新しいインフラ」を構築するために努力している、とユーザーに請《う》けあった。しかしこのメッセージですっかり安心できるわけではない。「政府や、政府によるその他の抑圧的な監視に屈《くつ》するより、手を引くほうがましです」とライズアップのリーダーは述べた。そして同団体は、ユーザーに自分のＥメールをダウンロードしてバックアップするよう注意を促している。

私はＥメールをハードディスクと暗号化クラウドサービスにバックアップしたことを再三再四《さいさんさいし》確認しながら私のプライバシー探索の旅は何と不条理なものになってきたことかと考えていた。

私は大惨事に備えて自分の全データを保存していた。そして、さらに不思議なことに、大惨事が間近に迫っているように思えた。私はデータ・サバイバリストになりつつあったのである。

第9章 イーダ——架空の自分

◉ネット上にもう一人の私をつくる

イーダ・ターベルは、二十世紀初頭にスタンダード・オイル社の力の濫用《らんよう》を暴いた調査ジャーナリストの名前であり、そして私の別名でもある。

架空のアイデンティティを作ることは私のデータ偽装戦略の核心部分だった。買い物をしたりウェブサイトにログインしたりする際に、ドラグネットを避けるのは難しい。そんな場合には、自分自身のデータの代わりにイーダの情報を差し出すようにしていた。よく考えると、ログオンを要求するサイトすべてに、私の実名を知らせる必要などないのだ。

もちろん、執拗《しつよう》な敵なら、イーダと私との接点をたどって探りだすことができるだろう。しかし、私は完璧を求めていたわけではない。ただ、追跡者が私のデータをやすやすとかき集めるのではなく、私を追いかけるのに少しは骨を折るようにしたかったのである。

イーダを選んだのは、私の崇拝する世代のジャーナリストの一人だからだ。イーダ・ターベルやアプトン・シンクレアのような「マックレイカー（＊訳注：スキャンダルを暴く人）」として知られる調査ジャーナリストは、トラストによる独占価格のつり上げから食肉加工場の労働条件に至るまで、産業革命の暗部を暴露したのだ。彼女らの働きによって、当時の資本主義の行き過ぎを抑制する法律が制定されたのである。

今日、私たちはこれと同じような転換期の中にいると思われる。アメリカは情報経済へと移行しているのに、繁栄する巨大企業を取り締まる法律は少なく、また情報経済を監視できる技術的能力を備えた政府機関や非営利団体も少数だ。このため、情報革命の暗部を明らかにする責任は、現代のマックレイカー——調査ジャーナリストやエドワード・スノーデンのような良心的拒否者——の肩にかかってくる。濫用の実態が白日《はくじつ》の下《もと》にさらされると、情報時代の行き過ぎを抑える道を開くことができると、私は期待している。

しかし、どうすればイーダ名義でオンライン上の架空のアイデンティティを作りだせるのか、よくわかっていなかった。偽《にせ》の運転免許証は作らないと決めていたが、それ以外のすべて、すなわち架空のEメールアドレス、電話番号、郵送先住所は狙い目だった。

そしてほどなく、私は嘘をつくという危険な道に踏みこむことになる。

私は小さなことから始めた。イーダ用のGメールアカウントを開設し、誕生日と郵便番号を決めて登録した。一九六六年生まれで、カリフォルニア州バークレーに住んでいることにした。

次にイーダ・ターベルの名前でいくつかのレストランに予約を入れてみたが、困ったことに、予約の際には電話番号を聞かれることが多いのに、イーダは携帯電話を持っていなかった。

幸い、レストランのなかには、確認の電話を入れる約束をすることで納得してくれるところもあり、二つ返事で承諾《しょうだく》してもらった。それに確認の電話を忘れてしまってもまず予約が取り消されていることはなかった。

しかし、私には嘘をつくのが難しいことがわかった。必要な場面でイーダの名前を口にするたびに、体が熱くなって少し顔が赤らむのだ。ただ、オンライン予約するためのサイト、オープンテーブルのアカウントをイーダ名義で開設すれば、電話で嘘をつく必要がないことにすぐに気づいた。

だが、オープンテーブルに登録しようとして携帯電話番号を要求された。思いつきの電話番号を、二一二-五五五-一二一二のように入力すればいいことはわかっていたが、なぜかそれができなかった。私は登録画面を閉じてしまった。

これはパスワードのときと同じ問題だった。問題は技術ではなく私の気持ちだった。

◉ネットでは嘘がつきにくい

私は嘘をつくのが恐ろしく下手なのだ。落着きがなくなり、相手の目を見ることができず、顔がほてって赤くなる。あるいはくすくす笑ってしまう。それほど嘘をつくのが下手なので、同僚に脇へ連れていかれて、君は不器用だから嘘をつくのはやめておけ、と言われたことがある。

私はそれまで、オンラインで嘘をつくのは簡単だとずっと考えていた。いくつかの研究によれば、嘘をつくときの外見を気にする必要がないので、オンラインのほうが嘘をつきやすいというが、私はオンラインのほうが簡単だとは感じなかった。その理由がわかったのは、コーネル大学でオンライン詐欺を研究している心理学者ジェフ・ハンコックの研究に巡《めぐ》り会ったときである。

二〇一二年の研究で、ハンコックは一一九人の大学生に、従来型の履歴書かリンクトインで公開するプロフィールを作るように依頼し、できあがったものの真実度を分析した。従来型履歴書を作成した学生は、リンクトインの公開プロフィールを作った者よりも、以前の仕事の経験について情報を誇張する傾向が強かった。いっぽう、リンクトインの学生は興味や趣味を偽ることが多かった。全体として、ハンコックは「責任感や前職でのスキルのような雇用主に大事な事柄についてはリンクトインの履歴書のほうが正直に記載されている」と報告している。

以前の研究でハンコックは、人の実際の身長、体重、年齢を、オンライン出会い系サイトに登録したプロフィールと比較している。**ほとんどの人が何かを少しだけ誇張していた**。

大半の男性は自分の身長を偽っていたとハンコックは言う。「実際、彼らは自分の身長を二センチほど高く書いていました。研究ラボで『端数《はすう》切り上げの増分』と呼んでいるものです」人が自分の書いたことに責任があると考える場合には、じかに書くよりオンライン上のほうが正直になる可能性があると、ハンコックは考えている。別の研究では、オンラインチャットでも直接の会話でも、会話が一時的なものであるほど嘘が増えるとしている。実際の生活でお互いを知っているときに真実性が増すのである。要するに、ハンコックは、**自分が責任を持つべき記録が永久に残るとわかっていると、嘘をつくのが難しくなる**と推測している。私はデータ監査ののち、自分のやることはすべて記録されていると強く意識するようになったのだから、オンラインで嘘をつくことに困難を感じるのは理にかなっている。

状況が理解できたので、私は嘘をつくことへの嫌悪感をなくそうとするのは倫理的か、という困難な選択に立ち向かった。この問いに答えようと、私は哲学者の門を叩いた。嘘をつくことについて最も強烈な考えを抱いていた一人は、十八世紀のドイツの哲学者イマヌエル・カントである。彼の主張によると、嘘をつくことはいかなる場合でも悪であり、殺人者が罪のない人を殺そうとあなたの家のドアの前に立っているときであっても、あなたが嘘をつくのは誤りだという。

母親としてカントの極端な思想を切り捨てるのは簡単だった。母親なら誰でも、ときには子どもに嘘をつかなければならないことを知っている。事故で私の息子の指先が切断されて救急室にいたとき、息子に本当のことは言わなかった。外科医の車が大変な猛吹雪に阻まれ、縫合《ほうごう》に間に合う時間に到着できるかわからなかったのだが、私は息子にすべてうまくいっていると話した。形成外科医は息子の指を縫い合わせることができたのだが、病院到着までに五時間近くかかった。

だから、許容できる嘘もあると思っている。しかし、どんな嘘なら？　私はハーバード大学の哲学者で著述家のシセラ・ボクが唱える「**パブリシティ・テスト**（公開性テスト）」に魅力を感じている。**「分別ある人の心に正当性を訴え続ける嘘はどれか？」**というものである。彼女は次のような質問を問いかけている。

①あなたの嘘に代わる真実がありますか？
②嘘をつくことを道徳的に正当化するものは何ですか？
③あなたと嘘をついている相手の間にはどういう関係がありますか？
④あなたの嘘によってどんな良いことと悪いことが発生しますか？
⑤あなたと同じ立場の人がみな嘘をついたらどうなりますか？

ここで、自分には確固《かっこ》とした根拠があるように感じた。私の個人情報を取引上の必要性を超えて要求していると思われる企業があり、私はそうした企業との商取引に自分の偽アイデンティティを用いるつもりだった。

私は売店に行って、現金を渡して匿名で新聞を買うことができる。しかしオンライン新聞はすべて私の身元情報を差し出すことを要求する。「無料」定期購読の場合でさえそうだ。これと同じように、以前私は近所の本屋に出かけて本を現金で買うのが習慣になっていたが、今ではすべての本屋が姿を消しつつあり、アマゾン・ドット・コムが近所の本屋になっている。しかし、アマゾンはなぜ私のお金以上の何かを要求するのか？　私が予約するレストランに私のお金以外のものが本当に必要だろうか？

こうした情報のなかには、すべてではないとしても、明らかに私に不利な使い方をされようとしているものがある。例を二つ考えてみよう。

二〇一二年に国際運送協会は新たなルールを採用し、航空会社が顧客に応じて異なる料金を提示することを認めた。『ニューヨーク・タイムズ』紙編集委員会は、新たな価格づけモデルは、匿名で買おうとする人と支払い能力のありそうな人に高額請求する可能性があると警告した。

二〇一三年、ノースカロライナ州のブルークロス・ブルーシールド（＊訳注：米国の三七州の医療保険団体・企業が加盟する連合組織で米国人一億人以上に医療保険を提供している）は、三〇〇万以上の加入者の消費性向に関する情報を、データブローカーから購入することにしたと表明した。この保険業者によると、特大サイズ衣服などのアイテムの購入者を探して、減量プランの情報を送ることができるという。

私にとって、これは財政的に操作される時代の始まりを意味していた。大企業は個人データを使って自分への影響力を強めようとしている。そういうわけで、私がつく嘘はこの関係にバランスを取り戻す方法として正当化できると感じた。

しかし、シセラ・ボクが唱える最後の質問⑤が私をためらわせた。あらゆる人が身元を偽るような世界に住むのは、どんな感じなのだろうか。

私はその世界を頭に描こうとした。それは実生活で知らない人は信用できない世界であり、友人の知り合いと称する人からのEメールを決して開かない世界、そして信頼できない発信元の批評は信用できない世界である。有名なフットボールのスター選手がだまされて、オンラインで知り合った女性に恋してしまうような世界かもしれない。そしてその女性は実は、スター選手に恋した男性によって作られた架空の人物なのだ（知らない人のために言うと、これはノートルダム大学のラインバッカー、マンティ・テオについての話だ）。私は想像力に欠けているかもしれないが、私たちが住む現代とずいぶんよく似た世界のように思えた。

また、分別ある人の心に訴えることについてはどうなのか？　私が相談した人たちは、害のない嘘の倫理性について質問することさえばかげていると考えていた。夫は、偽のIDカードを作らない限りは偽名でも大丈夫だと思っていた。子どもたちの名づけ親にとっては考えるまでもないことだった。彼女はすでに何種類かの異なるEメールアドレスを持っていて、生活のさまざまな用途に利用していた。これを聞いた私の同僚は素晴らしいアイデアだと思ったようで、すぐに偽名アカウントを開設した。サンプルの数は少ないかもしれないが、私は自分の嘘がパブリシティ・テストに合格したと考えることにした。

◉偽名のクレジットカードは作れるか

嘘をつくことへの新たな方針を得たので、私はイーダのオンライン・アイデンティティを編成し直して再スタートすることにした。今回、私は真剣だった。**イーダ・ターベルのクレジットカードを作る**ことにしたのである。

イーダ名義のクレジットカードのアイデアは、暗号作成を仕事にしているジョン・カラスから得たものだ。彼はアイフォーンの通話とテキストを暗号化するアプリを制作し、それを見せようと私を訪ねてきたことがあった。私が自分の代理人の確固たるアイデンティティを作るのに苦労している話をすると、彼は間髪を入れずに自分の財布を取り出し、さまざまな名義のクレジットカードを扇のように広げた。そのなかにはデール・Ｂ・クーパーと書かれたカードがあり、これは九〇年代のテレビ番組「ツイン・ピークス」のＦＢＩ特別捜査官にちなんだ名前だった。

どうってことはないですよ、と彼は言った。**今の口座で別の名前のカードを一枚作りたいとクレジットカード会社に言うだけ**です。親が子どものためによくやることですよ。

なるほど、わかった。それは脅威モデルの問題だった。私が身元を隠したカードを作るのはクレジット会社を脅威とするためではなかった。身元を隠すのは私がお金を支払うあらゆる場所が脅威となるためだった。もし犯罪の疑いがあったら、検察官はアメリカン・エキスプレスに召喚状を送れば、イーダ・ターベルの本当の身元を知ることができるのだから。

私はカラスの言う通りにすることにした。アメリカン・エキスプレスのウェブサイトから新しいカードを申請しようとしたが、電話をかけるように指示された。そしてある夜、やっとその気になり、遅くなって周りに誰もいなくなった事務所から電話をかけた。まだ恥ずかしく感じていて、家族の誰にも聞かれたくなかったし、事務所でも立ち聞きされたくなかったのだ。

もちろん、自分の口座でもう一枚カードを作りたいと言っても、カスタマーサービスの窓口担当者は冷静そのものだった。彼はイーダの生年月日を尋ねたが、運よくEメールアカウントを開いたときのものがあった。イーダの社会保障番号を聞かれたが、手元にないとだけ答えた。彼は平然として話を進め、カードは数日以内に郵送いたします、と言った。

数日経ってもカードは来なかった。一週間、そして二週間が過ぎた。しびれを切らして私は電話をかけ、もう一枚カードを請求した。一週間が経過したが、そのカードも到着しなかった。

そうこうしているうちに、アメリカン・エキスプレスからイーダの社会保障番号を問い合わせる電話やEメールが来るようになった。自動電話は次のように言った「あなたがイーダさんでしたら一のボタンを押してください。そうでなければ二を押してください。あなたがイーダさんではなくて、イーダさんがご在宅でしたら一を押してください。ご不在でしたら二を」。私は質問で身動きできないように感じた。私はイーダではなかったし、イーダでないこともなかった。そこで受話器を置いた。

社会保障番号がないのでカード発行が遅れているのかもしれない、と心配になってきたが、意を決して、もう一度電話をかけた。担当者は翌日到着するように送ると言ってくれた。

翌日、カードが到着した。緑色でピカピカの立派なカードに浮き出た文字でイーダの名前が記載されている。これほどカードを大切に思ったのは初めてだった私は、その夜、帰宅した夫にそのカードを誇《ほこ》らしげに見せた。

「えーっ！」。彼は叫んだ。「どうしてイーダ・ターベルは自分のことだと言わなかったんだ？

何週間もイーダあての手紙を捨てていたのに」

注意事項：これからは偽アイデンティティを作る前に夫に予告すること。

◉イーダのいる場所を偽装する

今度は、イーダに新しい郵送先住所が必要になった。データブローカーからもらった自分のファイルを見ていると、イーダが私の住所あての手紙を定期的に受け取るようになれば、彼女がそのうちに、家族か友人として私の記録に記載されることは明らかだった。

私はイーダ用に私書箱を手に入れようと考えたが、郵便局は、利用者が私書箱から荷物を取り出すときに身分証明書の提示を要求するため、それではうまくいかない。UPS宅配便（＊訳注：米国最大の小口貨物輸送会社）を調べたところ、そこも同じポリシーを採用していて、荷物引き取り時に身分証明が必要となっていた。

私は友人を説得し、イーダの郵便物と小包を受け取ってもらうことにした。友人は大きなマンションに住んでいて、居住者全員の郵便物が郵便局の私書箱大のメールボックスに仕分けられる。私はイーダ・ターベルの名前をメールボックスの内側に貼りつけるだけでよく、即座にイーダの郵送先住所ができあがった。

クレジットカードと住所ができて、イーダの可能性は無限に広がった。とはいえ、彼女のオンラインアカウントについては慎重に進めようと思った。

私は、元司法省検事で現在グーグルなどの会社の外部弁護士を務めるマイケル・サスマンに相談を持ちかけた。彼の話によれば、ほとんどのウェブサービスで登録時のネットアドレスが永久に保存されるということで、アカウントを設定する場所については気を配る価値がある。

そこで私は、無料Wi-Fiが設置されたカフェにノートパソコンを持ちこんで、イーダのオンライン生活を始めることにした。腰を下ろしてカプチーノを注文し、ノートパソコンを開いてトーア（Tor：The Onion Router）を立ち上げた。これは、トラフィックを世界中経由して移動させることにより、コンピュータのインターネットアドレスを隠す匿名化ソフトウェアである。今回はドイツにいるように見える。

トーアによる閲覧には時間がかかる。試しにトーア・ブラウザと、いつものファイヤーフォックス・ウェブブラウザのそれぞれに、ニューヨーク大学のウェブアドレス、www.nyu.eduを打ちこんで時間を記録した。トーアでは画面が出るまでに二〇秒が必要で、ファイヤーフォックスでは三秒だった。トーアで閲覧するときには、少なくともコーヒーをゆっくりとする時間はある。

私はまず、マイクロソフトのアウトルックドットコムで、イーダ名義のフリーEメールアカウントを開くことから始めた。覚悟を決めて、彼女のバックアップ電話番号に二一二-八六七-五三〇九と入力した（トミー・ツートーンの八〇年代の有名な歌にちなんだのだ）。マイクロソフトのターゲティング広告機能はオフにした。

自分の仕事の出来栄えに大いに満足し、私はアウトルックのアドレスを使って、イーダ用のオープンテーブルのアカウントを設定し、電話番号は入力しなかった。以前なぜそうしなかったのかよくわからない。それからイーダのアマゾン・ドット・コムのアカウントを設定し、それには友人の郵送先住所とイーダのクレジットカード番号を使った。イーダに個別的アドバイスを提供するアマゾンの「ベターライザー」機能（＊訳注：顧客が自分の好みに合わせて最適な商品を選択できるソフトウェアツール）は拒否した。

最初に注文したのは、Herbert N. Foerstel『Surveillance in the Stacks（図書館の本の監視）』の中古本だった。一九九一年出版のこの本は、一九八〇年代にＦＢＩが図書館員に外国人への貸し出し図書を監視するよう協力を求めた出来事を詳述したもので、このプログラムが、全米ほぼすべての州で、図書館貸し出し記録の機密を守る法律の採用を促すきっかけとなったのである。

これはプライバシーに関するジョークと言えるだろうが、私は偽の名前で、本のプライバシー保護が必要な理由について書かれた本を注文したのである。

◉「もう一人の私」が活躍する場が増えてゆく

いつイーダの名前を使い、いつ自分自身になるか、その使い分けに慣れるのに少し時間が必要だった。アマゾンへのあらゆる本の注文はイーダが行ない、またレストランの予約もすべて彼女にやってもらった。そしてインタビューで誰かと会うときのレストランの食事もイーダが支払った。そうするうちに、半ダースのイーダ名義オンラインアカウントができた。私は彼女のログインとパスワードの情報を記したスプレッドシートを作成した。

しかし、なかにはイーダにできないことがあるのもわかってきた。イーダのクレジットカードをモデルズ・スポーティング・グッズの店で使おうとして、店員からクレジットカードと同じ名前の身分証明書の提示を要求され、現金で支払った。オールドネイビーでも同じことがあったが、ラグアンドボーンのデザイナーストアではそういうことはなく、イーダは何の問題もなくセーターを購入できた。イーダはデザイナーストア専門でいく必要がありそうだった。

またイーダのおかげで、私の名前を知られている場所もわかった。事務所の近所にあるお気に入りのバーで腰を下ろすと、バーテンダーは私を名前で呼んで挨拶《あいさつ》した。「こんばんは、ジュリアさん」。私は彼女が名前を知っているので驚いた。バーでよくおしゃべりしているが、彼女に自分の名前を言ったことはない。クレジットカードの利用金額をレジに打ちこむときに私の名がわかったに違いないと気づき、もし身元情報を突然変えれば疑われることになると思った。そこで、いよいよバーテンダーへの支払いという段になると、私はイーダ・ターベル名のカードを財布にしまいこみ、ジュリア・アングウィンのカードを引っ張り出した。

イーダの名前を使うことが増えるにつれて、彼女のアイデンティティを使いすぎることへの心配も多くなった。**やがてイーダに彼女自身のクレジットスコア**（＊訳注：金融機関等で使われる個人の信用評価点）**が与えられた**。すでに他の数社から、イーダにクレジットカードの申込書が郵送されてきていた。アメリカン・エキスプレスは顧客名情報を売らないと言っているので、イーダの名前がマーケティングのリストに載った経緯は不明である。注意しないと、イーダは私のデータブローカー・レポートに「偽名」として掲載されることになる。

私はイーダの負担を減らすために、もっと多くの偽アイデンティティが必要だと気づいた。

◉嘘をつくコツ

私には、誕生日や生まれ故郷やパスワードを考え出すやら、彼女のために勇気を奮《ふる》って嘘をつくやらして、もう一人のイーダを作りあげる精神的エネルギーがなかった。

私は偽アイデンティティを簡単迅速に作る方法が欲しかった。

そして、**使い捨てEメールアドレス**——ほとんどはスパムメール防止用——を作るさまざまなサービスがあることに気づいた。たとえば、スパムグルメドットコムというサイトでアカウントを開設すると、ログインする各サイトにそれぞれ固有のEメールアドレスを作ることができる。

しかしこれもまたうっとうしかった。新しいEメールの身元情報を考えることはやりたくなかった。そこで私は、プライバシー保護の新会社アバインの、マスクミーという無料サービスを使うことにした。これは個々のアカウントについて新しいEメールアドレスを作ってくれる。たとえば、フォーリンポリシードットコムから、記事を読むためにアカウントの開設を要求されると、マスクミーはログイン用に18123a18@opayq.comというEメールアドレスを作ってくれる。マスクミーはそのアドレスに送られるメールをすべて私に転送してくれるが、もしそのウェブサイトからEメールがやたらに送られるようであれば、マスクミーにメールをブロックするよう指示することができるのだ。

Eメールをブロックするのは痛快だった。監査中にログインした社会影響度ランク付け会社、クラウト社からメールを三通受け取り、これをブロックした。データ分析の大企業、レコーデッドフューチャードットコム社からは七通のEメールを受け取ったところでブロックした。

私はまた、マスクミー社に五ドル払ってプレミアムサービスに加入した。このサービスでは、新しい電話番号が与えられて、そこからどの電話番号にでも転送することができる。これでうるさい勧誘電話を心配することなく、フォーマットに電話番号を記入できるようになった。私は嘘をつくやり方のこつをつかみはじめていた。最善の方法は**自動化**することだ。

しかし、店のレジで自動的に偽ることは難しかった。

もちろんいつも現金を使うことはできる。流行遅れで嫌われものだが、現金は最も匿名性が高い。米国の紙幣にはシリアル番号がついていて、プライバシーに病的にこだわる人のなかには、シリアル番号でトラッキングされることを恐れて現金を両替する者もいる。だが私の脅威モデルにとっては、つまり、ドラグネットを避けるためには現金がいい。

しかしながら、多額の現金を持ち歩くことは不便で実用的ではないことが多い。私はクレジットカードをやめようと努めてきたが、やはりそれが気に入っていた。支出の経過をたどることができるし、それにもらった現金で財布を膨《ふく》らませ、あとで記帳のために思い出そうとするのが大嫌いだった。

私は、ドラッグストアで現金で買った二〇〇ドルのプリペイド・デビットカードを試してみた。自分のオフィスの近くでのランチやコーヒー、J・クルーでの二七ドルのショーツなど、ちょっとした買い物にそれを使った。レシートの、普通は名前が記載される箇所に「マイギフトカード」と記されていることや、それを手渡したときにレジ係がごく自然に処理するところが気に入った。しかし、カードの残高が減ってくると使わなくなった。店員に、五ドル三二セントはカード払いにして、残りは現金で払わせてくれと頼むのは間が抜けているように感じたからだ。それでも私は一ドルでも無駄にするのは嫌だった。

そこでもう一つ別の手段を試すことにした。**使い捨てクレジットカード番号**である。これは買い物一回だけに使えるワンタイム番号だ。事実上、取引の都度《つど》発行されるプリペイド式デビットカードだ。私は使い捨てカード番号をマスクミーのプレミアムサービスで手に入れた。これは、使い捨てのEメールアドレスや電話番号を作ってくれたサービスと同じものである。

使い捨てクレジットカード番号を初めて使おうとしたときは、ひどい目にあった。ヨガ用のトップスがすり切れてきて新しいものに買い替えたかったので、トップスをオンラインで探し、オンライン購入バスケットに入れた。それから、配送と支払いのために実名と本当の住所を入力した。ウェブサイトが送料を含む値段の計算を終えると、マスクミーはクレジットカード番号を発行し、私はそれを同じ金額の取引に使うことができる。しかし、そのカード番号は拒否された。もう一度試したが、「支払許可のトランザクションが拒否されました」という同じメッセージを受け取った。

私は困り果てた。マスクミーは私が支払ったと見なしているようで、クレジットカード番号はお金が使われたと言っている。しかし、ウェブサイトは支払われたとは見なしていない。私のお金はどこか宙に舞い上がって失われてしまった。

エイバイン社と電話で一時間話した後に、私は自分の間違いに気づいた。請求先住所にエイバイン社の住所を記入する必要があったのだ。とりあえずウェブサイトに電話をして取引をキャンセルし、通常のクレジットカード番号を使ってトップスを電話で注文した。

一週間後、子どものフォークソングのCDをスミソニアンから買うときに、もう一度試してみた。請求書の宛先をエイバイン社の住所にして、今度は無事通過した。問題なし。ふう。もちろん、配送のために実名と本当の住所を提供しているのだから、今回のことはすべてちょっと間が抜けた感じだ。私はもっと匿名性の高い通貨を探すことにした。

私はコンピュータマニアの世界で大流行しているデジタル通貨、ビットコインを買おうと思った。だが、ビットコインをクレジットカードで買えるところは見つからず、どこでも私の銀行口座番号か電信送金を要求した。これは明らかに、バーチャルビットコインを受け取っていないという苦情の電話が、たびたびクレジットカード会社にかかってくるためだった。

ビットコインは、麻薬や武器が売られるオンラインの「闇市場」で使うことができる。しかし従来型の企業でも、ビットコインを受け入れはじめるところが出てきた。二〇一三年五月、『フォーブス』誌のレポーター、カシミール・ヒルはビットコインだけで一週間過ごした。ビットコインを受け入れたサンフランシスコの出前サービスに頼って生活したのである。

しかし、あらゆるビットコイン取引は記録され、公然と見ることができる。取引にその人の名前は添付されていないが、執拗な捜査官であれば、あるビットコイン取引の背後にいる人たちを捜し当てることができるだろう。これは私の求める匿名性ではない。

◉私が欲しいのは「免除」だった

匿名によるデジタル取引を詳しく調べれば調べるほど、嫌いになった。それは犯罪の温床《おんしょう》のように思われた。

二〇〇七年、デジタルキャッシュ事業の新会社、Eゴールドはマネーローンダリングの容疑で告訴された。起訴状によると、同社は、自社サービスがなりすましや児童ポルノなどの犯罪に使われていることを認識していたという。翌年、同社とそのオーナーは有罪の判決を受ける。さらに二〇一三年、連邦検察官は、児童ポルノなどの犯罪に関わる、六〇億ドルに上るマネーローンダリングを行なっていた容疑で、匿名インターネット通貨決済サービス会社、リバティ・リザーブの事業を閉鎖させた。「アル・カポネが今生きていたら、彼はこういうやり方で自分の金を隠しただろう」と、国税庁犯罪捜査局のリチャード・ウェーバーは述べている。

なかには、完璧に匿名で行なわれる金融取引は社会の崩壊を招きかねない、と予測する者さえいる。一九九六年、自称ネット・アナーキストのジム・ベルは、インターネット・フォーラムに「暗殺の政治学」というエッセイを投稿し、匿名の現金を使って誰かの死を正確に「予測する」者に賞金を与える方法を説明した。「誰に賞金が与えられたかは誰も知らず、ただ賞が与えられていることだけわかるように賞を作ることができる」

ベルは、この死亡予測市場のことを「権利の侵害者」の首に賞金をかけて罰を与える方法と表現している。「もし私たちがレーニンやスターリン、ヒトラー、ムッソリーニ、東條《とうじょう》、金日成《キムイルソン》、ホーチミン、アヤトッラー・ホメイニ、サダム・フセイン、モハッマール・カダフィのような連中、さらに、必要ならその代理人も一緒に、わずか数百万ドルで殺害することができたら、歴史がどう変わったか考えてほしい」と彼は記している。

政府関係者の首に「賞金」をかけるという彼のアイデアは歓迎されなかった。一九九七年、内国歳入局の調査員がベルの自宅を急襲する。彼は司法妨害と偽の社会保障番号を使った罪で起訴され、懲役一一カ月の判決を受けた。

ベルの主張が極端な見解だったことは明らかだが、彼のエッセイを読んで、シセラ・ボクの「あなたと同じ立場の人がみな嘘をついたらどうなりますか?」という倫理的な問いかけについて考え直すことになった。

私は、**自分が本当に欲しいのは、匿名性ではなく免除である**ことに気づくようになった。私は取るに足りない取引の影響から免除されたかった。ランチを一緒に食べる人に、ジャーナリストへの情報提供の嫌疑《けんぎ》がかかってほしくなかった。自分の買い物で、「浪費家」と判断されてオンライン割引の勧誘が全然来なくなるのは嫌だった。ビットコインを探したために、無政府主義者の疑いをかけられたくなかった。ただそうはいっても、犯罪取引について免責を期待したり、そうなりたいと言っているわけではない。

商業取引の影響を免れたいと強く願っていると、人類学者デイビッド・グレイバーによる、負債の道徳的意味と意義についての素晴らしい思索を思い出した。彼は著書『Debt: The First 5,000Years（負債——その五〇〇〇年の歴史）』のなかで、両親に対する負債や押しつけの親切に対する負債のように、返済されることのない負債について述べている。

お金で解決できる負債はわずかであり、そうした負債にはある種の特徴があると彼は言う。それは、「潜在的に同等である」のに「現状は同等の状態にない」者の間の負債で、お金で貸し借りなしにするのである。「負債……とは未完成のままの交換にすぎない」と彼は記している。

私は、自分が欲しい免除というのは、借り主が求めているものと似ていることに気がついた。私は、自分の取引が完了したところで、自分の負債を完全に返済したい、つまり自分を負債のない借り主の立場に戻したいのである。

しかし、個人情報経済においては自分の負債から免れられそうにない。私のあらゆる取引が永遠につきまとい、忍び寄って私に示された選択肢を教えてくれるのである。そんなわけで、何かよい方法が見つかるまでは、イーダと偽装アイデンティティに頼らざるを得ないだろう。

第10章 携帯電話という発信器

◉そこにスパイウェアが仕組まれているかもしれない

　私は落ち着かない気持ちで、ベルリンのアレクサンダー広場にある世界時計の下に立っていた。この街に到着したばかりの私は、ジェイコブ・アッペルバウムと会う約束を取りつけていた。彼はコンピュータセキュリティの研究者で、ウィキリークスのボランティアであることが二〇一〇年に公表されて以来、アメリカ政府にEメールを監視されていた。ただし、私には彼に連絡を取る方法がなかった。携帯番号も所在地の住所もわからず、約束の場所に彼が現われるのを待つしかなかった。

　私はこの取材のために世界を半周してやって来たのだが、彼が姿を現わさない場合の予備計画など何もなく、薄氷《はくひょう》を踏む心地だった。携帯電話で遠くから位置情報を追跡されうる世界で、ジャーナリストとして活動するためにはこれも仕方がない。

　そんなわけで私は、ベルリンで何十年も待ち合わせ場所に使われてきた時計の下に突《つ》っ立っていた。周囲の人は誰もが携帯電話をチェックしている。友達にメールを送り、「今、どこ?」「そちらに向かってる」などと、デジタル時代の特権である心強いメール交換をしているのだろう。

私は自転車に鍵をかけている長髪の男性をちらりと見た。あれがジェイクだろうか。彼の写真はインターネットで見かけただけだということが頭に浮かんだ。おそらく、昔の写真か偽の写真で身元を隠していたのだろう。だが自転車の男は、電話をしようと携帯を取り出したので、彼ではないとわかった。数分後、電話を見つめていないメタルフレームの眼鏡をかけた男性に目がとまった。たぶん彼では？　しかし彼は私のほうに目を向けず、二、三分後、広場の向こう側にいる男性に手を振った。

そうしているうちに、いきなりジェイクが私のそばに現われた。予想していた通りの風貌《ふうぼう》だった。私の写真はオンラインで簡単に見つけられるので、すぐに私だとわかったのだろう。近くのコーヒーショップで話をするために店に向かいながら、私は安堵の吐息《といき》をついていた。

やがて、私はバッグに携帯電話が入っていることを彼に告げた。持ってくるべきでないことはわかっていたが、直前にバッグに放りこんでしまったのだ。

「電源を切っていますので」。私は言い訳がましくつけ加えた。

「はは！」。ジェイクは笑った。「切れてるってどうしてわかるんです？　バッテリーを外しましたか？　**切れているように見えても、スパイウェアが仕組まれていて、情報を流し続けるように動作させているる**ことがあるんです」

そのときは、ジェイクが少々誇大妄想的だと感じた。ウィキリークスのボランティアであるジェイクは、アメリカの国境でしばしば拘留され、普通の人よりはるかに監視の脅威に敏感である。だがこの場合は彼が正しかった。このベルリンでの取材の約一年後、中央情報局の最高技術責任者イラ・〝ガス〟・ハントは講演を行ない、ＣＩＡのモバイル機器追跡能力について自慢した。「皆さんはモバイル機器を持ち歩いているので、その電源を切っていても、いつでも誰かが自分の位置情報を把握《はあく》できることにお気づきのことと思います」と講演でも述べている。「ご存知でしょう？　まあ、心得ておかれるべきですね」

ハントが触れていたのがどんな追跡技術だったのかは、いまだにはっきりしないが、二〇〇六年、ＦＢＩは、電話の電源が切れていても当局が盗聴できる「ロービングバグ（＊訳注：他人の携帯電話のマイクを遠隔操作でオンにし、その携帯電話を盗聴器の送信機として利用する技術）」をギャングの電話にインストールする裁判所命令を求めて、勝訴していた。ハントは、ジェイクや他の人々がすでに知っていたことを確認したのだ。私たちの携帯電話は、電源を切っていても世界で一番効果的な追跡装置なのである。

◉ポケットの中にある「これ」はどれほど重要なのか

スパイ技術には「ポケットリター」という専門用語がある。それはかつて文字通りポケットのなかにある紙切れ等を意味していた。こうした物は、その人の人間関係についての情報すなわち電話番号、住所、アカウント・ナンバーを含むことが多く、さらなる調査を受けることがある。

今日、私たちのポケットには究極のポケットリター、小型コンピュータである携帯電話が入っている。そのなかにはアドレス帳が丸ごと、自分が書いた通信情報のほぼすべて、写真、音楽、そして好きなゲームまで入っているのだ。

さらに始末の悪いことに、電子ポケットリターは遠隔監視されることがある。昔、捜査当局は、容疑者のポケットのなかを探す前に本人を逮捕する必要があった。だが今は、民間や政府のドラグネットのオペレータは、携帯電話会社へ情報を要求することにより、電話の位置情報やコンテンツの一部を遠隔地から見ることができる。

携帯電話監視の最も許しがたい例は、言うまでもなく、元NSA契約職員のエドワード・スノーデンが暴露したプログラムで、電話会社が七年にわたって合衆国内の全通話記録を引き渡していたものである。オバマ大統領は、そのプログラムが単に「通話のペア」を収集しているだけだと述べ、まったく当たりさわりのない説明をした。「発信元の電話番号と通話先の電話番号がわかっているだけです。名前もありませんし、そのデータベースには内容も入っていません。ただ、電話番号のペア、その通話が行なわれた日時、通話の長さだけなのです」

地元警察の大多数は、しばしば**捜索令状を入手せずに携帯電話会社に極秘要請を出し、携帯電話の使用を追跡している**。二〇一一年、アメリカの最大手携帯電話会社は、発信者位置情報を含む加入者の情報を求める捜査当局の要請一三〇万件に応えた。たとえば、AT&Tは一日に約七〇〇件の要請に応じたが、これは二〇〇七年に受けた要請の約三倍の件数だったという。

令状なしの携帯電話追跡が増えるにつれて、裁判官のなかにはその合法性を疑問視する者も出てきた。二〇〇五年以来、一二人以上の治安判事が、携帯電話追跡の裁判所命令の請求に対して、それを拒否する意見を文書に記している。激しい抗議の表明が始まったのは二〇〇五年、テキサス州南部地区の治安判事スティーブン・スミスが、リアルタイムの携帯電話位置情報に対する政府の要求を却下したときだった。スミスは捜索令状不要を正当化する政府の「創造的な」法理論の正当性を疑ったのだ。スミスの裁定の後、全国の治安判事が、携帯電話の位置情報に対する令状なしの要請を却下しはじめた。

上級裁判所では、携帯電話の位置情報履歴へのアクセスの問題について意見が割れていた。二〇一〇年、第三巡回控訴裁判所は「連邦議会がその意図を明確にしなかったことに阻《はば》まれ」ながらも、治安判事が、携帯電話通話履歴へのアクセスに対して捜索令状を要求する権限を持つと裁定した。しかし二〇一三年、第五巡回控訴裁判所は、携帯電話位置情報の履歴を令状なしで政府に引き渡すことを禁じる、二〇一〇年のスミス裁判官による裁定をくつがえした。「携帯電話の利用者が自分の位置情報を内密にしたいと思うのは無理もないが……」とイーディス・ブラウン・クレメント裁判官は記している。「こうした願望への支援は、業界あるいは政治的措置に求められなければならない」

最高裁判所か議会が解決を図るまでは携帯電話のドラグネットは国の法律になっているのだ。

◉トラフィック分析の効果

ポケットリターはどのくらい重要なのだろうか？　電話をかける相手や日時は、通話内容と同じくらい真実をさらけ出してしまうことがある。

敵のメッセージの内容を読むことができないスパイは長年、発信者、受信者、日時、メッセージの長さのパターンを調べる**「トラフィック分析」**と呼ばれる技術に頼ってきた。第一次世界大戦中、フランス軍は、「ＡＤＦＧＶＸ暗号」として知られるドイツ軍の暗号を解読するのに手こずっていた。だがフランス軍は、前進の命令や指示を伝えるために暗号が使われていることを心得ていたため、一九一八年の春と夏に行なわれたドイツ軍の攻撃のおよその時刻を予想できたのである。ドイツ軍が無線呼出符号（送り手を特定する文字）を変えたときでさえ、フランスのトラフィック分析者は、他のパターンによって発信を特定することができた。「軍事行動の数日前には必ず、フランス軍が傍受するメッセージの量が通常より目立って増えたのです」と、米陸軍中尉のJ・R・チャイルズが『German Military Ciphers from February to November 1918（一九一八年二月から十一月までのドイツ軍の暗号）』のなかで述べている。

第二次世界大戦中、日本軍が偽の無線通信によってアメリカ軍の裏をかいたこともあった。真珠湾攻撃の前に、日本軍は航空機の無線通信士を上陸させ、日本艦隊はまだ港にいるとアメリカ軍に信じこませた。アメリカはその教訓を学び、一九四二年、太平洋上の日本軍のメッセージの調査に専念するトラフィック分析グループを結成。このトラフィック分析隊は一九四三年まで日本の暗号を解読できなかったが「部隊の位置、指揮系統、戦闘序列を特定」することはできた。

一九五〇年代に国家安全保障局は、トラフィック分析をパンチカードからコンピュータに切り替えた。一九八二年のNSAの調査によると、トラフィック分析者の目標は「通信ターゲットの状況を描き出す」ことだった。**「ひとたび自分のターゲットの通常の行動が把握されると、次にはその後の変化を見つけて、情報の需要者に報告することができる」**という。

こうした「変則性」から大量の情報を暴きだすことができる。二〇〇四年、レバノンのヒズボラ（＊訳注：神の党。レバノンのイスラム教シーア派の過激派組織）は、まれにしか使われない、または短期間、特定場所でのみ使用されていた携帯電話を特定し、ある推計によると一〇〇人いたと思われるスパイを拘束した。そのなかにはCIAの諜報部員も含まれていたかもしれない。

◉アンドロイドの「バーナー」を買う

　携帯電話のドラグネットについて知れば知るほど、それから逃れることはできないという気持ちが強くなっていった。明らかな解決策は携帯を家に置いておくことだが、小さな子どものいる母親として、いつでも携帯電話で連絡可能な状態にしておかないのは無責任だと感じ、夫もそう思っていた。そこで思いついた次善策は、**「バーナー」**を買うことだった。バーナーは俗語で、短期間使用して捨てるプリペイド携帯電話のことである。

　バーナーは完璧な選択肢とは言えず、捜査官が頑張れば、通話パターンや位置情報から身元を割り出すことができる。だが匿名で購入すれば、少なくとも自分のデータが政府に売却されるか収集された場合、捜査官がその情報から身元を割り出すのにしばらく時間がかかるだろう。

　私はやってみようと考えた。アンドロイド携帯がいいと思ったのは、アンドロイドで利用できるプライバシー保護のアプリがアイフォーンよりも多かったからだ。電話会社を選ぶのはさらに難しく、どの会社にも保管データなしというオプションはなかった。米国自由人権協会が手に入れた捜査当局の文書によると、大半の携帯電話プロバイダーは約二年分の詳細通話記録を保存しており、AT&Tは五～七年間分の記録を保存している。最終的に私は、AT&T以外は基本的に同じようなものだと考え、バージン・モービルの安い前払いプランを選んだ。

　バーナーを購入する際の一番いいやり方は、自宅から遠い店で現金で買うことなので、私は二〇〇ドル引き出し、マンハッタン中心部のうまい具合に目立たない店で携帯電話を購入した。私は現金で支払いをしたが、レジ係は顧客として捕まえようと思ったのか、クレジットカードの読取機のいくつかの画面をクリックするように言い張り、それから、個人情報を入力すれば割引保証があると言った。さらに、個人情報を入力すると電話の代金も割り引くと言ったが、私は丁《てい》重《ちょう》に断わった。携帯電話をバッグに入れて店を出る頃には、何だか密輸品を持ち歩いているような気分になり、上を見上げて監視カメラがドア付近についていないか確かめ、野球帽をかぶってくればよかったと思ったくらいだ。

次にすべきことは、遠くの店に行って、月額料金前払いのSIMカードを現金で買うことだった。だが、現金払いにするといずれ、毎月のカードへの料金入金が期限に遅れることがわかっていたので、家に帰り、イーダ・ターベルのクレジットカードを使って、バージン・モービルの月額料金前払いサービスに申し込んだ。結局のところ、私の目標は完全に匿名にすることではなく、トラッカーの追跡をちょっと難しくするだけなのだ。

◉電話番号を偽装する

私はバーナーの電話番号を公表せず、夫とベビーシッター、数人の友人だけにアバイン（p197参照）から購入したマスクミーの電話番号を教えた。その番号を設定して、覆面番号への電話がすべてバーナーにかかるようにしたのだ（＊訳注：アバイン社のマスクミーは、実際のメールアドレスや電話番号などの個人情報を入力することなく、その代わりになる「マスク」情報を入力することで、オンラインサービスを利用可能にするツール）。

ところが、問題はその覆面電話番号を使って外部に電話をかけたりテキストメッセージを送ったりできないことだった。覆面番号へのテキストメッセージを受け取ることはできても、テキストメッセージの返信をすると、私のバーナーの番号がわかってしまうだろう。

私は道をそれて、法律のグレーゾーンに近づいていた。**だますつもりで電話番号を「偽装」するのは違法**である。二〇一〇年、オバマ大統領が署名して正式な法とした発信者番号真実法は、「詐欺を働く、危害をおよぼす、あるいは価値あるものを不正に獲得する目的で、誤解を招きやすい、あるいは不正確な発信者番号情報を故意に伝えること」を違法としている。

もちろん、詐欺や有害行為のために偽装番号を使用するつもりはなかったが、自分の番号を無理に偽装しても、通話から身元がばれそうだった。いつもの電話の通話履歴に目を通すと、**私の通話パターンは非常に予測しやすい**ことがわかった。毎日、午後六時頃に夫に電話をかけ、一日おきに交代で母、弟、数人の友人と話していて、他の通話はすべて誰かの通話のついででかけられたのだ。

というわけで、**私はバーナーを仕事の電話だけに使う**ことにした。ワシントンDCへの出張に持っていき、三日間の会合とインタビューの専用にしたのだ。個人用のアイフォーンも持ってきていたのでホテルの部屋に置き、電源を切って個人的な電話にだけ使用することを誓った。

しかし、結局のところ、**二つの電話を別々に使い続けるのは難しかった**。タクシーに乗っているときに交通渋滞に巻きこまれて家に電話したくなり、バーナーを使ってしまった。そしてホテルの部屋に戻ると、二つの電話の位置を別々にするために、バーナーの電源を切っておくことを忘れていた。

自称「監視ビーガン」のマイク・ペリーが、ソーシャルネットワークごとに違う電話を使うので、親密な関係を持ちにくくなったと言ったが、それがどういうことだったのか理解できるようになった。

◉携帯電話のプライバシー保護アプリは遅くて使えない

また、バーナーにプライバシー保護のアプリを詰めこんだが、すぐに嫌になった。

私はウェブを自由に検索できるように、インターネットトラフィックを世界中のコンピュータを経由して移動させる匿名ソフトをインストールしていた。そうすれば、携帯電話で閲覧するウェブサイトから私の身元を隠せるのだ（もちろん、それでも携帯電話のプロバイダーには、私の所在地、あるいは少なくともイーダ・ターベルの所在地を知られている）。

匿名化ソフトのトーアを使って、ノートパソコンにイーダのオンラインアカウントを設定したとき、トーアの動作が遅いと思っていた。ところが携帯電話となると、それよりさらにひどく、のろのろと動いてバッテリーを消耗してしまった。トーア・ネットワークで世界にまたがる通信経路を確立するのに一四秒かかり、トーアの経路でウェブブラウザを立ち上げるのに六秒、そして最後に「ニューヨーク市の天気」サイトの簡単な検索に四三秒もかかった。天気予報を検索するのに合計一分以上を要したということだ。

それに比べて、アイフォーンでグーグルのウェブブラウザ、クロームを起動し、「ニューヨーク市の天気」を検索する所要時間は九秒だった。

ザ・ガーディアン・プロジェクトはアンドロイド用のトーア公式ソフトウェアを制作しているが、そのメタデータ部門のトップ、ハーロー・ホームズによると、トーアを使用してウェブを見るのに時間がかかるのは、携帯電話と訪れるサイトの間の「転送」が増えるからだという。「トーアを使用するときには必ず匿名性とスピードを交換することになるんです」と彼女は言った。

結局、私はトーアをあきらめ、携帯電話にはダックダックゴーのアプリをインストールした。

ダックダックゴーを起動して「ニューヨーク市の天気」を検索するのに一五秒しかかからず、グーグルよりは遅かったが、トーアのようにうんざりするほど遅くはなかった。

だがそれでも、私はとにかくウェブ検索を避けていることに気づいた。ある夜、友人と会ってお酒を飲みながら、何か食べに行こうという話になった。でも、どこがいいだろう？　今は誰でもそうするように、二人とも携帯電話を引っ張り出した。私はダックダックゴーでお薦《すす》めレストランを検索したが、私の所在地を知らないわけだから、検索語の組み合わせを考えるのにしばらく時間がかかり、私が「メキシコ料理レストラン、マディソン・スクエア・パーク、ニューヨーク市」と打ちこむ頃には、友人はすでに近くのレストランを見つけていた。

がっかりした私は、自分が使っている安全な携帯メールと通話のアプリ（実に手軽に使える）を作った開発者のモクシー・マーリンスパイクに電話をかけた。マーリンスパイクはきわめて思《し》慮《りょ》深く有能な携帯電話のマニアの一人で、私はこうした匿名化ツールがどれも非常に使いにくい理由を尋ねてみた。

「**消費者のプライバシー保護ソフトのマーケットは特にない**んです」とマーリンスパイクは私に言った。彼や他のプライバシー志向の携帯電話開発者――ザ・ガーディアン・プロジェクトなど――は主に助成金から資金の提供を受けている。

マーリンスパイクの話では、彼は、シリコンバレーの新興企業に就職しそうな才能あるプログラマーを引きつけるよう努力していて、直近の助成金を使って開発チームをハワイに派遣し、一週間、海辺でプログラミングを行なったのだという。だが、マーリンスパイクの仕事は規模が小さかった。レッドフォンとテキストセキュアという彼のアプリはアンドロイド専用で、私の友人の大半はアイフォーンを使用しているため、彼のアプリで友人との通信を暗号化できない。私がトーアで悪戦苦闘した話をすると、彼は笑った。「自分でトーアを使ってそれが速かったら、作り間違えたんじゃないかと心配になりますよ。こういったものはとても使えません。私たちの手にあるツールはひどいものですよ。そのことは認めなくてはなりません」

◉Wi‐Fi情報を収集して、あなたの位置が推定される

いっぽう携帯電話トラッキング業界では、さらに**高性能の位置追跡ツール**が作成されている。世界のすべてのデバイスの位置をとらえようとする民間企業の競争は、**「ウォードライビング」**（＊訳注：自動車に乗りながら無防備な無線ネットワークのアクセスポイントを探すこと）という慣行とともに始まった。私は二〇〇二年、初めてデンバーでウォードライビングに行き、同行したケーブル会社の技術者たちがやり方を見せてくれた。私たちは車を乗り回し、助手席の技術者がノートパソコンを開けっぱなしにしていた。そのパソコンには周囲の地域のWi‐Fiネットワークをスキャンするソフトが入っていて、暗号化されていないWi‐Fiホットスポットが見つかると、車を止め、コンピュータ画面を流れるインターネットトラフィックを観察するのだ。私たちはどれも読まなかったが、読むことができたはずだ。

二〇〇三年、スカイフックというボストンの会社がウォードライビングを事業として始めた。スカイフックはWi‐Fiホットスポットの名前と信号強度をスキャンする車を配備し、Wi‐Fiトラフィックはまったく読まず、ただ世界中のWi‐Fiホットスポットの位置を地図に描くだけだった。「最初の四、五年は、気が変だと思われていたんです」とスカイフックの創設者

テッド・モーガンは語った。

しかし、スカイフックの賭《か》けは成功した。Ｗｉ－Ｆｉホットスポットは十分に密集していたので、正確な位置情報に使用できることが多かった。どのような仕組みかといえば、携帯電話が周囲のＷｉ－Ｆｉネットワークを感知すると、スカイフックのデータベースでその位置を確認し、その情報を使って携帯電話の位置を推定するのである。

Ｗｉ－Ｆｉ経由で位置を割り出す手法は多くの場合、従来の方法を改善したものである。かつては、携帯電話の中継塔か全地球測位システム衛星（ＧＰＳ衛星）を使って自分の位置を三角法で割り出していたが、それらの信号は建物などの障害物によって妨害されることがある。

スカイフックにはすぐに競争相手ができた。二〇〇七年、グーグルは独自のＷｉ－Ｆｉデータベースを構築するために、ストリートビューの車を使ってウォードライビングを始めた。グーグルの車がＥメールのパスワードや他の個人情報を収集していたことが発覚した後、グーグルはウォードライビングを中止し、Ｗｉ－Ｆｉ信号に関する情報を収集するためにアンドロイド携帯を使いはじめた。

二〇一〇年、アップルもＷｉ－Ｆｉ情報収集のためにアイフォーンを使い、独自のＷｉ－Ｆｉデータベース構築を始めた。要するに、**グーグルとアップルは顧客の電話を使ってウォードライビングを行なっていた**のである（それは「ウォーフォーニング」と呼ぶべきだろうか）。

◉携帯電話の位置情報がビジネスになる

携帯電話のアプリと広告主もウォーフォーニングを行なっていた。二〇一〇年、私はウォール・ストリート・ジャーナル社でプライバシー調査チームを率いて、一〇一個のスマートフォン用アプリをテストし、四七個が電話の位置情報を外部の会社に伝送しているにもかかわらず、うち四五個は情報の取り扱いについてのプライバシーポリシーを提供していないことがわかった。

新興企業は競い合って、ユーザーがそばを歩くとその携帯電話からWi‐Fi信号を引き出すことができる機器を作った。機器をショッピングセンターに設置し、買い物客を追跡する会社もあった。ロンドンのマーケティング会社、リニューは、リサイクル用回収ボックスにスマートフォンの追跡装置を設置し、そばを歩く市民を監視することまで行なった（金融街がその情報収集をやめるように要請した後、同社は中止した）。

リニューのCEOであるカヴェ・メマリは、ロンドン市民の八〇パーセントが自宅や職場から出る際にWi‐Fiをつけっ放しにしているので、システムはうまく機能していると述べた。「一日目、二日目、あるいは三日目にあなたに会えなくても、結局はあなたを捕まえる見込みがあるわけです」と彼は言う。「あなたが一度だけそれを手元に持っていればいいのです」

電話会社は突然、携帯電話ユーザーの位置情報を独占する権利を失ってしまい、そのデータを販売しない理由もなくなったのだ。

二〇一二年、ベライゾンは、携帯電話ユーザーの「URL閲覧、アプリのダウンロードと使用、閲覧傾向などを含む」モバイル機器の使用習慣に関する情報だけでなく、「年齢層、性別、自宅と職場と店などの郵便番号」に関するデータも一緒に販売する「プレシジョン・マーケット・インサイツ」という事業に参入した。二〇一三年、AT&Tも、ユーザーの位置とウェブサイト閲覧習慣に関する情報の販売を始めると述べた。携帯電話によって人々の位置を追跡することが注目のビジネスチャンスとなり、ワシントンDCの「ロケーション・インテリジェンス」、ニューヨーク市の「ジオウェブ・サミット」、カリフォルニア州サンノゼの「ロケーション・ビジネス・サミット・USA」といった会議が開催されるようになった。

二〇一二年、シカゴの「シグナル」会議で、ジーワイアという位置分析会社が、七億個以上のデバイスの行動の分析結果から集めた洞察《どうさつ》について説明した。**「あなたがどこにいるかという情報は、他のどんなデータの項目よりあなたについて多くを語っているのです」**とジーワイアのデイビッド・スタース社長は言った。

当然、すべての位置追跡会社は、**収集するデータは匿名のものだ**と述べている。彼らが集めるのは、携帯電話のシリアルナンバーと同じような数字の羅列《られつ》だけなのだ。

「私たちは、名前、住所、電話番号、Eメールなどに関するいかなる情報も入手できず、決して入手しません」と位置追跡会社ユークリッドのCEOウィル・スミスがミネソタ州の上院議員アル・フランケンへの手紙に書いている。フランケンは、会社が人々の位置を追跡する前に許可を求める必要があるとする法律を導入したのである。

ユークリッドは、買い物客の携帯電話が発するWi‐Fi信号と、シリアルナンバーのように携帯電話に割り当てられた独自の識別子であるMAC（媒体アクセス制御）アドレスによって、小売業者が買い物客を特定できるようにしている。二〇一一年の開始以来、取引先の小売店で総計五〇〇〇万個の携帯デバイスを記録したと、ユークリッドは報告している。

スミスによると、匿名の情報だけを収集することによって、ユークリッドは「消費者のプライバシー保護」に努めているという。しかし実は、位置というのは最もプライバシーをさらす個人データの一つである。二〇一三年、マサチューセッツ工科大学とベルギーのルーヴァン・カトリック大学の研究者たちが、一五〇万人の人々の位置データを一五カ月にわたって調査した。その結果、ある人が任意の時点にどこにいるかというデータが四件あれば、調査参加者の九五パーセントの身元を特定できることが判明した。「**人の移動の軌跡はきわめてユニーク**である」と研究者たちは述べている。「移動データは、現在収集されているなかで最もデリケートなデータの一つだ」

位置はまた予測することが可能なものでもある。マイクロソフトの研究者たちは、位置データを使えば、将来どこにいるかをかなり正確に予測できることを発見した。三〇〇人以上のボランティアからのデータを使い、この先人々がどこにいるかを予測できることを見いだしたのだ。水曜日の位置を予測するのが一番簡単で、週末の位置の予測が一番難しかった。研究者たちはこう記している。「一般に、遠い未来のあなたの位置はあなたの最近の位置とはかなり無関係であるのに対して、今からちょうど一週間後のあなたの位置は、最近の位置から十分に予測できる」

これは匿名性をかなり逸脱《いつだつ》しているように見える。彼らは、私が誰でどこにいるのかを知っているだけでなく、次の週にどこに行くつもりなのかも知っているのである。

◉日用品を電波遮断に使う裏技

所在地のトラッキングを制限するために、私は携帯電話（いつもの携帯とバーナー）のＷｉ‐Ｆｉをオフにして、二度とオンにしないと誓い、位置情報サービスもオフにした。さらに自宅の

Ｗｉ-Ｆｉのルーター名を変更し、グーグルの位置情報サービスのデータベースから逃れるために、名前の最後に_nomapをつけ加えた。

私はまた、広告主から、リサイクル用回収ボックスに取りつけた装置で電話を追跡する会社、携帯電話会社に至るまで、携帯位置情報トラッキングビジネスに関わっているように見える五八社を探り当てた——そのうち一一社だけがオプトアウト（＊訳注：一方的に送ってくる広告などの受け取りを拒否すること）に応じ、私はそれを完了させた。

私はまだ位置トラッキングネットからそう遠くにいるわけではなく、位置を連続的に追跡されないように、携帯の電源をもっと頻繁に切るようにした。機内モードにすることも考えたものの、絶えず設定を切り替えることに頭を悩ませるのは二度とご免だった。

私は信号をブロックするバッグに携帯を入れようと考えた。それは英国の科学者マイケル・ファラデーにちなんで**「ファラデーケージ」**と呼ばれている。彼は空間を金属の缶で覆うと電磁波の放射をブロックできることを発見した。それ以来、ファラデーケージは医療や軍事など、装置への電磁波の干渉を防止したいところに使われてきた。

元ＣＩＡ諜報部員のジョン・シュトラウクスに携帯電話用のファラデーケージが欲しいと話すと、彼は笑いながらちょっとした小細工を教えてくれた。「**アルミホイルで包めばいい**んだよ！」

その通り、うまくいった。自分のバーナー携帯をアルミホイルで包んで電話をかけてみると、鳴らなかった。そこで私はアルミホイルで包んだバーナー携帯をバッグに入れ、ニューヨークでの丸一日の会議に出かけた。それをバッグに入れておき、会議の間の誰も見ていないときだけ包みをはがした。基地局につなぎ、文章やＥメール、不在着信をダウンロードするのに数分かかった。それで満足して、もう一度ホイルに包んでバッグに入れた。

その日のうちにアルミホイルはめちゃめちゃになった。くしゃくしゃになって何カ所かに裂け目ができ、穴をふさごうとしたため、完全に包み直すのがさらに難しくなった。同僚のジェレミー・シンガー＝ヴァインは私のアルミホイルの珍妙《ちんみょう》な仕掛けを見て、わざとらしく驚いて見せた。「使わなくなったファラデーバッグがあるけど、あげようか？」と彼は言った。

数日後、ジェレミーはマジックテープがついた可愛らしい銀色のバッグを持ってきてくれた。私の携帯はバッグにぴったり納まって電話はつながらず、とても気に入った。

アルミホイルで包むと私はいかれた人に見えたが、ファラデーバッグなら素敵な感じになり、友人たちはみな欲しがっていた。

当然ながら、私はファラデーバッグの発明者について知りたくなり、ジェレミーがアダム・ハーピーを紹介してくれた。

アダムと私はミッドタウンでコーヒーを飲んだ。背が高くやせ気味のアダムは、二〇〇九年のニューヨーク大学大学院課程で、流行の収束と対監視に興味を持つようになったと話した。いわゆるステルスウエアで彼が初めて作ったのは「アンチパパラッチ・クラッチバッグ」だった。それはカメラのフラッシュに反応するバッグで、明るい照明を点灯させて、撮られた写真を駄目《だめ》にする代物《しろもの》だった。「パパラッチから写真を撮られる人には、光で逆照射する手段が必要と思ったのです」と彼は説明した。クラッチバッグは売れなかったが、それがきっかけで、人前でプライバシーを守るための他の方法を考えるようになった。修士論文のテーマとして、彼は顔検出ソフトの動作を妨害するためのメーキャップとヘアースタイルのシリーズを考案したが、そのシステムはあまり実用的ではなかった。髪で顔を覆ったり、顔の一部を黒く塗らなければならないようなスタイルが多かったからである。

そのうちに彼は、携帯電話用のファラデーケージを作るアイデアを偶然思いつく。最初は、綿糸と銀糸でできたポケットつきのズボンを作ろうとした。このポケットが携帯電話の信号をブロックするはずだったが、ズボンにつけるのは非現実的であることにすぐに気づいた。そこで携帯電話用のケースの開発に取り組み、それを「オフ・ポケット」と名づけた。

私がバッグに入れているのはプロトタイプだと彼は言った。それによって電話と中継局の間の信号は八〇デシベル低下する。「完全にプロテクトするには九五デシベル以上となるだろう。「法律によって完璧なプライバシーが与えられることはないと考えています」。彼は語った。「お金を払ってプライバシーを主張できるように、商業化すべきなんです」

問題を解決するのにお金をかけても、まだあまり成果は出ていなかった。偽装電話番号とバーナー携帯は面白かったが、どちらも私の位置情報や通話ネットワークは保護できなかった。

携帯電話をファラデーケージに入れるのはうまくいったが、携帯を家に忘れるのとあまり変わらなかった。私がバッグから取り出すまで誰も私に連絡できなかったのだ。携帯電話のプライバシーに関わる私の実験は、間違いなく最大の失敗だった。

第11章

オプトアウト――ブローカーのデータを削除する

◉すべての門戸を開けておきたい、という気持ち

リンクトイン（LinkedIn）の私のプロフィールを削除するつもりだと弟に話すと、どうかしているんじゃないかと言われた。「登録しておけば、次の仕事が見つかるのに」

私には、次の仕事のチャンスを逃す余裕などなかった。私が働く新聞業界は、基本的に凋落《ちょうらく》傾向に歯《は》止《ど》めがかからず、今年は大丈夫だとしても、近いうちに次の職が必要になるのは間違いなかった。

しかし、リンクトインがいかに私のソーシャルネットワークを暴露しているかを考えれば、登録しておくことがいいとは思えなかった。プライバシー設定によって、私の「つながり」を人に見られないようにすることはできるが、リンクトインの個人情報保護方針には「いつでも共有のつながりを閲覧できます」と書かれている。

つまり、もしあなたと私がリンクトインのつながりを共有していれば、二人ともその友人関係を見ることができるのだ。別に問題はなさそうに思えたが、実のところ、これはＮＳＡの通話デ

ータベースとあまり変わらず、人間関係の巨大なドラグネットである。

リンクトインの個人情報保護方針にも、この気になる一節があった。「あなたがリンクトインに投稿していない個人情報の貸出や販売は行ないません」。ということは、**リンクトインに投稿した情報はすべて販売するのだろうか？** リンクトインは個人情報を第三者に販売しないと言明しているが、**企業の採用担当者に会員情報の検索と連絡を許可するサービスを販売している**わけだ。

そして、いったい私は何と引き換えにこうした情報をさらけ出しているのか。私はめったにリンクトインを使わないが、二二〇の「つながり」と二七通の未読メッセージがあり、五七〇の「招待」を放ってある。採用担当者がリンクトインを通じて私に連絡を取ろうとしても、おそらく私は気づかないだろう。

しかし、いつかリンクトインを使うかもしれない、ひどく困ったときに新しい職を見つけられるかもしれない、という思いに負けてしまった。行動経済学者のダン・アリエリーはこれを**「ドアを開けておきたい非合理的衝動」**と呼んでいる。

アリエリーは自ら実施した実験について説明している。学生はビデオゲームをして、そのなかで赤、青、緑の三枚のドアを見せられる。それぞれのドアを開けると仮想ルームがあり、そこでプレーヤーは、クリックするたびに一定額のお金をもうけられる。そのゲームの目的は、決められたクリック数でできるだけ多くのお金をもうけることだ。

一度ゲームが始まると、一つの部屋を選んでそこに留まったプレーヤーが最大の経済的成果を挙げた。だが、その経済的側面がはっきり説明されても、プレーヤーたちはすべてのドアを開けておくことにこだわった。「それでも、彼らは閉まっているドアを見ることに耐えられなかった」とアリエリーは記している。「自分の選択の自由を確保しておくことに、依然として非理性的な興奮を感じていた」

問題は、失うものが取るに足りないものであっても、人間は喪失を嫌うことだ。そして、リンクトインを退会することへの私の気持ちがまさにそれだった。何カ月もそのことで頭がいっぱいになり、検索エンジン最適化の専門家二人に相談し、やめることが私の検索結果に悪影響を与えないかと尋ねた。やめるべきかどうかについて、友人や家族とも話をした。

こうして右往左往したのは、二年近くもログインしていないウェブサイトのためだった。パスワードがハッキングされ、適切に「ソルト化」されていないことが暴露されたウェブサイトであり、はた迷惑な量のEメールを送りつけてくるサイトでもある。また、自分のホームページに完全な履歴を書いているので、サイトに仕事の業績を説明する必要はなかった。まさしく、喪失に対する非合理的恐怖だった。

結局、私は思い切ってアカウントを解約した。リンクトインによると、アカウントの解約後、私のアカウントに関連したログは三〇日以内に、すべて非個人化されるということだった。

実生活の人格だけでなく、デジタルフットプリントでお互いを判断する文化において、データの共有をやめてしまうことは信念にもとづく行為だ。今では私は、将来の雇用者が何か別の方法で私を見いだしてくれることを、ひたすら信じるしかない。個人データ市場からデータをオプトアウトすることは、人を信頼することの訓練のようなものである。

デジタルの世界では、リンクトインやフェイスブックのようなサイトのプロフィールは、会ったことのない人々との信頼関係を築くのに役立つ。ソーシャルネットワークの力とは、あなたの「つながり」や「友達」があなたの信頼性を裏書きする役目を果たしているということだ。研究者のジュディス・ドナスとダナ・ボイドは、二〇〇四年のソーシャルネットワークに関する論文のなかで、「人脈の開示は、身元の信頼性の暗黙の証明である」と述べている。

誰かに直接会えば、信頼できるかどうかを確かめやすくなる。人は三〇秒以内に驚くほど正確にお互いを判断するが、それ以上時間をかけても評価の正確さが増すわけではないことを科学者たちが見いだしている。オンラインでは、信頼性を評価するためのツールはほとんどない。オンラインの写真は誤解を招くことで悪評が高く、誕生日はごまかせるし、取引銀行から届いたEメールに見えても、犯罪者からのものもある。

◉「つながり」が持つ信頼性

ハーバード大学バークマン・センター・フォー・インターネット・アンド・ソサエティのフェローであるドナスは、オンラインの信頼性の問題を、動物が本物の合図と偽の合図を区別するやり方と比較する魅力的な研究を行なった。たとえば、雌《めす》のフォチヌスというホタル（Photinus firefly）の行動をまねるフォツリスというホタル（Photuris firefly）について考えてみよう。このホタルは「魔性の女」と呼ばれ、発光をまねることにより雄《おす》のフォチヌスを誘惑し、攻撃して食べてしまう。偽の合図の例である。

いっぽう、牡鹿《おじか》の大きな角について検討してみよう。動物は大きくて強くなければ、がっしりした角を支えられない。「ライバルとなる牡やつがいの一方は、直接、牡鹿の力を試す必要はない。ただ、角の大きさを見ればいいのだ」と彼女は述べている。これは本物の合図の例となっている。

ドナスは、**オンライン上の交友関係は本物の合図と見なすことができる**と言う。もし、誰か知らない人が私の友人の友人なら、少しは信頼してもいいかもしれない。しかし、オンライン上のアイデンティティを作ろうと力を入れると、「プライバシーと信頼性」が相容れないものになりがちだ。人の行動履歴の公開には信頼性を高める効果がある、とドナスは言った。「でも、何もかも実名で行なう必要があれば、萎縮《いしゅく》効果が働いたり、人を非常に弱い立場に追いこんだりするのです」

ドナスは偽名に信頼性を持たせるシステムの設計に取り組んでいる。「わきの下用デオドラントを評価するのに、オンライン上で実名を知らせる必要はないんです。ペンネームが、オンライン上のプライバシーのキーとなります」

ドナスに敬意を表して、私はリンクトインで、オンライン上の仮名イーダ・ターベルのプロフィールを作った。イーダには「つながり」はないが、彼女のおかげで私はリンクトインにログインして、どうなっているのかを見ることができる。そして彼女の存在は、リンクトイン退会についての非合理的な喪失感を和《やわ》らげてくれるのだ。

◉ユーザーの会話はお金になる

二〇〇六年六月二十六日に私がフェイスブックに登録したとき、このアカウントを持っているだけで、その人は名門大学と関係があるということを表わしていた。当時は、大学と何校かの高校のEメールアドレスを持つ人だけが会員になれたのだ。実際、私もフェイスブックに加入するためだけに、出身大学の同窓生用アドレスの利用を申し込んだ。

私が登録した動機は主にジャーナリスト的なものだった。マイスペースに関する本を書くための調査を行なっていて、ソーシャルネットワーキングの状況を理解する必要があった。ただ、私を励ましてくれた高校時代の数学教師に巡《めぐ》り会ったり、大学でボーイフレンドを取られた女性に出くわしたりして、楽しんでもいた。以前、特別研究員の立場で私のオフィスを訪ねてきた、パキスタンのジャーナリストと付き合いを続けるのも気に入っていた。

しかし、フェイスブックは繰り返しユーザーの信頼を裏切ってもいる。いったい何回、同社がプライバシー設定を変え、私が自分のデータ管理を取り戻すためにメニューを詳しく調べざるを得なくなったかわからない。だが、フェイスブックがいかにそのユーザーを顧客ではなく販売の対象と見なしているかを理解するには、フェイスブックのプライバシーの混乱状況を一例だけでもじっくりと検討したほうがいいだろう。ユーザーはサービスの代価を支払わないのだから、フェイスブックの立場は多少理解できるが、だからといって、その取り組みが魅力的に感じられるわけではない。

二〇〇七年、フェイスブックはビーコンというサービスを開始した。これは、ユーザーがオンラインのショッピング行動を友人と「シェア」するためのサービスだった。その結果、シーン・レーンという男性は、オーバーストック・コムで妻へのクリスマスのサプライズプレゼントにダイヤモンドの指輪を買ったとき、購入内容が自動的に、妻も含めて、七二〇人の友達全員に投稿されたことに気づき、ショックを受けた。二〇〇九年、フェイスブックはビーコンをめぐる集団訴訟を解決するために九五〇万ドルを支払い、そのサービスを停止することに同意した。

しかしフェイスブックは、ユーザーを金のかからない商品広告にするというアイデアを捨てるどころか、二〇一一年、スポンサード・ストーリーズという製品でそれを復活させた。これは広告主に、ユーザーの投稿を再配布してそのユーザーの友達に広告として見せる権利を購入させるものだった。二〇一三年、フェイスブックはスポンサード・ストーリーズをめぐる集団訴訟を解決するために二〇〇〇万ドルを支払うことに同意したが、その製品を廃止するのではなく、ただ単にその個人情報保護方針に新しい言葉をつけ加え、フェイスブックには顧客の画像と投稿を広告に使用する権利があることをユーザーに告知しただけだった。つまり、**フェイスブックはユーザーの会話を広告として販売できるように、六年間闘ってきた**のである。

ちなみに**その後、グーグルも競争に加わり**、ユーザーのレビュー、レーティング、コメントを広告にする「共有エンドースメント」と呼ばれる同種のプログラムを開始した。

◉ついに堪忍袋の緒が切れた

私のフェイスブックに対する忍耐が極限に達したのは二〇〇九年十二月、フェイスブックが突然、個人情報保護方針を変更し、それまで秘密にしていた私の友達の名前を公開したときだった。私にはジャーナリストとして情報源を秘匿《ひとく》する義務がある。人間としても、友達に連絡を取るときに目に見えない聴衆に見張られるのはご免だ。

憤慨《ふんがい》した私は、『ウォール・ストリート・ジャーナル』紙にコラムを書き、フェイスブックは友達関係の秘密保持への信頼を裏切ったので、私はこれをツイッターと同じ公開フォーラムと見なすと宣言した。私は自分のプロフィールを全部公開し、むかつくような人でも、すべての友達リクエストを受けるようにして、自分のプロフィールには一切の個人情報を入れないことにした。フェイスブックは後に、フェイスブックの行為が不正で人を欺《あざむ》くものであるとして、連邦取引委員会が起こした訴訟を示談で解決することに同意した。しかし、この解決は個人情報保護方針の変更の二年後となり、あまりに遅すぎて私にとって何も変わらなかった。

専門的に言うと、私のフェイスブックへのアプローチは「あいまいさでプライバシーを守る」手法だった。**よいデータ（実際の関係）を悪いデータ（私の知らない人）のなかに埋めこむことによって、多数の見せかけの関係のなかで本物の関係を隠すことができるだろうと思っていた。**

ところが、上司、情報源の人々、我が子の両親、ブラジルの旅で友達になった見知らぬ人たちなど、あまりに多様なオーディエンスに話しかけようとして、気がつくと、すべての投稿から好ましくない部分を削除していた。そんな広範囲の人に話せることはどんどん少なくなっていく。二〇一二年には、私のアップデートはまったくゼロとなった。**私のやり方では、フェイスブックの誰とも本物の関係を築けなくなる**ことがわかった。

それでも私は、フェイスブックを完全にやめる気にはなれなかった。まだ人を見つけたかったし、他の人から見つけてほしかった。

私は友達リストを削って、少人数で管理しやすい親友だけのリストにすることを考えたが、実際にはフェイスブックで親友や家族とやり取りしていないことに気づいた。Eメールや携帯メール、電話を使っているのだ。ならば、と多数の知人のリストを維持することを考えてみたが、フェイスブックが友達リストの公開を続けていることが引っかかった。

私はフェイスブックのプライバシー設定を丹念に調査し、まだ友達リストを完全に守れるようにはなっていないことに気づいた。そこにはこう記されていた。「フェイスブックに登録している人があなたのすべての友達リストを見られなくても、共通の友達を見ることは可能です」ジャーナリストである私にとっては、その程度の開示であっても多すぎるのだ。ある組織の平社員がジャーナリストと仲良くなって情報を知らせるとしよう。その平社員がジャーナリストとの「共通の友達」であることに、その組織の公式スポークスマンが気づけば、それだけで平社員が情報源であることがわかってしまう。したがって、私の友達リストを実際に関係のある人々だけに絞ることには問題があった。

私のプロフィールを単純に削除することも考えた。だがまたしても、自分の選択肢をなくしてしまうことがわけもなく嫌だった。

フェイスブックをやめて不自由を感じそうなのは次の三点だった。

①最新の連絡先情報のない人に、フェイスブックでプライベート・メッセージを送れることが気に入っていた。

②写真や投稿にタグ付けされたときに通知してもらえることがよかった（だから、タグ付けをやめるようにリクエストできたのだ）。

③ジャーナリスト・作家として、私の著作を読みたい人に「見つけて」もらうことが好きだった。

というわけで、私は六〇〇人以上のフェイスブックの友達全員を友達リストから削除し、単なるメッセージ交換、タグの削除、私を見つけたい人に見つけてもらうという目的で、必要最小限のプロフィールを掲載することに決めた。

だが、**友達リストから削除することがどれだけ難しいか**がわかった。かつての微積分クラスの同級生や今度の高校同窓会のページを削除しようとして、すまない気持ちでいっぱいになった。結局は、一緒に仕事をしている研究者のコートニー・スライにお金を払って、「友達リストから削除する」ボタンを押してもらう羽目になった。彼女は七時間かけて削除してくれたが、それが終わると、私は大きな荷物を下ろしたような気分になった。

◉「本当はどうしてるの？」

ほどなく、フェイスブックのない生活の意外によい面を発見した。**人が自分の生活の状況を私に知ってほしいと思わなくなった**のだ。

一〇年近く会っていなかった友人とディナーを食べたのだが、彼はイタリーでの休暇について、まるで私が詳しいことを知っているかのように話しはじめ、やがて話をやめた。「ああ、そうだ。きみはフェイスブックをやってないんだね」。そして話を戻して最初から始めた。

私は知り合いのフェイスブックのアップデートを見ていない言い訳ができるようになり、本当にほっとした。初めてフェイスブックに加入したとき、次々に来るアップデートを見ると、広範囲の友人たちに親しさを感じて元気づけられた。だが、もっと深く入りこむと、この親しさに惑わされやすいことに気づいた。

その教訓を思い知ったのは、二〇〇九年、シカゴへの出張中に大学時代からの知り合いにばったり出会ったときだった。一七年間、彼に会っていなかったが、フェイスブックやツイッターのアップデートで彼の人生を把握《はあく》していた。最近失業して、新しいアパートに引っ越したこともわかっていたし、新しいアパートにDSLを導入するのに悪戦苦闘している話まで知っていた。そういうわけで、直接会ったときに「元気にやってる?」とも聞かずに、かなり親しい振りをしてこう聞いたのだ。「で、職探しはうまくいってるの?」

私たちは楽しく話したが、別れた後、何かが欠けているように感じた。そこで彼に電話をかけ、最初聞かなかった質問をした。**「本当はどうしてるの?」**

私が思っていたより大変な状況だということがわかった。分譲アパートを購入中に失業したのでローンがだめになり、彼はすでにアパートを退去する約束をしていた。だから、急いで住む場所を探す必要があったのだ。現状のアップデートについては「あいまいに」書いてあり、**余計な情報を知らせて人に負担をかけたくなかった**ことを認めた。

デジタルの雑談で自己満足に陥っていた自分は間抜けで、考えが甘かったと思った。それ以来、私はオンラインでの友人には「本当はどうしてるの?」と聞くことを誓った。

もうフェイスブックの友達はいなくなったので、ソーシャルメディアの見せかけの親密さにだまされることはあまりなさそうである。

◉私のデータをネット上から消す有料サービス

いっぽう、**オプトアウト、すなわち私の情報を民間データブローカーから削除すること**は、まったく異なる信頼、つまり用心棒への信頼を高める訓練をするようなものだった。賄賂《わいろ》を渡しても、それが結果につながるかどうかははっきりしないのだ。

多くのデータブローカーは、オプトアウトを履行《りこう》するために、運転免許証や社会保障番号などデリケートな情報の提示を求めた。あるサイトに至ってはクレジットカード番号まで要求したので、私はその都度、計算する必要があった。このサイトは私の情報を悪用しないと信用できるだろうか？　私のデータをそのままにして、追加情報を渡さないほうが安全だろうか？

私は自分の監査をしている間に、データブローカー二一二業者のリストを作っていた。このうち、オプトアウトを許可したのは九二社だけで、二つのサイトはオプトアウトの料金を要求した。マグショッツ・コムはリスティングの削除に三九九ドルを要求し、サーチバグ・コムでは、オンラインの公的記録をもとに作成した「プレミアム・レコード」からリスティングを削除するのに、二七・九五ドル必要だったので、この二サイトはあきらめた。

残りの大部分を占める六五社は、オプトアウトの手続きを進めるために、何らかの個人情報の提示を求めた。三五社はオプトアウトのために身分証明書、社会保障番号、あるいはクレジットカードの提示を要求し、一〇社は電話番号の提示を求め、二四社は自宅住所を送信するように求めた。二四のサイトはオプトアウトの申し込み用紙を郵便かファックスで送るように要求した。

その作業の大変さに圧倒された私は、「性能には対価を払う」方針に従うことに決め、お金を出して支援を求めることにした。

人物検索サイトに情報を売る大手データブローカーについては、迷惑メール対策を始めた会社、トラステッドＩＤ・カタログ・チョイスに頼ることにした。カタログ・チョイスは、三五ドルの料金で、アクシオムやエクスペリアンといった米国最大手データブローカー九社からオプトアウトさせることを約束した。

検索サイトについては、アバイン社のデリートミーという二年間で二〇九ドルのサービスに登録した。アバインはボストンの新興プライバシー企業で、私が使っている電話番号・Eメールアカウント・クレジットカードのマスクを考案した。デリートミーを利用すると、インテリアスやスポケオといった一七の最大手人物検索サイトからオプトアウトできるという。

二、三週間後、人物検索サイトから大半の私のデータは消えたようだった。スポケオで私の名前を検索してみると、私が住んだことのないアイダホ、ワイオミング、ユタの三州だけで見つかった。ホワイトページズ・コムでは、ジュリア・アングウィンの検索結果はゼロだった。

◉その会社は本当にオプトアウトを実行したのか

しかし二カ月後、私のデータはまだインテリアス、USサーチ、ザバサーチなどの最大手検索サイトに出ていた。私はインテリアス社の最高個人情報保護責任者、ジム・アドラーに電話をかけた。彼は数少ないデータブローカー経営陣の一人で、プライバシー会議に出席し、プライバシー擁護者からの電話を受けている（彼はその後、インテリアスを辞めて「ビッグデータ」新興企業に入社した）。

アドラーが調査したところ、インテリアス社はアバイン社から私のオプトアウト依頼を受けていないことがわかった。そこでアバイン社に連絡すると、同社が私のオプトアウトを送らなかったのは、処理上の「バグ」によるものだと聞かされた。

どうも怪しいと思った私は、アバインの他のオプトアウトがうまくいったのかダブルチェックしてみた。案の定、私のデータは別のサイトにも出ていた。アバイン社はＵＳＡピープル・サーチから私をオプトアウトさせたと言っていたが、ＵＳＡピープル・サーチは、個人以外には、アバイン社を含めてどの企業からもオプトアウトを受け付けていないという。

アバイン社の顧問弁護士サラ・ダウニーは謝罪して料金を返却したが、彼女の話によると、**データブローカーはわざとオプトアウトを受けにくくしている**という。「私がいつもデータブローカー問題に対する法的措置を強力に主張するのは、一つにはそのためです。これは法的な問題であり、その問題に取り組むサービスには限界があります」と彼女は言った。「私たちはできることはすべてやっていますが、必ずしも十分ではないのです」

カタログ・チョイスがオプトアウトを実行したかどうかを確かめるのは、もっと難しかった。民間データブローカーは保有データを開示しないので、私はそれぞれの業者に連絡を取り、各データベースから私がオプトアウトされたかを尋ねた。

その結果はショッキングなものだった。カタログ・チョイスは、**私の代わりに実行すると約束したオプトアウトの半分以上を処理していなかった**。同社はレキシスネクシス社とデータロジックス社への私のオプトアウトを提出していなかったし、イプシロン社へのオプトアウトは送っていたものの、そこでは二つあるデータベースの片方に対して実行されていただけだった。また、カタログ・チョイスは、アイ・ビヘイビアとＫＢＭグループのデータブローカー二社へのオプトアウトを提出したが、私はその二社から、カタログ・チョイスを通じたオプトアウトは受け付けられないと言われた。

カタログ・チョイスのスポークスウーマンによれば、レキシスネクシスとデータロジックスの問題は、私の注文が処理された日の「技術的な問題」のせいだということで、私が求めた料金の払い戻しに応じてくれた。

こうして私は、必ずしもお金でプライバシーを買えるわけではないことを思い知った。プライバシーとは一過性の価値であり、確認するのが難しい。そして残念ながら、企業が利益を得るためにそのあいまいさを利用するのは、あまりにも簡単なのである。私は問題をお金で解決しようとしたものの、うまくいかず、いまだに実行すべきオプトアウトが五〇以上あった。

◉海外の抜け道

私は、オプトアウトの手続きを進めるために、きわめて個人的な情報を要求する怪しげなサイトは抜かすことにした。フリーフォントレイサーの「すべての電話番号の逆検索と逆追跡」を提供するサービスからオプトアウトするのに、自分の名前とEメールアドレス、携帯電話番号を教えるのはためらわれた。

同様に、私が「自分のプロフィールを要求する」のにクレジットカード番号が必要だと言うマイライフ・コムには、その番号を知らせないことに決めた。同社はこう記している。「あなたがプロフィールの保有者であることを確認した後、可及的速やかに、公表禁止あるいは削除の依頼に応じるように努めるものとします」

だが私は、他のデータブローカーには従順に運転免許証を提示し、オンラインの申し込みフォームに記入した。オプトアウトを提出し、私のデータが本当にオプトアウトされたかどうか追跡して確かめるのに、ほぼ六〇時間かかり、私のチームの調査アシスタント、コートニーが、さらに六〇時間かけて二〇〇以上のデータブローカーのスプレッドシートを作成してくれた。

ところが、あるウェブサイト――ピープルスマート・コムには手を焼いた。私はオプトアウトできたと思っていたが、コートニーはできていないと言ってきた。このとき私はニューヨークにいたが、彼女は日本に滞在中で、夫が特別研究員だった間に数カ月間、日本で働いていたのだ。

私たちはEメールでやり取りし、最後に、お互いがコンピュータの画面で違うものを見ていることに気づいた。日本にいるコートニーは、私のデータがピープルスマートに出ているのを見ることができたが、ニューヨークでは、私のデータは非公開になっているようだった。ピープルスマートが私を検索結果から除いたのは米国内だけで、その他の国々では検索結果に出していたのである。「本当にきたないやり口ね！」とコートニーはメールしてきた。

「プライバシー革新」ビジネスを標榜《ひょうぼう》する会社として、これは特に卑劣《ひれつ》なやり方だと思われた。ピープルスマートの「いかに私たちはユニークか」というセクションでは、「無料で簡単なオプトアウト」を、他の人物検索サイトとの違いのトップに挙げ、「なかには、依頼されても完全に個人情報を除去しないサイトもあるのです」と述べている。

ウェブをちょっと探してみると、驚いたことに、この会社は実はインフレクションという今話題のシリコンバレーの新興企業だった。この会社のサイトでは、「ビッグデータの新興企業」と自称し、船旅、瞑想《めいそう》、ヨガ、ハイキング合宿などの従業員特典を宣伝していた。私は抗議のEメールを送りつけて説明を求めた。

同社のCEO、マシュー・モナハンの名誉のために言っておくと、彼は直ちに返信し、調査を約束してくれた。翌日、モナハンは詳細な回答を送付し、同社が海外のサイトでは異なるデータソースを使っていて、そのデータセットから同時に私をオプトアウトさせることができていなかったと説明した。「まったく悪意はありません」。一週間後、彼は電話で私に言った。「私たちは海外のユーザーからは収入を得ていません。国際送金のオプションもないんです。私たちにとっては、誤解から生じる喜劇のようなものでした」

モナハンの話では、二〇〇六年、彼は弟のブライアンとともにインフレクションを創設したが、どうなるのかはあまり考えていなかったという。マシュー・モナハンは南カリフォルニア大学を中退し、大学への入学方法を助言する電子ブックの販売を手がける新興企業を経営した（まだ電子ブックリーダーのない頃だったので、ただPDFファイルをダウンロードするだけだった）。ブライアンはハーバード大学で学んでいて、二人のアイデアはやや漠然《ばくぜん》としていた。「カリフォルニアのフェイスブックの隣に引っ越して、効率の悪い業界にぶつかってみようと思ったんです」とマシューは語った。そして二人は、公的な記録をデジタル化することを最初の目標に決めた。

彼らは、マシューが電子ブック・ベンチャーの販売でもうけたお金を投資し、裁判記録と市民の公記録を電子化する技術を構築した。その最初の製品は、携帯電話番号を入力するとその電話の所有者がわかる、コーラーID（CallerID）とか何とかいうものだった。

「僕たちはかなり経験不足だったんです」とマシューが回想した。そして彼らが事業を始めてまもなく、携帯電話逆検索は一般の人々の激しい反発に直面した。二〇〇八年、インテリアス社は、ユーザーの名前で携帯電話番号を検索できる携帯電話検索サービスに乗り出し、九〇〇〇万の携帯電話番号を保有していると断言した。数カ月後、ベライゾンとプライバシー擁護派からの圧力を受け、インテリアスはサービスを停止した。

兄弟はギアチェンジをして歴史公文書に焦点を合わせることにした。二〇〇九年、彼らは電子化した歴史的記録へのアクセスを提供するジニオロジーアーカイブズ・コムを立ち上げ、これは後にアーカイブズ・コムとなった。二〇一二年、アンセストリー・コムはアーカイブズ・コムを一億ドルで買収する。

思わぬ収入を手にして、兄弟は引退することもできたのだが、そうはしないで人物検索サービスにもう一度焦点を合わせることに決めた。ピープルスマート・コムを刷新《さっしん》し、グッドハイア・コムという人材選考サイトを立ち上げ、インターネット上の自分の個人情報管理を助けるアイデンティティ・コムという新しいサービスに取り組みはじめた。「私たちの仕事には終わりがないような気がします」とマシューは言った。「今はその製品に取り組み続ける以外には、何も正しいと思えないんです」

マシューは、自社のオプトアウトが特に簡単になるように努力している、と私に語った。ピープルスマートのオプトアウトはオンラインのフォームになっていて、運転免許証のコピーを送付させたり、オプトアウトの申込書を郵送させたりする他のサイトのオプトアウトとは違っていた。「それはわざと負担をかけるような手続きにしているだけだと考えています」とマシューは言った。

オプトアウトができていないという私のEメールを受け取ったとき、マシューはがっかりしたという。「これがうまくいくように私たちは多大なる時間を費やしてきたのです」

彼の話によると、問題は照合アルゴリズムにあった。同社のコンピュータは、米国でオプトアウトされたジュリア・アングウィンと国際的な利用のための第二のデータベースに記録が保存されたジュリア・アングウィンとをマッチさせることができなかったのだ。

その照合がうまくいかなかった理由の一つは「あなたの社会保障番号を依頼しなかった」ことだと彼は言った。「私たちはデータセットの照合に社会保障番号を使っていないので、他のデータを組み合わせて使う必要があるのです」（モナハンは後に、オプトアウトの処理が改善されたので、この間違いは再発しないと語った）

これは故意に行なったことではなかったかもしれないが、個人データ市場では、悪役のほうが利益を上げると考えざるを得ない。**もし私が、利用できるすべてのデータベースからオプトアウトすれば、それは私のデータにこだわる者にとって、そのデータがもっと希少で価値あるものになるだけなのである。**

結局のところ、オプトアウトの手続きをすることで得たものより、失ったもののほうが多いと感じた。アカウントを閉じたときには喪失感があり、将来可能な仕事の選択肢を締め出してしまったことが不安になった。それに、私は自分の「信ぴょう性」を減じてしまい、個人データ経済のなかで確実に証明できることが少なくなったのである。

そして、こうした損失にもかかわらず、私はオプトアウトに完全に成功することもまたできなかった。私のデータはまだ最高の悪役――私のオプトアウトを困難にしている業者――のファイルのなかにあり、オプトアウトを認めた業者でさえ、私のファイルの削除ではなく、「抑制」を約束しただけだった。

私が対決したすべてのドラグネットのなかで、ユーザーに自分のデータの選択権を与えると約束しても一番当てにならなかったのが、オプトアウトに関するものだった。

第12章 鏡の間

◉ウェブを見ているだけで彼らは個人を特定する

レイン・プエルトスがフロリダ州タンパで、コンピュータショップの新しい仕事に就《つ》いたとき、自分の性的志向について隠すつもりはなかったものの、同僚に公言するつもりもなかった。ところが、休憩談話室の共用コンピュータで自分のフェイスブック・プロフィールをチェックしていて、秘密がばれてしまった。同僚の一人が身を乗り出して、こう言ったのだ。「あら、あなたのページに出ている広告はゲイの広告ばかりね。どうして？」

フェイスブックのカスタマイズ広告を見れば一目瞭然《りょうぜん》で、レインはぼう然とした。

「私は本当のゲイで、そのことはまったく隠していません」と私に言った。「でも、自分の私生活について話すために職場にいるわけじゃないんです」。その出来事の後、彼女は自分のフェイスブック・プロフィールのチェックを、会社の共用コンピュータではなく携帯電話ですることにした。

レインが同性愛者であることは、最も素朴なタイプのドラグネット、つまり**広告主がインター**

ネットから個人データをかき集めて作る「鏡の間」に公開されていたのだ。

オンラインの追跡型広告業界は、世界で最も包括的なドラグネットを構築してきた。**ほとんどすべてのウェブサイトに何ダースもの追跡型広告会社が入りこんでいて、サイトの訪問者を監視し、ネット中をついて回る**。デジタル追跡技術調査会社、クルックス・デジタル社によれば、二〇一三年には、トップ五〇ウェブサイトの訪問者を追跡する広告会社数は三二八社に達した。二〇一一年の調査では、トップ五〇の訪問者を追跡した企業の数は一六七社でありその倍に近い。

追跡型広告会社が集める情報は詳細をきわめている。アシュレー・ヘイズ - ビーティーは、ある追跡型広告会社が自分のコンピュータに、4c812db292272995e5416a323e79bd37というコードが含まれたファイルをロードしたことを知って、ショックを受けた。そのコードは、彼女がテネシー州ナッシュビルに住む二六歳の女性であることをひそかに示していた。そればかりか、彼女の好きな映画、『プリンセス・ブライド・ストーリー』『五〇回目のファースト・キス』『恋のからさわぎ』などのリストも作成されていた。「ええ、自分にはどことなくミステリアスなところがあると思いたいのに、そうじゃないようですね！」。私が彼女のプロフィールの内容を説明すると、彼女は言った。「プロフィールは気味が悪いほど正確です」

一七歳のケイト・リードは、オンラインでなぜ減量の広告だけを目にするのか不思議に思っていたが、『ウォール・ストリート・ジャーナル』紙の私の同僚、エミリー・スティールから理由を聞いて、合点《がてん》がいった。ヤフーの広告ネットワークが、彼女を減量に興味のある一三歳から一八歳の女性と判定していたのである。

そしてまたグーグルは、ペット、写真、「バーチャル世界」、グラフィックアニメといったオンラインの楽しみなど、一〇歳のジェンナ・マースの好きなものを一〇個ほど突きとめていた。『ウォール・ストリート・ジャーナル』紙の同僚、スティーブ・ステックロウがグーグルに知られているジェンナの情報を教えると、彼女は言った。「私がやっていることとか、みんなが知っているのは好きじゃないの」

オンライントラッキング会社は、取得している情報は匿名で害のないものだと言う。典型的な回答は次のようなものだ。グーグルのスポークスマンは、自社のジェンナに対するトラッキングについて話す。「匿名のブラウザ動作によるものです。私どもは、特定のブラウザを使っているのが一人のユーザーか四人のユーザーか、またそのユーザーが誰かについては承知していません」

しかし、**ウェブ閲覧傾向を知ることによってある人を特定できることが、証拠によっていっそう明らかになっている**。二〇〇六年、『ニューヨーク・タイムズ』紙は、AOL社から提供された匿名の検索クエリー記録を綿密に調査し、セルマ・アーノルドという六二歳の女性が行なった検索を特定した。二〇〇八年にはテキサス大学の研究者が、ネットフリックス社からリリースされた匿名のレンタル映画貸出情報を精査した結果、こう報告している。「ある個人に関する基本的なデータをほんの少ししか知らなくても、データセットのなかからこの購読者の記録を特定するのは容易である」

さらに、ウェブサイトの多くで、**いつの間にか訪問者の名前が追跡型広告会社に流出している**。二〇一二年、『ウォール・ストリート・ジャーナル』紙のチームが約七〇カ所の人気ウェブサイトにログインし、ログインしていた時間の四分の一以上の間、ユーザーの実名やEメールアドレスなどの個人データ（ユーザー名など）が、サイトから第三者の会社に送られていることを明らかにした。ある大手出会い系サイトに至っては、ユーザーが自己申告した性的志向と薬物常習に関する情報を広告会社に送っていた。

そして、フェイスブックの「いいね！」ボタンやツイッターの「ツイート」をクリックしなくても、**閲覧しているだけでユーザーの名前が特定される**のだ。二〇一二年、私の『ウォール・ストリート・ジャーナル』紙のチームによる調査の結果、トップ一〇〇〇カ所のウェブサイトの七五パーセントにソーシャルネットワークのコードが含まれていて、それによってネットワーク側は**人々の名前とウェブ閲覧傾向との対応付けができる**ことが見いだされた。

言うまでもなく、会社側の主張によると、こういった追跡経路がわかったとしても、それは匿名のものだという。「私たちはユーザーのアイデンティティにもとづいて広告を提供しています」と、フェイスブックの個人情報管理責任者、エリン・イーガンは語る。「しかし、ユーザー本人を特定できるというわけではないのです」

それはかなりきわどい境界線である。結局のところレインは、同性愛者であることをフェイスブックが暴露する前に身元を「特定した」かどうかなど、本当に気にするだろうか？

◉鏡の間はどう進化していくか

とはいえ、広告主がその追跡データでつくり出す鏡の間は、まだ粗雑なものである。ゲイの人はゲイの広告を見るし、船旅に興味のある人は船旅の広告を見る。夫と私が家の模様替えをしていたとき、オンラインでバスタブを物色したため、一カ月間バスタブの広告につきまとわれた。

ときには同性愛の暴露があっても、全体としては害のないように見える。しかし、ワシントン大学のライアン・カロ教授は、鏡の間が進化しそうな可能性について憂慮すべき見通しを述べている。彼が指摘するスタンフォード大学の研究によると、人は、政治家の写真に自分の写真を少しだけ混ぜて合成した写真を見ると、好意的な反応を示すという。写真の変化は見分けがつかない程度だが、それを見る人は政治家のメッセージを受け入れやすくなるのだ。「人は自分に似た人のほうが好きだということがわかる」とカロは結論づけている。「ソーシャルネットワークが同じようなサービスを提供し、広告主がそのスポークスマンの写真にユーザーの写真を混ぜて合成することを許可したらどうなるか、想像してみよう」。カロは、このテクニックを使っている人を誰も知らない。だが、それはバスタブの広告が私たちをつけ回す現状から、そうかけ離れたものではないと考えている。

結局、食品技術者が消費者の味覚に狙いを定めて、いくらでも食べたくなるようにジャンクフードを設計し、またギャンブル会社がもっと遊びたくなるスロットマシンを作ることができるのなら、**マーケティング担当者がオンラインの演出を工夫し、新しい手口で私たちを操作しないわけがないだろう。**

すでに私が率いるプライバシー問題のチームは、**ユーザーの所在地にもとづいて値段を変える会社を暴いている。**またカロの推測では、会社はやがて、**人が最も影響を受けやすい時間**——たぶん長時間働いた後——を念頭に価格を設定する手法を見つけることになるという。

人はまた、**自分が望む以上の個人データを提供するように操作される**かもしれない。会社はそのデータを使って、その人を標的にするための知識を深めることができる。カーネギーメロン大学の研究者たちは、ある実験で、人は自分のデータを十分「管理できる」と思えば思うほど、ソーシャルネットワーク上に多くの個人情報を公開する傾向があることを明らかにした。

カロは、マーケット操作とは本質的に「利益のために働きかけること」だと言う。マーケティング担当者は、あらゆる手段を使って、私たちにもっと高価な品物を買わせ、またあまり熟慮せずに購入を決めさせようとする。私たちが残した情報、すなわちオンラインデータの痕跡《こんせき》を分析することによって、それができるのである。

その上、実際に利益がかかっている。ブランダイス大学の経済学教授、ベンジャミン・リード・シラーは、コンピュータ・ユーザーの大規模な集団についてデータを分析し、ネットフリックス社はユーザーのウェブ履歴にもとづいて個別に課金すれば、利益を一・四パーセント改善できる可能性があることを明らかにした。彼の調査によると、ユーザーがネットフリックスの配信に高い料金を支払ってもいいと思うかどうかを予測する上で、標準の人口統計学的データよりも、ウェブ検索データを用いるほうが、精度が高いという。「これは、最も低い段階の価格差別化が、単なる理論の段階から、実用化され、さらに幅広く利用されるように進化することを示唆している」と彼は結論づけている。

◉ブラウザにできること

私は追跡広告を阻止したかった。しかしまず最初に、追跡を阻止する方法についての間違った情報をすべて選り分ける必要があった。

オンライン監視を避けるには、**クロームのシークレットモード**、あるいは**インターネットエク**

スプローラーの「インプライベート・ブラウジング」モードを使えばいいと考えている人が多いが、それは正しくない。

シークレットモードは、一つだけの脅威、すなわち**コンピュータを共有する人に対するプライバシー保護**である。ウェブ閲覧中に生成されたトラッキングクッキーを、その時間が終わったら消去しているだけだ。シークレットモードで訪れるウェブサイトは、相変わらずあなたの情報を受け取っているため、追跡広告も同様に情報をもらっているのだ。

率直に言えば、シークレットモードが作られた目的はただ一つ、**ポルノを閲覧するため**である。それによりポルノの名前入りのクッキーがコンピュータから除かれ、配偶者の目にはとまらない。しかしウェブサイトとサイトの広告主は、あなたがそこにいたことを知っているのだ。

それは私の脅威モデルではないので、もっと探してみる必要があった。

次に考えたのは、広告業界自身によるオプトアウト・ツールである。しかしそれを実行するには、自分のコンピュータにクッキーをインストールして、追跡されたくない会社の追跡に警報を出す必要があった。これは何となく小説『一九八四年』のオーウェル流のように感じられた。追跡されないために自分への追跡を許可しなければならない。

その当時でも、トラッキング業界の企業リストに載っていたのは九六社だけだったが、最近の調査によると、市場には**三〇〇社以上のトラッキング企業が存在する**。広告業界は、業界内の会社のリストが追跡型広告会社の大部分を網羅していると言っているが、私は調査書類にあるすべての会社を一括して阻止したかった。そういうわけで、広告業界のオプトアウトは省くことに決めた。

次に、ウェブブラウザにある「トラッキング拒否リクエスト（Do Not Track）」ボタンに目を向けた。それは、**監視してほしくないというシグナルをトラッキング会社に送信するためのものだ。しかし、広告会社はそのシグナルを送ったユーザーへの追跡をやめることに同意していないので、**それをオンにしても単なる政治的抗議にしかならないのだ。

いよいよ私は過激な手段を使うことにした。ある夜、子どもたちが寝静まった後で、コンピュータの前に座って、最も人気が高いトラッキング防止ソフトの拡張版を、ファイヤーフォックス・ブラウザにインストールした。

一番目のアドブロックプラスは広告の表示をブロックし、これで広告主がトラッキングクッキーを私のコンピュータに埋めこむことはなくなった。私が携わる報道という仕事は広告から収入の多くを得ているので、広告をブロックするのは好きではないが、監視されることから自分を守るという名目のもと、試しにやってみようと考えたのだ。

二番目のノースクリプトは、ジャバスクリプトという種類のコンピュータコードや、フラッシュのような他のいくつかのソフトが、許可なくウェブページ上にダウンロードされることを阻止するものだった。ジャバスクリプトは、クッキーなどあらゆる種類のトラッキング技術をロードするために用いられ、ページの上でマウスをどう動かしているかさえ監視することができる。しかしジャバスクリプトには、数多くの正当な使い方もある。

ファイヤーフォックスはたちまち動きがおかしくなり、固まった。ジーニアスバー（＊訳注：アップルストアのサポートカウンター）を予約しようとアップルページをクリックしたが、何をやっても駄目だった。ノースクリプトでアップルのジャバスクリプトを許可する例外を設定する必要があったのだ。

　同じことがアマゾン・ドット・コムでも発生した。最初は自分の注文するものがすべて在庫切れになっていると思っていたが、そのうちにアマゾンでもジャバスクリプトの例外を設定する必要があることに気がついた。

　二日もしないうちに、私はあきらめる気になっていた。訪問したあらゆるページで、どのスクリプトを許可すべきかについて、膨大な数の決定を要求されたのである。私がページをダウンロードし、すべての許可を検索している間ずっと、娘が横に立って笑い続けていた。それに加えて、アドブロックがパスワード管理ソフトのワンパスワードとコンフリクトを起こし、結局、ワンパスワードを動作させるためにアドブロックをアンインストールせざるを得なくなった。

◉買い物している私を覗《のぞ》きにくる者たち

　だが、ノースクリプトにはこだわった。そして、その使い方のこつが少しずつわかってくると、腹が立ってきた。オンライン食料品店のフレッシュダイレクトでは、なぜ私がショッピングしていると、別々の五社がスクリプトをコンピュータにロードしたがるのだろうか。私はそこで高いお金を払っているのに、私の買い物を見張りたい会社にのぞき穴を提供してほしくない。

　フレッシュダイレクトが私への監視を容認した会社は――。

・グーグルのオンライン広告企業、ダブルクリック社
・一カ月に一三億人のユーザーを追跡できると誇るアドディス社

・「最先端の追跡および報告技術」を有する会社と自己宣伝するコンバージトラック社
・「何億人もの消費者をお互いにそして購入ブランドに結びつける」と主張するバザールボイス社
・「各々の顧客の現在および過去の買い物に対する嗜好にもとづいて、自動的に個人別購入推奨品を生成する」能力を顧客に提供するＩＢＭコアメトリクス社

私への金銭的操作のやり方について話そう。私は、近い将来、ＩＢＭが試算してみて、フレッシュダイレクトにこんなアドバイスをするだろうと考えている。私が夜遅く買い物をするときには、疲れているから普段より高めに請求するようにとか、あるいはステーキよりもピーナツバターにもっとお金を払う気があるようだとか……。フレッシュダイレクト社に両者の関係を尋ねてみたが、会社のスポークスウーマンは私の質問には答えなかった。「こんにちは、ジュリア――当社はそのご質問にお答えすることはできませんが、ご連絡いただき、誠にありがとうございます」という努めて明るい調子のＥメールが届いただけだった。

フレッシュダイレクト社の個人情報保護方針を読んでも、少しもすっきりした気分にならなかった。そこには、「私たちはパートナー企業や広告主と、デモグラフィック情報を匿名かつ集計ベースで共有しています。この種のデータは、個人を特定できるいかなる情報とも容易に結びつけられるものではありません」と記されている。ただ同社はフレッシュダイレクト社にＥメールで申請してデータ共有をオプトアウトするオプションを提案してきたので、そうすることにした。

この出来事で私は頭にきた。現実の生活において、スーパーマーケットが半ダースもの会社を招待して、買い物客の様子を見物させるのはあり得ない話だ。デジタルの世界ではなぜそれが容認されるのか？

◉追跡型広告で名前以外の個人情報が筒抜けに

慰《なぐさ》めになるかどうかわからないが、**追跡型広告の発明者は、今日の世界にトラッキングが氾濫《はんらん》していることを苦々しく思っている。**

ハーバード大学卒業生のダン（ダニエル）・ジェイは一九九五年、インターネットマニアの仲間に加わる方法を探していた。その当時、彼はフィデリティ社で多量のバックエンドのデータベースを扱っていた。それは重要なものの退屈な仕事だった。

彼はもっとエキサイティングな仕事をしたいと願っていた。そこで、エンゲージ・テクノロジーズというボストンの新興企業の設立チームに加わったが、その会社は、テキストブックのような製品の潜在顧客の「リスト」を進化させて、ダイレクト・マーケティングをインターネットに導入することに注力していた。

彼の課題は、**いかにして潜在顧客を識別するか**ということだった。人々がオンラインのフォームに書きこんだことから関心事がわかるとは思えなかった。「すぐに、最大の情報源は閲覧行動であるという結論に達しました」

そこで、ダンは特定のウェブサイトを検索する人のコンピュータを見分けるために、「クッキー」と呼ばれる小さなテキストファイルを使いはじめた。クッキーはそれまで、ウェブサイトがユーザーのログインやパスワードなどの情報を保存するために用いられていたが、ユーザーの閲覧傾向に関する情報の収集にも使用できると思いついたのだ。

ダンの方法の長所は匿名性だった。ウェブユーザーを特定するものは、コンピュータに割り当てられる一連の数字、クッキーのＩＤ番号だけのはずだった。ダンは広告主が人々の住所氏名を売買する従来のダイレクト・マーケティング手法より、自分の手法が優れていると信じていた。

しかし、タイミングが悪かった。インターネットは誕生したばかりで、広告に金を出そうという数少ない広告主は、ユーザーが匿名であろうとなかろうと、標的にすることを危惧《きぐ》していなかった。ネット広告の購入者の多くは、自分の会社の上場のために旋風を巻き起こそうとする他のドットコム企業だった。

その頃、上陸間近のハリケーンのようなドットコム旋風の中心にいたのが、エンゲージ・テクノロジー社だった。エンゲージ社は、検索エンジンのアルタビスタ社やライコス社からネットショップのショッピング・コムやファーニチャー・コムまで、多岐にわたるインターネット複合企業の一部で、起業家のデイビッド・ウエザレルの買い漁《あさ》りで出現したものだった。ウエザレルは一九九九年の秋、「インターネットの伝道者」という見出しで『ビジネスウィーク』誌の表紙に登場した。彼が率いる複合企業、ＣＭＧＩはドットコム・バブルの申し子だった。現実には収益が一億七六〇〇万ドルだけで、年間一億二七〇〇万ドルの損失を出していたのに、株式市場では一〇〇億ドルという巨大な価値がついていたのである。

二〇〇一年には株式市場のドットコム・バブルは崩壊していた。ＣＭＧＩの損失は四半期で一〇億ドルに達し、株価は一ドル以下に急落した。ダンは退任し、同社はついに倒産する。しかし、ユーザーを追跡するためにクッキーを使うというアイデアは生き残った。

そのいっぽうで、ダンは次なる重大事はプライバシーだと考え、二〇〇一年にプライバシー・ソフトウェアの会社、ペルミサスを立ち上げる。各企業のコンピュータシステム内を顧客データが移動するが、彼のアイデアは、それを内部で追跡する技術を企業に売ることだった。しかし企業には、自社内部でのデータ利用を厳しく取り締まる動機がなかった。数年後に会社は倒産し、ダンは自分のルーツであるオンライン広告業界に復帰する。それは二〇〇七年のことで、ちょうどインターネット市場がドットコム不況から浮上しようとしているときだった。彼はタコダ（TACODA：Targeted Coordinated Data の略）という新興企業に入り、その会社では、エンゲージ社が目標としていたものと同種のユーザー・プロフィールを作りあげることを目指していた。

「**行動をターゲットに**しようと考えはじめていました――ある人は時間の三〇パーセントを国際ニュースに費やし、二〇パーセントを面白い小物探しに、そして二〇パーセントをフットボール・チケット選びに使っているといった具合です」と、ダンは語った。

しかし、人々の行動の全体像を得るために、タコダ社はウェブ上で広範囲の追跡をする必要があった。そこでタコダ社は、**サイトの訪問者のコンピュータにタコダのクッキーを置くことに同意したサイトに、金を払う**ようにしたのだ。これはきわめて大きな市場変革だった。それまでウェブサイトは、すでに存在する広告主の代わりに訪問者を追跡していたが、今や、訪問者のデータを誰にでも売ることができるのである。それは大変な人気となった。ウェブサイトは広告の売り込みに苦労しているのに、**タコダ社はただでお金を提供しているように見えた**のだった。

ほどなく、オンライントラッキングは注目の新ビジネスとなった。二〇〇七年に、タコダ社は

ＡＯＬに自社を二億七五〇〇万ドルで売却し、グーグルはダブルクリック社の購入に三一億ドルを、またマイクロソフトはオンライン広告会社アクアンティブに六〇億ドルを支払った。

しかし、トラッキングの蔓延《まんえん》はニューヨーク・タイムズやウォール・ストリート・ジャーナルなどの大手新聞社に打撃を与えた。広告主はもはや、割増料金を支払って大手新聞のネット読者にたどり着く必要はなく、その代わりに、読者を別のウェブサイトまで追跡し、そのサイトの安価な広告を買えばよいのである。**読者に関するデータは商品と化し、ブルーカイのように、データの競売をリアルタイムで仲介するオンラインオークションハウスが誕生した。**ブルーカイは毎日、特定個人のインターネット閲覧傾向に関する一八〇〇万件の情報を、一件あたりわずか一〇分の一セントの価格で売却している。

オークションは一瞬のうちに行なわれる。あなたがウェブサイトに到着すると、あなたの属性が競売にかけられ、最高値をつけた人に売却される。競売の勝者はそれからあなたにカスタマイズ広告を見せるわけである。しかしデータ・ラッシュ（＊訳注：データへの投資熱。ゴールド・ラッシュのもじり）によって、数社のプライバシー侵害トラッキング技術の利用に拍車《はくしゃ》がかかった。

二〇一〇年には、ダンは自分がその創出の片棒を担いだとはいえ、こうした開拓時代の米国西部のような環境の持つ意味について不安を感じていた。彼が特に心配したのは、オンラインのウェブ閲覧データを、ユーザーの現実の身元やオフラインショッピング習慣と結びつけようとする傾向が強くなっていることだった。その仕組みは以下の通りである。あるユーザーが、名前やＥメールアドレスなどの身元確認情報を必要とするウェブサイトにログインする。すると、そのウェブサイト上のアクシオムのような会社がその個人のファイルを引き出し、ユーザーのマシンにクッキーを落としこむ。そしてそのマシンには、個人のセグメント――投票記録、住所、収入、住宅ローン、車両所有権などから抽出された情報が含まれているのである。データは技術的には依然として匿名であるが、またもや、特定の個人データとの境界は紙一重《かみひとえ》に近くなっている。**広告主が名前以外の個人情報をすべて知っているとしたら、名前に意味があるだろうか？**

オンラインとオフラインのマッチングによって、ニューハンプシャー州のナシュアに住む六七歳のリンダ・トゥオンブリーは、二〇一〇年の選挙で、共和党候補支持のオンライン広告を浴びせられた。ラプリーフという会社がこの技術を使って、彼女を共和党の政策に関心があって聖書に興味を持ち、政治・環境問題に貢献する保守党支持者と見なしたのである。

「わあ、大変！」。『ウォール・ストリート・ジャーナル』紙の同僚エミリー・スティールがラプリーフ社の彼女に関するファイル情報を解読すると、リンダが言った。「まるで番人が私を監視しているようで、よくないわ」

ダンはこの開発によって、自分が当初、システムに組みこもうとしていた匿名性が壊されてしまうことを心配していた。「データを右から左へと投げ飛ばすようなビジネスをやっていると、それを制御する方法は現実にはないのです」とダンは私に語った。

二〇一一年、ダンはコリレイト社を設立し、ウェブトラッキングにプライバシーを取り戻すことを願っている。コリレイト社の目標は、企業が顧客の名前や周辺情報をやり取りしなくても、その広告が販売につながることを示せるよう支援することである。バーチャルの「クリーンルーム」で、彼のチームは、高度の数学手法を用いて、オンラインとオフラインの行動をマッチングするために使っているデータを匿名化しようと努めている。目標は、ホンダのディーラーに、個々人のウェブ閲覧行動の匿名性を侵害することなく、どのオンライン広告が購入につながったかを知らせることである。
ダンの考えではトラッキングが広く浸透するのは避けられないことであり、彼の目標はただそれを特定できないようにすることなのだ。

◉あなたの顔がトラッキングに使われる

ある意味では、トラッキングクッキーをめぐって闘う人々は、最後の戦争を戦っている。クッキーによる追跡が知れわたるにつれて、マーケターは新しいトラッキング技術を探しはじめている。**グーグルは新しい形のクッキーレス・トラッキング法を開発していると言われており、そこでは固有のＩＤが各ウェブブラウザに割り当てられる。**

マーケターのなかには、ユーザーが他のプログラムによるトラッキングを阻止してもユーザーのデバイスを特定できる、**「指紋認証」技術**を志向する者もいる。「オンラインで行なったことを誰にも知られたくないのなら、インターネットに接続しないことです」と、ある指紋認証会社のCEOは話す。

さらに憂慮《ゆうりょ》すべきことに、**次のクッキーになるのはあなたの顔である。**顔認識が改善されるにつれ、鏡の間はインターネット上の出来事だけにとどまらない可能性がますます高くなっている。あなたが店に入ると、店員はあなたが誰かを識別できて、ウェブサイトが現在入手しているものと同じ「セグメント」データを引き出せることになるだろう。
フェイスファーストという会社は、顧客が店内を歩き回る様子を撮影して顧客を特定できる技術を小売店に提供している。「フェイスファーストのデータベースに記録された人が店内に足を踏み入れると、直ちに写真や識別された人の略歴を含んだEメール、テキスト、あるいはＳＭＳがあなたに通報されます」と、同社の販売カタログには記載されている。

匿名を希望する小売店幹部は、万引防止事業の業界誌、ＬＰマガジンに対し、自分の店でその技術をどう活用しているかについて述べている。「ストアマート万引き防止担当バイスプレジデントのトム・スミス」と称するこの小売店幹部は、自分の「ストアマート」という仮名の小売店チェーンで、この技術を既知の万引き犯を見分けることに利用しているという。

それは次のようなやり方である。あるストアマートで万引き犯が拘束されると、写真を撮られて二度と来店しないという同意書への署名を求められる。もし万引き犯が別のストアマート店にふたたび現われると、カメラが彼の像をとらえて五秒以内に特定することができる。警戒情報を受け取った店員は、その万引き犯に近づいて店からお引き取りを願うのである。

もちろん、照合が間違っていれば顧客を失うという課題はある。「それが私にとって恐ろしいところです」と、スミスは業界誌に語っている。「誤った警報は、嘘ばかり言って信用されなくなった少年のようなものですが、これまでのところ、その確率は低く、警報一〇〇件のうち六件くらいで、そんな状況にはなっていません」

フェイスファーストはすでに、小売店がこの技術をマーケティングに活用する将来像を描いている。同社の販売カタログは、「優良顧客のデータベースを作成し、彼らが店内に入って来たらすぐに認識して、もっと温かく歓迎されている気分になってもらう」と述べている。言及していないのは、大売り出しやディスカウントでしか買わない人々や、何度も試着をして買わない連中といった、それほど歓迎されない顧客を小売店がどう扱うかということである。

この顔認識による鏡の間が、私の利益にならないことはまず間違いないと考えている。仕事に追われる母親で、倹約することより便利さを大事にすると小売店に見なされれば、私はもっと高価な品物へと誘導されるだろう。

しかも、それに対して私にできることはあまりなかった。顔認識データベースの作成に貢献しないように、ウェブから自分の写真を取り除くようにした。画家に料金を支払って自分の写真のステンシルを描いてもらい、ツイッターやフェイスブックに使いはじめた。写真家に頼んで、自分の著作の宣伝には使えるが、ぼやけていて顔認識用には使用できないような写真を注文して撮ってもらった。

しかし、身を隠すための衣服を身につけることには一線を画した。カメラを眩《くら》ますLED照明付きの野球帽とか、私の携帯電話用ファラデーバッグを設計したアダム・ハービーの作による、赤外線撮影を妨げるドローン防止用フードは着用しなかった。

◉なぜトラッキングをブロックできないのか

相変わらず、私は最後の戦いを続けていた。一カ月間ノースクリプトを使ったところで、私はその効果を確かめてみたくなり、広告トラッキング技術の第一人者であるアシュカン・ソルタニに電話をかけた。

アシュカンに最初に会ったのは、彼がカリフォルニア大学バークレー校情報学部の修士課程を卒業して間もない頃だった。彼はそこで、広告主によって行なわれる種々のウェブトラッキングについての包括《ほうかつ》研究を進めていた。卒業後に彼を説得して『ウォール・ストリート・ジャーナル』紙の私のために同様の研究を依頼し、そのうちに彼は、私たちが進める数多くのプライバシー調査の技術アドバイザーとなった。その後、アシュカンは連邦議会でオンラインプライバシーについて二度にわたって証言し（一着しかないスーツを着こんで）、広告トラッキングに関する最も信頼できる技術情報源となっていた。

アシュカンは、私の採用した技術がトラッキングの阻止に有効か、チェックしてくれることになった。彼の指示に従ってウェブブラウザのいくつの設定を変更すると、その瞬間、私のインターネット通信はすべてワシントンDCの彼のコンピュータ経由となった。

「いいよ、ウェブサイトにアクセスして」と彼は言った。私は自分の雇用主のウェブサイト、WSJ.comをクリックした。

アシュカンは私のトラフィックのなかで見つけたトラッキング企業の名前を読み上げはじめた。「ツイッター、ブルーカイ、ダブルクリック」

「えっ」私は声を上げた。すべてブロックしていたはずの会社だ。アシュカンの説明はこうだった。WSJ.comが私の情報をオンラインオークション会社のブルーカイに送り、そこからグーグルとヤフーに送られているのだという。**ノースクリプトがジャバスクリプトをブロックしても、バックエンドでのトラッキング企業同士の連携までは阻止できない**というわけだった。

ツイッターについては、以前にログインしたことをすっかり忘れていたが、そのためにクッキーがセットされてしまっていた。その結果ツイッターは、私がWSJ.comを閲覧したことを知ることができたのだった。それはウェブトラッキングの問題点で、一度、誰かがテントに入ることを許すと、彼らはその先もトラッキングのフリーパスを手に入れることが多いのだ。

「これは考えていたよりずっとひどいわね」と私は言った。

アシュカンは笑った。「三年前に初めて会ったときも、あなたは同じことを言いましたよ」

そしてその設定——ファイヤーフォックスの「顧客履歴」セクションの奥のほうに埋もれていた——を見せてくれた。私はそれを使ってツイッターなどの第三者クッキーを消去し、彼らのサイトに一度ログインしただけで他のサイトで追跡されることから逃れることができた。しかし、『ウォール・ストリート・ジャーナル』紙の舞台裏で行なわれる情報共有を阻止できる設定は見つからなかった。

そこで私たちはアドブロック・プラスを試してみたが、ブルーカイは相変わらずそのフィルターを通り抜けてしまう。結局のところ、アドブロック・プラスは広告をブロックするように設計されていて、トラッキングのブロック用のものではないのだ。ブルーカイは広告主ではなく、ユーザーデータをすくい上げてオークションに販売するだけの会社である。同じように、オムニチュアなど、アナリティクス企業の一群も通過してしまう。それらの会社は広告を売っているわけではないが、ユーザーのプロフィールを販売しているのである。

これは、脅威モデルをどこに設定しているのかという問題だった。アドブロック・プラスは広告を脅威と考える人のために作られており、ノースクリプトはある技術、すなわちジャバスクリプトを脅威と見なす人のためのものだ。

しかし私にとっての脅威は違っていた。私はそれが広告やある技術に関係していようといまいと、トラッキングを阻止したいのだ。そういうことで、私は別の種類のブロック技術を試すことにした。トラッカーのリストを集めている会社である。

アシュカンと私はトラッカーのリストを管理するいくつかの会社のサービスを試してみた。驚いたことに、結果が一番よかったのは**ゴーステリー**という名前のトラッカー防止会社だった。ゴーステリー社については、同社が広告業界のコンサルタント会社に買収されてからというもの、いつも多少疑いを抱いていたし、ゴーステリーはデフォルトでトラッキングを許可してもいた。しかし、トラッキングをすべてオフにする設定が見つかると、それは他のどのソフトより強力であることがわかった。

アシュカンは、私がWSJ.comからHuffingtonPost.com、そしてGawker.comへと移動する間、私のトラフィックを観察していた。アナリティクス企業は一社も登場しなかった。ブルーカイも出現しなかった。実際広告会社がほんの数社だけ出てきただけだった。「私が今まで見たなかで、これが一番きれいです」とアシュカンは言った。「でも完全に保護できるものはないんですよ」

◉誰がそのトラッキング防止ソフトを作っているのか

私はゴーステリー社に興味を抱いた。なぜ広告産業が広告から身を守るための最善策を提供しているのだろうか。

二〇〇九年、デイビッド・キャンセルという起業家が、各サイトにいるトラッカーを可視化するためのちょっとした無料ソフトウェアとして、ゴーステリーを始めた。二〇一〇年、それをエヴィドンという広告サービス会社に売却し、エヴィドンは、そのサービスの無償提供を続けること、データを秘密にして広告目的には使用しないことを約束した。エヴィドン社は約束を守ったが、ゴーステリーが集めたデータを分析してウェブサイトや広告主に売りはじめた。エヴィドンが立派なところは、ゴーステリーをデフォルトでオンにするよりも、匿名のゴーステリー利用者パネルへの加入を選択するように、利用者に促していることであり、約八〇〇万人が加入している（私は加入しなかった）。エヴィドン社のデータ分析担当役員のアンディー・カールによると、データの購入者には、他社を定期的にチェックしようとするトラッキング会社が多いという。実質的にエヴィドン社は、トラッキング企業がお互いを追跡し合うためのクリアリングハウス（情報センター）を作っていたことになる。

この情報収集競争は私に利益をもたらした。私が使いはじめるまでには、ゴーステリーは一六〇〇以上の企業が利用するトラッキング技術のきわめて包括的なリストを蓄積していた。私がその利用を始めた最初の月にも、ゴーステリーは新たなトラッカー一〇〇社をリストに追加した。しかし、ゴーステリーがトラッキングを許容する作りであることが、また私にとって苦痛となった。ゴーステリーはデフォルトでトラッキングを許可していて、それは、トラッキングをすべてブロックするためには設定をいじり回す必要があるということだった。一カ月間ゴーステリーを使用して、いくつかのトラッキングがまだ通過することに気がついた。カールの説明では、ゴーステリーはリストに追加すべき新規トラッカーは自動的にはブロックしないという。彼は、ゴーステリーが新たなトラッカーも強制的にブロックする設定方法を教えてくれた。私には少しずるいやり方のように思えたが、カールは、それこそ、ユーザーが自分で管理できるようにするため、ゴーステリー社が努力している点だと強調した。「私たちは、仕事をちゃんとこなすようユーザーに奨励してもらっているんです。仕事を確実に行なわなければ、業界が欲しがるデータを集めることができないからです」と、彼は語った。

しかし私はゴーステリー社の動機に対し、まだ一抹《いちまつ》の不安を感じていた。それは、ユーザーのためではなく、トラッキングビジネスのために運営されているのではないのか。

もっと優れた動機によるトラッキング防止ソフトは、トラッキング業界からの離反者により始められた**ディスコネクト**というソフトウェアである。

グーグルの技術者、ブライアン・ケニッシュは、私の同僚エミリー・スティールが二〇一〇年に『ウォール・ストリート・ジャーナル』紙に掲載した記事を読んで、初のトラッキング防止ソフトを制作した。その記事には、フェイスブックがユーザーの名前を不注意にも広告会社に伝えている様子が詳しく記されていた。ケニッシュは、トラッキング会社が約束した匿名性をフェイスブックが侵犯《しんぱん》したことが信じられなかった。彼はグーグルの広告サイドで六年近く働いていて、**グーグルがウェブトラッキングデータの匿名性の維持を確約している**ことを知っていた。

その当時、ゴーステリーはフェイスブックなどのソーシャルネットワークからのトラッキングはブロックしていなかった。そこでその夜、ケニッシュは帰宅して、フェイスブック・ディスコネクトという、フェイスブックがウェブ上のユーザーを追跡できなくする小さなプログラムを作成した。二週間以内に彼のフリーソフトはソフト技術者集団のなかで小さなセンセーションを巻き起こし、五万回もダウンロードされた。

しかし自分のプログラムが有名になるにつれて、彼はグーグル自身のトラッキングについて考えるようになった。**「グーグルやヤフー、ビングの検索履歴でも、インターネットの閲覧履歴と**

同じようにあなたの情報がわかるのです」とケニッシュは言う。「これを何とかするにはグーグルを辞めるべきだろうと考えたわけです」

彼は二〇一〇年十一月にグーグルを退社し、十二月にディスコネクトという無料プログラムを発表した。それはユーザーがGメールや他のサービスにログインしているときに、グーグルが検索クエリーを収集することを阻止し、またフェイスブック、ツイッター、グーグル、ヤフー、ディグなどのソーシャルネットワークからのトラッキングをブロックするプログラムである。

ディスコネクトはたちまち人気のプログラムとなったが、ケニッシュはそれがビジネスになるか確信が持てなかった。他のトラッキング防止ソフトはすべて無料だったので、彼は使用料金を課すことができなかったのだ。しかし常に激しく競い合いながら最新のトラッキング技術すべてに対応しなければならず、彼は競争のための資金を必要としていた。

初めのうち彼は自宅で働き、自分の貯金で暮らした。二〇一一年十月、彼は投資家から六〇万ドルを確保し(ゴーステリー設立者デイビッド・キャンセルも含まれていた)、事業への取り組みが真剣さを増した。

二〇一二年八月、私はケニッシュを訪ねた。彼と四人の技術者からなるチームは、資金提供者のうちの一社、ハイランド・キャピタル社のシリコンバレーのオフィスにある小さな会議室にぎゅうぎゅう詰めになっていた。窓のブラインドは下ろされ、コンピュータ画面が唯一の照明だった。バスケットボールのゴールの輪が壁にあったが、それは落ちてしまってテープだけが残り、机の上にはコストコのスナックが山積みになっていた。そして、彼らのソフトウェアの使用状況の統計を示すダッシュボード画面があり、それは資金提供者が立ち寄って状況を尋ねるときに必要な小道具だという話だった。

ケニッシュは車を運転しないので、私が彼をレンタカーに乗せて、彼が数人の同僚と一緒に借りている家まで行った。それは素晴らしい街区のなかでは最も不格好な家だった。内装は清潔だったが飾り気がなく、テーブルと長椅子が一つずつあるだけだった。

「持っている物は五つだけなんですよ」。彼はベッドルームのドアを開ける前に予告した。なかには布団のようなツインのマットレスが床に置かれていた。クローゼットにはズボンが三本、靴が四足入っていて、何枚かのワイシャツが床に積み重ねられていた。コンピュータ以外では、これが彼の持ち物のすべてだった。

「私がデータ業界にいる理由はそれだと思います」と彼は言った。「何も持っていません。持っているのはデータだけなのです」

パロ・アルトで昼食を食べながら、私はケニッシュに彼の動機がよくわからないと言った。修道士のような生活を送るのは、起業家が将来リッチになることに賭けているときには意味のあることだ。しかし彼は、プライバシー保護ソフトというちっぽけな市場から、本当に利益を上げることを期待しているのだろうか。

彼はプライバシー市場に今も希望を持っていると話した。彼によると、ユーザーはまず、トラッカーとの「接続を断つ」が、その後、選択した企業に「再接続」するときに金をもらえるのだと言う。最終的には金になります、と彼は言った。

「私は資本家です。そして世界を変えたいのです」

私はケニッシュのアプローチを支援したいと思った。それは性能には対価を払うという私の指針にかなっている。だが、彼のトラッキング防止ソフトが阻止するのはソーシャルネットワークに限られていて、私はすべてブロックしたいのだった。アシュカンと私がテストを行なった頃には、ゴーステリーもまたソーシャルネットワークのブロックができるようになっていたので、ディスコネクトは必要なかった。

二〇一三年四月になって、ついにケニッシュの新しいソフトが世に出た。ブロック対象のトラッカー・リストはゴーステリー社のものより長くなったが、少しバグがあった。フレッシュダイレクトからオンラインで食べ物を買ってみると、ディスコネクトはトラッカーをすべてブロックしたが、チェックアウトページにある「注文」ボタンまでブロックしてしまった。

それでも私はディスコネクトに切り替え、私の偽装使い捨てクレジットカード番号を使って寄付を行なった。トラッキングの軍拡競争のただ中では、造反者に資金を提供することが必要と考えたのだ。そうしないと、競争がなくなり、ゴーステリー社がトラッキング業界で提供しているような善意のサービスは、長期間私の味方でいられる可能性がなくなるかもしれない。

この選択をしていると、私は初期の有機食品運動のことを思い出した。スーパーマーケットの有機食品売り場にはしなびた斑点のある食品があふれていた。しかしやがて、有機栽培のりんごを買う客が増えるにつれ、品質が向上した。今では、有機栽培野菜は従来商品とまったく同じか、もっと立派に見えることが多い。

私にとってディスコネクトを使うことは、有機食品が出はじめた頃にそれを買ったことに似ている。たとえその製品が競合商品ほどピカピカしているとは限らなくても、私はプライバシー・ソフトウェア市場を支援するための選択を行なったのである。

第13章 孤独な暗号

◉招待状に書かれた文字列

私の誕生日ディナーパーティー開催予定日の三日前になって、暗号だけでゲストに通知していたのでは、誰も来てくれそうにないことに気づいた。

パーティーの一カ月前に、私は『Secret New York: An Unusual Guide（誰も知らないニューヨーク――異色のガイドブック）』という本をゲストの一人ずつに郵送した。その一週間後には、どうすればその本のなかの単語や文字を突きとめられるかを説明した**「解読の鍵」**を郵送した。たとえば、（12,2,3,1）はページ#12、行#2、単語#3、文字#1という意味である。

だが時間がなくなり暗号で書いた最後の招待状はEメールで送った。その内容はこうだった。

（377,23,7）（197,136）

（61,4,3）（29,27,4,1）（23,3,8,1）（23,4,10,1）

（87,26,25）（25,27,3）（25,27,4）

(113,14,14) (179,16,13) (159,41,4) (389,26,12) (95,30,11) (123,2) (393,1,2)

解読すると、招待状にはこう書かれていた。

プライバシー・ディナー
日　九月二十六日
時間　六時
場所　二番街四一　一／二番地
地下鉄の切符を現金で購入すること。

パーティーの一週間前になると、私は不安になってきた。最も親しい女友達を六人招待したのだが、これまでのところ、招待状を解読したと言ってきた友人は一人だけだった。私は、他の友人が解読しようとしているのかさえ怪しいと思いはじめた。

そこでもう一人の友人にそっと探りを入れてみた。「それで、来週の予定はどうなってるの？」「ああ、出張の予定よ」と彼女は言った。私のパーティーに出席できないことがわかっていたら、そのことを話しただろうから、彼女が招待状を解読していないのは明らかだった。

残念なことに、近頃のディナーパーティーを事前に通知できるカレンダーの同期による共有には、暗号はなじまないのだ。

医学士・医学博士号を持つ別の友人は、解読しようとしたけれどもできなかった、と意を決したように告白した。「あなたのことは大好きなんだけど……これは好きじゃないわ」と彼女は書いてきた。「私はあなたのパーティーに行けるほどの忍耐も知能も持ちあわせてないのよ！」

パーティーの三日前には、メッセージを解読したと電話してきた一人を除いて、誰も来てくれないことがわかった。仕方がないので、私はレストランの予約を取り消し（もちろん、イーダの名前で）、出席予定の友人に電話をかけ、キャンセルしたことを伝えた。

その日はいつの間にか過ぎていったが、他のゲストの誰もプライバシー・ディナーパーティーのことは口にしなかった。二週間後、私は暗号ではない普通のEメールで、別のディナーパーティーのお知らせを送り、今度は大成功だった。

しかし、プライバシー・ディナーパーティーの教訓は、私の暗号に関する実験のすべてに当てはまることになった。つまり、**暗号で意思を伝えるのは孤独な作業**だということである。

◉暗号化Eメールの生活

暗号化への挑戦に失敗したからといって、友人を責めることはできなかった。私が彼女たちに送った本の暗号解読が難しい理由は二つあった。①招待状とコードブック（＊訳注：暗号解読書）が別々に届いたので、どちらも把握する必要があり、②コードブックを使って暗号を解読するのがそんなに簡単ではなかったことである。

現代のコンピュータによる暗号化は、その両方の問題を解決しているはずだ。今日、コンピュータは、まるで魔法のように暗号化と暗号解読のすべてを行なう。そして、さらに驚くべきことに、もう**コードブックなど存在しない**のである。私は自分のコンピュータに、私しか知らない秘密鍵を保存している。そして、私のウェブサイトには、誰でもダウンロードできる公開鍵を載せている。この二つの鍵のおかげで、私はコードブックを見なくてもメッセージを暗号化したり解読したりできる。

だが私は、むしろ暗号化メールを使う人を探すのに苦労していた。コンピュータマニアの友人でも、多くは私と一緒に暗号を使うことを辞退した。私が正確に暗号化できるか信用できないという人もいれば、複雑きわまりない暗号化システムを使う自信がないという人もいた。

私のＥメール暗号化システムを作りあげるのに何が必要だったか考えてみよう。

まず、ＧＮＵプライバシーガードから、私の鍵の管理に役立つ無料暗号化ソフトをダウンロードした。暗号鍵を作成するためには、乱数生成子《せいせいし》が私の鍵となる乱数を発生しやすいように、デスク上でマウスを動かす必要があった。鍵ができあがると、私はその鍵を公開鍵サーバーにアップロードし、一般の人が検索できるようにした。

次に私は、エニグメールというプログラムをダウンロードした。これは、私がＥメール管理に使用しているソフト、ポストボックスと連携するはずだった。

しかし、ポストボックスとエニグメールを一緒に動作させることはできなかった。ポストボックスのサポートページで、どんな問題でもエニグメールに問い合わせるように言われ、エニグメールのサポートフォーラムでは、ポストボックスが作成したエニグメール専用バージョンはサポートしていないと言われた。連携して動作するはずなのにそうならない二つのソフトウェアの狭間で動きが取れなくなり、私は何となく気分が悪くなった。

当然ながら世の中には取扱説明書があり、私は勢いこんでクリプトパーティのハンドブックをダウンロードした。そこには、Eメール暗号化の導入に役立つ段階を追った説明が載っていたが、その指示はEメールプログラムのサンダーバード用で、私が使っているポストボックス・プログラム用ではなかった。急速に変化する技術ツールの世界では、マニュアルを常に最新状態にしておくのは難しいのだ。

私はしばらく熟考し、あれこれ別の方法を試した揚げ句にあきらめてしまった。結局、もっと技術に精通している同僚を説得し、助けてもらうことにした。一時間もしないうちに彼女は取扱説明を探し出し、うまく連携する二つのソフトウェアを発見した。

これで、このあと必要なのは暗号化Eメールをやり取りする相手を見つけることだけだ。GPG鍵サーバーには大勢の人のリストが見つかったが、リストアップされている人が実際に私の知っている人かどうかは必ずしもはっきりしない。

たとえば、スノーデンの暴露の後、私はGPG公開鍵サーバーにエドワード・スノーデン用の三つの公開鍵が掲載されているのを見つけた。一つはラバビットのEメールアドレス用で、もう一つはブーズ・アレンのEメールアドレス用、三つ目はItAllGoesToTheSamePlaceAnyway@anydomain.comというEメールアドレス用だった。おそらく、三つ目は誰かが面白がってジョークとして作ったのだろうが、最初の二つが本物かどうかは誰にもわからない（ただ、スノーデンがロシアの人権活動家に連絡を取るため、明らかにラバビットのアドレスを用いたことが判明した）。だからこそ、誰かの鍵をダウンロードする前に「鍵署名」パーティーを開き、一緒に集まってお互いの身元を確かめる人たちがいるのだ。

しかし鍵署名は、フェイスブックの友達作りに少し似すぎているような気がした。暗号の肝心な点は秘密のはずなのに、なぜ、私が連絡を取る人々の別の公開リストを作るのだろうか。彼らをどれだけ信頼しているというのか。私はその代わりに、私の鍵「指紋」(＊訳注：暗号鍵のハッシュ値)つまり四〇桁の文字と数字をウェブサイトに掲載し、それが私である証拠が欲しいと思っている人は、誰でも見られるようにした。

私のシステムを始動させて動作するようになると、数人の同僚や技術に詳しい友人たちと暗号化Eメールを交換するのは楽しかった。乱数や文字や記号の巨大な長い塊《かたまり》のように見えるメッセージが受信箱に出現し、パスワードを入力すると、魔法にかかったかのように乱雑なテキストが直ちにメールの原文に変わるのだ。

ACLUの技術者であるクリストファー・ソゴイアンに会議で偶然出会ったのは、私が暗号化Eメール生活を楽しみはじめて間もない頃だった。最初のスノーデンの暴露が公になったばかりで、私たちは暗号化Eメールの必要性について話し合っていた。

「GPGを使うのは大嫌いなんです」とソゴイアンが言った。「複雑すぎて、使っているうちに誰かがへまをする可能性が高いんです。ユーザーが誤った安心感にひたって、面倒に巻きこまれることを書くのでは、と心配しています」

彼は自分のマスターキーは暗号化ハードディスクに保存し、オフィスの鍵のかかった引き出しに入れていると話した。一年間有効なサブキーは財布のなかのスマートカードに保存し、暗号化Eメールを読み書きする際には、ノートパソコンに接続したスマートカードリーダーにスマートカードを挿入し、次に追加のパスワードを入力するという。

それを聞いた途端《とたん》に自信がなくなってしまった。私はマスターキーもサブキーも持っていないし、マスターキーとサブキーが必要なことさえ知らなかった。私の鍵は鍵のかかった引き出しやスマートカードに入っているのではなく、私のノートパソコンに入っているのだ。

その後、会議のアフターパーティーで、私はＧＰＧに関する自分の無能ぶりをデビッド・ロビンソンに嘆いた。ロビンソンはプリンストン大学情報技術政策センターの設立に注力した法律・技術コンサルタントだが、彼が見せてくれたウェブサイトで気分がよくなった。それは第一級のソフトウェア開発者、カール・フォーゲルの個人ホームページで、そこには彼の公開鍵と警告文が掲載されていた。「私はＧｎｕＰＧを使いこなす自信がありません……〔予想されるＧＰＧへの攻撃〕を防ぐためには絶え間ない警戒が必要ですが、私にはそれをやるだけの力がありません。したがって、私へのメッセージを絶対に秘密にしなければならない場合は、メッセージを送信する前に私に連絡してください。何かうまい方法を考えましょう」

◉コードブックをいかに守るか

公開鍵暗号化の致命的な欠陥は、各個人が自分の鍵を守ることを当てにしている点である。実物のコードブックがあった時代には、特殊訓練を受けた伝令がスパイと軍事工作員の間を行き来してコードブックを運んだ。だが今は、昔の工作員がコードブックを守ったように、**私たちはコンピュータに保存した秘密鍵を自分で守らなければならない**。

だが、それはどだい無理な話だ。コンピュータやスマートフォンは行き当たりばったりで、インターネットに接続するとデータを吐《は》きだす。それに、現代のコードブックも国境で奪われることがある。国境では政府が、令状なしに定期的にコンピュータ機器を没収し、全コンテンツをコピーする。二〇一〇年、移民税関捜査局の捜査官たちは、アメリカ政府の文書をウィキリークスに渡した米陸軍兵卒、ブラッドリー・マニングの支援者であるデイビッド・ハウスのその後の旅行に対して、警戒態勢を敷いた。ハウスがメキシコ旅行から帰国すると、尋問《じんもん》のために脇に連れ出され、機器を没収された。ハウスは国土安全保障省を告訴し、最終的に法的解決に至り、政府は彼の電子機器から得たデータを破壊することに同意した。

国境捜索について知識が増えるにつれて、私は自分の接触相手、暗号、パスワードなどのデータが危険にさらされているのではないかとますます心配になり、国境を越えるときにはデータを持たないことに決めた。ヨーロッパへの出張には夫の古いノートパソコンを持っていき、電話は持参しなかった。ノートパソコンにはファイルもEメールも入れず、その代わりに、スパイダーオークの暗号化クラウドから自分のファイルにアクセスし、Eメールはウェブで閲覧した。

しかし、自分の鍵が問題だった。海外では暗号を使用したかったので、USBメモリーに秘密鍵を入れていき、アメリカに帰国する前にUSBメモリーを壊すことにした。ところが、その壊し方を考えていなかったので、いざ出発となるとホテルの部屋の電気スタンドでたたき割る勇気がなかった。USBメモリーのコンテンツを削除しただけで、運を天に任せることにしたが、幸いにも、ニューヨーク到着後は難なく税関を通り抜けることができた。

データを持たずに旅をしていると、驚くほどリラックスできた。毎晩、ホテルでウェブのEメールにログインして、何も見逃すことはなかった。電話やひっきりなしに鳴る呼出メロディーに気が散ることもなく、いつもよりずっと仕事に集中できたのだ。私は、データなしで国境を越えることがプライバシーだけでなく精神衛生にもよいことを思い知らされた。

◉盗聴者の舞踏会

それでも私のコードブックが、コンピュータ上の悪意あるソフトウェアによって危険にさらされるリスクはあり、それは最先端のサイバースパイ活動となっている。

ここで、バーレーンにあるアメリカンズ・フォー・デモクラシー・アンド・ヒューマン・ライツのディレクターを務めるアメリカ市民、フサイン・アブドゥッラーの話を検討してみよう。二〇一二年四月、彼はバーレーンの民主化運動活動家に対する非人道的な弾圧について話し合うために、キャピトルヒルでの会議に出席しようと歩いていた。そして歩きながら、ブラックベリー（＊訳注：スマートフォンの先駆けとも言える端末。ビジネスマンに利用者が多い）で、あるジャーナリストからの「新たな対話の存在――イスラム国民統合協会と政府当局」というタイトルのEメールをクリックした。それは、バーレーンの抗議運動を支援する政党「イスラム国民統合協会」についてのメールだった。フサインはメールの添付ファイルをダウンロードしようとしたが、動作しなかった。同じ添付ファイルを受け取った彼と他の活動家たちは怪しいと思って、このEメールをブルームバーグニュースの勇敢な記者に転送し、記者はコンピュータセキュリティ研究者にファイルの分析をしてもらうように手配した。

何カ月も念入りに調べた結果、研究者は、その添付ファイルに悪意のあるソフトが仕組まれていて、一度ファイルを開けると、活動家のキー操作をすべて記録し、スクリーンショットを撮り、カメラとマイクを作動させ、通話を盗聴できるようになっていることを見いだした。英国に本社を置くガンマグループが開発したそのソフトは、バーレーンのコンピュータへ情報を送り返すように見えた。ガンマ社がブルームバーグに伝えたところでは、そのソフトをバーレーンには販売しておらず、おそらく盗まれたものだろうという。

ガンマは急成長するサイバースパイ活動業界をリードする企業である。こうした企業は暗号化を回避するソフトを制作し、彼らのツールはポケットに入っているマイクをオンにし、入力する言葉をすべてとらえることができる。

二〇一一年十月、同僚のジェニファー・ヴァレンティーノ・ドヴリーズと私はワシントンDCに出かけ、世界中の政府がガンマのような企業からサイバースパイ活動のツールを購入する会議、ISSワールドを訪れた。これは**ワイアタッパーズ・ボール（盗聴者の舞踏会）**と呼ばれることもある。

予想通り、私たちは中に入れなかったが、ジェニファーはガンマ社など三六社の二〇〇以上のマーケティング資料を何とか手に入れることができた。パンフレットには、政府が国民のコンピュータや携帯電話に侵入できるようにするハッカー用ツール、全国のインターネット通信をすべて収集できる「大量傍受」装置の宣伝が載っていた。私たちはそのパンフレットに記載された情報の多くを「監視カタログ――政府はどこでそのツールを手に入れるか」というデータベースに入れ、オンラインで公表している。

ガンマグループの「フィンスパイ」は、バーレーンの活動家を監視するのに使われたツールだが、そのパンフレットでは「暗号化通信の監視」能力を大げさに宣伝していた。また、パンフレットによると、それはインターネットカフェでスカイプ通信を監視するため、またスカイプを使用中の姿を撮影するためにまで使われていたという。「フィンスパイは、現場で実証済みの遠隔監視ソリューションです。これを使えば、政府は、定期的に位置を変え、匿名の暗号化通信ルートを使用し、外国に住むようなセキュリティ意識の高い移動ターゲットを監視するという、現在の課題に立ち向かうことができます」とも書かれていた。

イタリアのハッキング・チームという会社のパンフレットには、「一〇万人のターゲットを監視する」という見出しがあった。「遠隔制御システムによって数人から数十万人までのターゲットを監視できます」。ワイアタッパーズ・ボールの主宰者ジェリー・ルーカスによると、市販の監視装置の市場は、二〇〇一年のテロリスト攻撃以前の「ほぼゼロ」の状態から年間約五〇億ドルにまで成長したという。

「私たちは『これは公共の利益になるか』という問いには立ち入りません」と彼は言った。

◉「暗号化」は逆に危険信号になる

アメリカ政府が私のコンピュータや電話に監視ソフトをインストールしないだろうか、そんな心配をしなくていいようになりたかった。

結局、アメリカでは、**捜査当局が容疑者のコンピュータや電話に監視ソフトをインストールするために、捜索令状を入手しているようだ**。たとえば、二〇〇七年六月、ワシントン州オリンピア市付近の高校に爆破予告があり、ＦＢＩは、その送信者のマイスペースのアカウントにスパイウェアを送りこむことを認める捜索令状を入手した。別の事件では、最初、携帯電話位置監視命令を棄却《ききゃく》したテキサス州下級判事のスティーブン・スミスが、スパイウェアをインストールするための捜索令状の要請を却下した。その理由は、一つにはそれが従来の捜索よりビデオ監視に近いと考えたことだった。**盗聴と同じように、ビデオ監視については裁判所に対して、それをさらに正当化する理由が必要となる場合がある。**

けれども私は、自分の暗号化通信が最後には国家安全保障局のドラグネットに捕えられることを真剣に危惧していた。NSAは国内の電気通信会社に傍受装置を設置しており、私の同僚のシヴォーン・ゴーマンとジェニファー・ヴァレンティーノ・ドゥヴリーズの報告によると、それらにはアメリカのインターネット通信の約七五パーセントを収集する能力があるという。

NSAはそのドラグネットによって収集した純粋な国内通信を破棄することになっている。しかし、NSAは暗号化通信については例外を設けているように見える。二〇〇九年にエドワード・スノーデンが暴露した覚書によると、NSAは「暗号化された、あるいは秘密の意味を持つと合理的に考えられるすべての通信」を、それが完全な国内通信であっても保持すると言明している。つまり、暗号化することは、NSAのドラグネットに取りこまれるための危険信号を送っているようなものなのだ。

私は警告を受けていた。スノーデンの暴露が公になる前でさえ、NSAの内部告発者ビル・ビニーは、クリプト（暗号化）は危険信号になると私に教えてくれた。「公的な領域では、どんなクリプトも信用していません。暗号を破ることができなければ、インターネットで解読法を入手するんですから」。ビニーは、監視されることを承知の上で、すべてのEメールを暗号化しないで送っていると言った。「彼らにすべてを知ってほしいので、何もかも平文で送るんです。私はNSAのことをゲシュタポとかホワイトハウスのナチ突撃隊と呼んでいます」

　ある夜、ベテスダ・ディナーというレストランで、NSA内部告発者のビニー、カーク・ウィーブ、トーマス・ドレークの三人と夕食を共にした。ウィーブは私にGMRS規格のトランシーバー無線機を使うよう助言し、ビニーは、郵送で配布される実物のコードブックに戻すことを勧めた。ドレークの話では、昔、敵の通信を傍受・妨害するように特別に設計された飛行機で指揮をとっていたとき、そうした教訓を学んだという。ネバダ州で演習中に、彼のチームはF15ジェット戦闘機のパルスドップラーレーダーのロックオンを狂わせる操作を行ない、戦闘機から逃れて超低空で飛行し、地上からの電波の乱反射のなかに紛《まぎ》れこむことができたのだ。

「そうやってハイテクを打ち負かすんです」とドレークは言った。「ローテクを使ってね」

◉三つの無料ソフトの組み合わせが鉄壁の防御を生む

　しかし、私はまだ技術的な解決策を探していた。コンピュータマニアの友人たちの大半が使っているのは、「オフザレコード・メッセージング」として知られる暗号化インスタントメッセージのプロトコルだった。オフザレコードは、二〇〇四年、カリフォルニア大学バークレー校のコンピュータサイエンス教授エリック・ブルーアーの指導の下に、ニキータ・ボリソブとイアン・ゴールドバーグが考案したもので、既存のインスタントメッセージ・プログラムの上で使用できる無料暗号化プロトコルである。

　オフザレコードはチャットの間中、何度も自動的に新しい鍵を作ることにより、自分の鍵を守りたいユーザーの課題を解決しようとする。それはつまり、会話を監視する人は会話の間に鍵をいくつも捕捉しなければならないということだ。

理論的には、そのためにオフザレコードは暗号化メールより安全と言えるが、使い勝手はそう簡単とは言えなかった。

オフザレコードを使用するために、私は三種類のソフトウェアをダウンロードし、お互いが協調して動作することを確かめる必要があった。まず、トーアの匿名化ソフトを使って、インターネットに接続した。次にジャバーのインスタントメッセージのアカウントに登録し、それから、オフザレコードのインスタントメッセージ・プログラム、アディウムをダウンロードした。そして、アディウムがトーア、ジャバーと連動するように設定した。

これを全部できたのは、ひとえにコンピュータセキュリティ研究者のジェイコブ・アッペルバウムが私と一緒に、どこをクリックすべきか、そして設定に何を入力すべきかをステップバイステップで教えてくれたからだった。

とはいえ、この不細工でごちゃまぜの無料ソフトは、実際には最先端の暗号化通信だった。ジャーナリストの機密情報源となる人の大多数は、トーア、ジャバー、オフザレコードを組み合わせたメッセージだけを使って連絡してくることがわかった。最高機密とすべき情報源に対しては、私は実際に、USBメモリーに入れたアムニーシク・インコグニト・ライブ・システム（略称タイルス：The Amnesic Incognito Live System、略称 Tails）というOSで立ち上げたクリーンなコンピュータの上で、トーア、ジャバー、オフザレコードを使用することもあった。

タイルスは昔、コンピュータマニアの友人がUSBメモリーにインストールしてくれた無料オープンソース・ソフトウェアで、驚くほど簡単に使用できる。タイルスの素晴らしいところは、初めからプライバシー保護のために設計されているので、いじるべき設定箇所もオプトアウトの必要性もないことだ。私にとっては、タイルスを使っているときが、プライバシーがデフォルトになり得る異世界をかいま見る唯一最高の機会だった。

ウィキリークスに文書を漏洩したアメリカ陸軍の兵士、ブラッドリー・マニングは、軍事法廷の審議において、どのようにしてトーアとジャバーの暗号化チャットを用いてウィキリークスと連絡を取り合ったかを述べた。「トーアとジャバーのクライアントであることとＷＬＯ（ウィキリークス・オーガニゼーション）のポリシーがもたらす匿名性のおかげで、私は実生活でしばしば受ける社会的なレッテル貼りや認識への不安から解放され、そのままの自分でいられると感じることができました」とマニングは裁判所に対する申し立てのなかで述べた。

言うまでもなく、**結局は暗号化をしても無駄だった**。彼はエイドリアン・ラモというコンピュータマニアの友人に裏切られてＦＢＩに突きだされ、政府の捜査官はその後、マニングのコンピュータに通信の痕跡を発見する。ウィキリークスの広報人・編集長のジュリアン・アサンジが、ジャバーのなかの「仲間」リストに載っていたのだ。

こうして、情報を隠すように設計されたこの不格好なセットアップでさえ、あまりにも多くが漏れてしまうことがある。そして三つのサービスを協調させるのはとても難しく、一つのサービスの変更が他のサービスに次々に影響を与えることがある。たとえば、私がセットアップして一年後、トーアがプロキシ設定を変更し、私はジャバーが動作しなくなった理由を見いだすのに何週間もかかった。

ソフトウェア開発者を責めることはできなかった。それらのなかで多少なりとも有給の職員がいるのはトーアだけだ。ジャバーはボランティアによって運営され、彼らは寄付してもらったコンピュータで作業しながら、度重《たびかさ》なるハッカー攻撃から身を守るのに四苦八苦している。またオフザレコードは、現在ウォータールー大学教授である創始者、イアン・ゴールドバーグが率いるボランティア・プロジェクトだ。

アディウムはエバン・シェーンベルクが率いるオープンソース・プロジェクトだが、ウェブには彼の情報があまり掲載されていないので、電話をかけてみた。彼は研修医四年目の眼科医であることがわかり、大学在学中にアディウムを開始して以来、継続するために努力していた。「医学部に入学したときは切り替えるつもりだったんです。誰かに譲ろうと思っていました」とシェーンベルクは話してくれた（病院内があわただしくない静かな日だったので、話す時間があったのだ）。「でも、プログラミングの経験があって、責任者として関わろうという人はいなかったんです」。そんなわけで、アディウムは停滞してしまった。「まったく時間がないんです。それに、開発チームメンバーの多くは、金になる仕事に移ってしまいました」

私は暗号化への強い期待を、このようなもろい基盤にかけていたのだ。

◉サイファーパンクは国家と闘う

こんなはずではなかった。

一九九一年、反原発活動家のフィリップ・ジマーマンが初の大衆向け暗号化プログラム、プリティ・グッド・プライバシー（ＰＧＰ）を公開すると、しばらくは、暗号化によって人間が抑圧から解放されるように思われた。

ＰＧＰは、一般の人にミリタリーグレードの暗号化の利用を提供する初のプログラムだった。

それまでは、コンピュータによる強力な暗号化は、巨額のライセンス料の支払いをいとわない政府や大企業だけが利用できた。

強力な暗号化の利用が広まったことにより、**サイファーパンク**（*訳注：社会や政治を変化させる手段として強力な暗号技術の広範囲な利用を推進する活動家）と呼ばれる運動に拍車がかかった。一九九三年三月九日、エリック・ヒューズは『A Cypherpunk's Manifesto（サイファーパンクのマニフェスト）』を刊行し、こう書いている。「プライバシーは、世間に対して選択的に身元を明かす権限である。店で雑誌を買って店員に現金を渡せば、私が誰かを知る必要はない……。取引の基礎をなすメカニズムによって身元が明らかにされると、私のプライバシーはなくなってしまう。選択的に身元を明かすことはできず、必ず身元を明かさなければならないのだ」

彼はサイファーパンクに、人々が匿名性を保つことができるシステムを作ってくれるよう求めている。「自分自身のプライバシーを少しでも欲しいと思うなら、自分で自分のプライバシーを守る必要がある。人々は何世紀にもわたり、ささやき声、暗闇、封筒、締め切ったドア、秘密の握手、密使によって、自分のプライバシーを守ってきた。過去の技術では強力なプライバシーを実現することはできなかったが、電子技術なら大丈夫だ」

当然のことだが、アメリカ政府はサイファーパンクの出現を喜ばなかった。強力な暗号化技術は輸出規制のある軍需品と見なされていたので、アメリカ関税局はジマーマンが武器密売法に違反していないか調査を始めた。だが一九九六年、政府は告訴せずに訴訟を取り下げ、さらに一九九九年には、暗号化製品の輸出禁止を撤回したのである。

国家安全保障局は異なる方法でその運動を吸収しようとして、音声伝送を暗号化する「クリッパーチップ」を開発した。その策略は、暗号鍵のコピーが政府で保管され、政府がすべてを解読できる可能性を持つということだった。

一九九四年、AT&Tベル研究所のマット・ブレーズは、スパイ活動の責任者が見逃していたクリッパーチップの基本的欠陥を明らかにした。政府に偽物の役に立たない鍵を送り、暗号化を使い続けることが可能だったのだ。NSAは当惑し、その後すぐにプロジェクトを取り下げ、サイファーパンクの圧勝となった。勝利で意気揚々としていたサイファーパンクの第一人者、ブルース・シュナイアーは自著のなかでこう述べている。「私たちが法律で自衛するだけでは不十分だということだ。私たちは数学でも自衛する必要があるのだ」(『暗号技術大全』ブルース・シュナイアー著、山形浩生訳、ソフトバンクパブリッシング、二〇〇三年)

しかし、暗号技術では法律から身を守れないことがわかった。かつて使い捨てのEメールアカウントが今ほど簡単に手に入らなかった頃、サイファーパンクは、ユーザーが匿名の暗号化メッセージを送信できるサービス「リメイラー」を立ち上げた。だが一九九六年、フィンランドを拠点とする最大手のリメイラーは、新興宗教サイエントロジーの批判資料をリメイラーで配布したユーザーについて、その身元情報開示を求める裁判所命令に応じず、会社を閉鎖した。

暗号技術でも、ひどいパスワード、安全でないコンピュータ、いい加減なコンピュータ・プログラミングといった難題を克服できなかったのである。

二〇〇〇年に、ブルース・シュナイアーは以前の情熱を修正する本『暗号の秘密とウソ』を出している。そのなかで「暗号というのが何か魔法の砂で、それをソフトウェアにふりかけるとセキュリティが高まる」と読者に信じさせたのは間違いだったと言明している。シュナイアーによると、問題は暗号化技術ではなく、それを使用する人々にあると考えるようになったという。「数学は論理的だ。人はいい加減で、気まぐれで、ほとんどわけがわからない」と彼は結論づけている（『暗号の秘密とウソ』ブルース・シュナイアー著、山形浩生訳、翔泳社、二〇〇一年）。

国家安全保障局は長いあいだ、人間の気まぐれを利用して暗号化技術を上手に回避してきた。二〇一三年、エドワード・スノーデンが暴露した文書には、NSAがテクノロジー企業を説得して、不正プログラムを使って標的を攻撃したり、影響力を用いて暗号化の技術標準を弱めるように介入することにより、「幅広く利用されているインターネットの暗号化技術を打破する精力的で多面的な努力」を行なっている様子が描かれていた。

しかし、NSAの暗号化への攻撃に対する激しい抗議の声にまぎれて忘れられていたことがある。それは、NSAの暗号化への回避戦術が、当局がいまだに公開鍵暗号化方式を支える数式の解読に成功していないことを意味するようだという事実である。

スノーデンが『ガーディアン』紙に示した文書を再検討したシュナイアーは、こう述べている。「数学を信用しよう。暗号化はあなたの友人だ。うまく暗号化を使い、最善を尽くして何物にも損なわれないようにしよう。そうすれば、NSAの前でも安泰でいられる」

◉サイレント・サークルの使い心地

いくつかの点で、サイファーパンク運動は息を吹き返している。

長年のサイファーパンクであるジュリアン・アサンジは、二〇〇六年、情報をリークしたい人々に完璧な匿名性を約束するウィキリークスの暗号化ドロップボックス（＊訳注：オンライン投函箱。軍レベルの暗号化技術を用い、ソースやその他機密情報を守っている）を開始し、ジャーナリストとその情報源との関係を変えてしまった。

他のサイファーパンクたちは、人々を抑圧的政権から解放する手助けをするために「解放テクノロジー」を構築することに焦点を合わせた。サンフランシスコのモクシー・マーリンスパイクは、アンドロイド携帯用の暗号化アプリ――レッドフォンとテキストセキュア――を開発し、ニューヨークのネイサン・フレイタスとザ・ガーディアン・プロジェクトは、暗号化通話とトーアを携帯電話に組みこむアプリを開発した。

アメリカ政府はインターネットの自由に名を借り、トーアなどのいくつかのプロジェクトに資金を出したが、そのいっぽうで、司法省はトーア開発者のジェイコブ・アッペルバウムを、ウィキリークスに関与したとして取り調べていた。

そして、プリティ・グッド・プライバシーの創始者、フィル・ジマーマンは資本主義者の道を歩んだ。彼は一九九七年にＰＧＰを三六〇〇万ドルでネットワークアソシエイツに売却し、二〇一二年には、暗号作成者のジョン・カラス、元アメリカ海軍特殊部隊隊員のマイク・ヤンケと共同で、携帯のメールと通話の暗号化アプリを販売する有料暗号化サービス、サイレント・サークルを創設した。

サイレント・サークルは、今まで私が使ったなかで一番使いやすい暗号化プログラムである。アイフォーンにサイレントテキストとサイレントフォンの二個のアプリをダウンロードするだけで、たちまち暗号化される。

しかし、誰か連絡し合う相手が必要だった。サービス料金が月に九・九五ドル必要なので、喜んで加入しようとする人を探すのに苦労した。

やっとのことで、ある用心深い情報提供者を説得し、サイレントテキストとサイレントフォンの両方をインストールしてもらうことにした。私たちはバーで腰を下ろして、一時間がかりで二人の電話にアプリをインストールし、正常に動作することを確かめた。私はイーダ名義で設定し、相手は架空の名前を使った。

何度かのメールはうまくいき、サイレントフォンで長電話もできた。ただ、電話で話すのに骨が折れた――話して伝わるまでに三秒の遅れがあったが、ほぼうまくいった。サイレント・サークル社のCEOで共同創立者のマイク・ヤンクによると、遅れは、Ｗｉ－Ｆｉ経由ではなく携帯ネットで話したからだという（商業用位置トラッキングを避けるためにＷｉ－Ｆｉはオフにしていた）。彼がもう一点指摘したのは、私と相手が通話の初めにアプリの「確認」ボタンを押さなかったことで、それを省くと通話の混信の原因にもなるという。

ところが、その情報提供者と直接面談のアレンジをしようとしたとき、サイレントテキストへの回答の受信が突然ストップした。表示されるのは「キー確立中（Establishing keys）」というメッセージだけである。

後になって、サイレント・サークル社にこの出来事について尋ねると、主任技師ジョン・カラスは、サイレントテキストでは、メールのたびに新しいキーのセットを交換していると説明した。これは、テキストメッセージの送受信が始まる前に、少なくとも三回キー情報をやり取りすることを意味する。こうすることでサイレント・サークルは、各セッションが済むと、オフザレコード（Off-the-Record）のインスタントメッセージと同様にキーを捨てることができるのだ。

しかし、動的なキー交換が正しく動作するには、両当事者が同時にオンラインしている必要がある。もし私かサイレントテキストの相手が、エレベーターや携帯電話の信号が届かない区域にいたら、キー交換は完結しないことに気がついた。

この場合、私自身か情報提供相手のどちらかが交換の途中でキーを受け損なってしまい、その結果、テキストメッセージは通過することができない。私たちは夕方に会うことになっていたが、時間と場所はまだ決めていなかった。

時間が経つにつれて私は必死になった。情報提供相手に時間と場所を尋ねるメールを午前中に送ったのに、まだ返事が来ない。午後になると私は心配になってきた。

午後三時十三分、「遠慮なく電話するか、会う場所をメールして。うまくいきますように！」と送信。まだ返事なし。情報提供相手がおじけづいたのではと不安になりはじめる。

午後五時七分、もう一度試して、「うーん――メール通知は来たけれども本文は来ない」と送信した。それでも返事は来ない。

結局、午後六時二四分、情報提供相手から携帯に連絡の電話が入る。暗号はそこまでだった。私たちはドラグネットに引き戻された。

これが今の世界で暗号を使う際の難しい問題である。正しく動作しているときは魔法のようだが、うまく作動しないとき、それは嘘の約束のなかでも最悪のもの、センシティブな関係を裏切るものとなる。

私はサイレント・サークルを使い続けた。欠点はあったが、使ってみた他の暗号化プログラムよりも苦労は少なかった。サイレント・サークルに一緒に加入するよう何人かの人を説得した。

パリに住む親友や、日本に住んでいる私の著作の研究者、そして専門家の同僚である。そしてキーを受け損なうことを甘受する方法を学んだ。パリの友人（サイレント・サークルでの名前はヘディ・ラマー）と私は何度もキーを受け損なうので、週に一回電話をかけ、双方で「リセットキー」を同時に押してキーが最終的にリセットされるまで何回でも続けることにした。

そのうちに、私たちは二人とも、サイレントテキストはテキストメールよりインスタントメッセージに近いと考えるようになった。両方とも同時にオンラインしている必要があり、もし一方がオフラインだと、キーは脱落し、メッセージはどちらかで消失してしまう。

サイレントテキストはまた、ヘディの内にある放火魔の資質を暴いた。彼女は自分のメッセージを「焼却」させる仕組みにほれこんだのだ。彼女のメッセージは、受信して二四時間が経つと私の目の前で溶けてしまう。ときには読む前に燃えてしまうメッセージもあった。執筆の調査のためにメッセージをドキュメントにしたいのに、と彼女に不平を言ったが、もっと燃やそうという気にさせただけだった。

ヘディは何度目かのニューヨーク訪問中に、ついにメッセージをすべて焼却することに疑問を感じはじめたと言った。「あなたのメッセージにとてもウィットに富んだ返事があったのよ。でも、自分のメッセージを燃やしてしまったので、どのメッセージに対する返事だったのか思い出せなくて」

彼女はメッセージを燃やさないようにしようかとちょっと考えたが、結局、私たちのデータをバーチャルの火に放りこむ決意を固めた。

「うれしくもあり悲しくもありだけど」。彼女は言った。「それが人生ね」

第14章 恐怖との闘い

◉子どもを守るためのドラグネット

子どもをきちんと監視することは私の務めだ。それは際限のない仕事である。寝ても覚めても四六時中、子どもたちがどこにいるか、何をしているか、そして無事に過ごしているかを把握していなければならない。親なら誰でもわかっていると思うが、それはきつい仕事だ。小さな子どもを追いかけ回すのが肉体的に疲れるだけでなく、何か起きれば、自分の過失でなくても自分に責任があると自覚しているので、それがまた大きな精神的負担となる。たまたま私が携帯電話を見ているとき、子どもの一人が通りに飛び出して車にはねられたら、私が自分自身を責めるだけでなく、世界中の誰もが私を非難するだろう。

それはある種のプレッシャーとなり、人は極端な対策に走りがちになる。子どもにひもをつけたり、スパイウェアでこっそり監視したり、あるいはベビーシッター監視用のカメラを設置したりする人もいる。

そして事実、子どものプライバシー保護に関する専門家のアドバイスは、つまるところ**「自分**

の子どもをきちんと見張ろう」となる。

・米国小児科学会は、子どもがコンピュータを使うときは親が必ず監督すること、子どもが見ているウェブサイトを追跡するソフトを用いること、また、好ましくないウェブサイトへのアクセスを防止する検閲ソフトの利用を考慮に入れることを推奨している。

・ＦＢＩは、親がアクセス制限ソフトを使って「子どものオンラインアカウントへのアクセスを常に管理すること、そしてＥメールを無作為にチェックすること」を薦《すす》めている。

・国土安全保障省は、子どもが閲覧するサイトを監視するソフトの利用を提案している。「子どもに内緒で監視ツールを利用することもできる」という。

なぜ多くの両親がこれらのアドバイスに従うのか、私にはその理由がよくわかる。要するに、その根底にあるのは正しい道を歩ませたいという親心である。親は恐ろしいサイバー社会におびえ、監視によって最悪の事態を防ぎたいと思っているのだ。

親と同じような感覚が、国家安全保障局の高官の動機にもあるように思われる。彼らの仕事は国家を守ることであり、もしテロ事件が発生すれば非難を受ける。そこで彼らは、何でも監視しようと決めるのである――万が一のために。

しかし私は、自分へのドラグネット監視から逃れようと努力しながら、いっぽうで自分の子どもたちの一挙一動をとらえるドラグネットを設けるのが正しいとは思えなかった。とにかく、それはまったくの偽善である。

◉大衆文化の流れから子どもを守る

やせ我慢しないであきらめたら？　子どものリュックにGPSチップを入れておくだけじゃない？　子どものコンピュータにスパイウェアを入れてクリックを監視したら？　そのほうが子どもは安全なのでは？

たぶん。しかし、私の子どもたちはすでに十分安全だということも覚えておいたほうがいい。米国では、過去二〇年の間に犯罪が激減している。暴力犯罪の発生率は一九九〇年から二〇〇九年までに四〇パーセント低下し、窃盗犯罪も四〇パーセント近く下がっている。自動車盗難は五〇パーセント以上減少している。

私が住むニューヨーク市では、これらの数字はさらに劇的な変化を見せている。殺人は一九九三年から八三パーセント減少し、強盗は七八パーセント、押し込み強盗は八三パーセント減っている。ニューヨーク市は、大都市のなかで二番目に殺人発生率が低く、二〇一二年は、人口一〇万人あたり五・〇五件となっている。一〇〇万人以上の住民が住む大都市で比率がもっと低いのはサンディエゴ市だけで、同市の殺人率は人口一〇万人あたり三・五一件だ。

子どもに対する犯罪もまた減少している。米国における子どもへの性的虐待は、児童に対する犯罪調査センターがこれまで分析した調査によると、一九九二年から二〇一〇年の間に激減している。他の調査でも、目標とする比率よりはまだ高いものの、いじめの減少が示されている。十代の自殺や妊娠の比率も過去二〇年の間に低下している。そして調査で常にわかるのは、子どもに対する犯罪では、多くが被害者の顔見知りの犯行だということである。

それなのに、なぜこのデジタルの浸透《しんとう》した世界が、子どもたちを監視しなければならないほど危険だというのか。児童に対する犯罪調査センターの理事長、デイビッド・フィンケラーは、子どもとインターネットについてのパラノイアを「ジュヴェノイア」（＊訳注：大衆文化や社会の変化が子どもや若者に与える影響を過度に心配すること）と名づけている。フィンケラーの考えでは、現代の親が大衆文化に抵抗を感じることからジュヴェノイアが生じる。過去には、家族は種族や小さな社会のなかで暮らし、他の家族と価値観を共有していた。だが、現代に生きる親は、性やジャンクフード、暴力、大量消費を称賛する大衆文化の流れを食い止めたいと思うことが多いのだ。「皮肉なことだが、アメリカのエリート層の親はみな、圧倒的に主流となっている文化の影響から自分の子どもを保護しようと必死になっている」とフィンケラーは記している。

よって、**親が恐れるのは犯罪だけでなく、家庭の外からくる堕落した考えの影響なのである**。しかし、これは監視をする理由として十分なものだろうか？

調査によれば、秘密の監視を受けると大人は不安を抱き、自我を抑制する可能性があるという。子どもの場合、監視には特に意気消沈させる影響があるように見える。**学ぼうとする熱意を損なう**のである。

一九七五年の画期的な研究では、**大人による子どもの監視には「遊びを仕事に変えてしまう」効果があり**、面白いパズルで遊びたいという子どもの意欲を弱めるとしている。この研究で、子どもたちはカメラの付いた部屋に放っておかれるが、パズルで遊んでいるところを大人がカメラで見ていると告げられる。その次にカメラのない普通の教室のような部屋で、監視を受けた子どもたちにパズルが与えられるが、子どもたちのパズル遊びへの興味は対照群と比べてはるかに低かった。「自分の仕事の能力を誰か他人に監視され評価されていることを知っていると……その後の仕事への興味が減るようである」と、報告書の著者、マーク・R・レッパーとデイビッド・グリーンは書いている。

子どもたちのパズルへの熱意は、パズルで遊ぶことに対して目に見える褒美《ほうび》を与えられるとさらに減少した。子どもたちは魅力的なおもちゃを見せられ、パズルがよくできたらそれで遊んでいいと言われる。次に通常の教室でパズルが与えられるが、彼らのパズルへの興味はいっそう低下してしまう。レッパーとグリーンは、子どもに活動への興味を持たせる最もよい方法は、「望ましい行動を維持できる最小限のプレッシャーを与えることだ」と結論づけている。

プライバシーに関心を持つようになる前から、私は自分の子どもの写真をオンラインに投稿するのはフェアではないと考えていた。子どもたちが将来管理すべきデジタルの痕跡を私が作るのは不当だと思っていたのだ。

◉写真がネットへ流出しないように

子どもが生まれてからというもの、私と夫はずっと非公開で、子どもの写真を共有してきた。最初は、今はなきウェブサイト、コダック・ギャラリーを利用して家族や友人にスライドショーのリンクを送り、祖父母には定期的に写真をプリントしてハードコピーを送っていた。しかし、もっと頻繁に写真を買わないと画像を削除すると脅されるようになり、コダック・ギャラリーの利用はやめてしまった。その後しばらくは、別の写真共有サービス、シャッターフライを使った。しかし結局、私たちは**写真を「共有」することにそれほど関心がない**ことに気づいた。赤ん坊の際限のない写真を本当に見てくれるのはごく限られた人たちなので、祖父母とその他数人の近い親戚にメールで写真を送るようにした。

そうしていても何度か失敗し、写真がパブリックドメインに流出してしまった。二〇〇八年に息子が生まれたとき、疲れきっている上に知らせるべき人があまりに多かったので、彼の写真をフェイスブックに投稿した。その写真はいまだにそこにあり、私の悩みの種となっている。削除したのだが、フェイスブックからダウンロードしたデータにまだ残っている。

あるとき、私の母が私と娘のパジャマ姿（！）の写真を、断わりなしにブログに投稿したことがある。娘がそれに気づき、「おばあちゃん、写真を削除して」と頼んだ。母はそれを取り下げ、これもまた検索結果から消えるのにしばらく時間が必要だったが、今はすっかりなくなっている。

だが、子どもたちのデジタル画像を規制するのは容易ではない。毎年のサマーキャンプや課外活動では、子どもの写真を撮影して好きな目的に使ってよいとする同意依頼書が来た。私はサインを拒否したが、問題を引き起こすうるさい親にはなりたくなかった。

無駄な抵抗をしていることはわかっていた。私が公共の場で写真を撮られることを防げないのと同じように、子どもたちがカメラだらけの世界に住むことをやめさせるのは不可能だ。しかし、自分の子どもの画像について、私に何の権利もないのは不公平に思える。**もし誰かが公然と私の子どもたちのビデオを撮影してオンラインに投稿しても、私にはその動画を削除させる法律的な権利はない**。しかし、もしその動画に著作権のある音楽が含まれていると、著作権保有者はすぐにそれを取り下げさせることができるだろう。

手短に――そしてふざけ半分に――何人かの弁護士に子どもの画像を著作権で保護できるか尋

ねてみた。それは無理だということだった。いつかうまくいかなくなることはわかっているが、私は子どもたちの画像をオンラインに載せないよう努力を続けているのである。

◉法律で年齢制限をしても効果的でない

次の二つの法律が子どものプライバシーを保護することになっている――児童オンラインプライバシー保護法（COPPA）と家族の教育的権利及びプライバシー法（FERPA）である。しかし、どちらも特に効果的というわけではない。

実際、プライバシーの実験を始める以前に、私は一九九八年の児童オンラインプライバシー保護法に違反している。この法律では、ウェブサイトが一三歳未満の子どもから個人情報を集める際には親の承認が必要としている。そして二〇一三年に改定され、親の同意が必要な情報の種類を拡大し、オンラインの行動トラッキング、写真、ビデオ、位置情報を含むことになった。

COPPAの目的は、ウェブサイトによる子どもの搾取《さくしゅ》を防止することである。しかし残念なことに、この法律は企業が一三歳未満の子ども向けサイトを作ることを妨げている。なぜなら、**企業は一三歳未満の子どもが自社のサイトを使っていると「本当に知った」場合、すぐに親の許可を得る方法を見つけなければならない**からである。

この結果、COPPAは嘘をつくのを奨励していることになる。Gメールではユーザーは一三歳以上であることとしているが、私は娘が七歳のときにGメールアカウントを開設してやった。娘がインドに住む祖父母にEメールを送れるようにしたかったのだ。

言い訳がましいが、オンライン上で子どもの年齢をごまかしている親は、私だけではない。二〇一一年、マイクロソフトのダナハ・ボイド率いる研究者グループは、一〇歳から一四歳までの子どもの親一〇〇〇人以上を調査し、その三分の一は、子どもが一三歳になる前にフェイスブックのアカウントを持っていたと報告し、しかも親の三分の二以上がフェイスブックのアカウント開設を手伝っていたことを明らかにした。研究者は、法律の年齢制限は「プライバシーやオンラインの安全性の問題に対する解決策ではなく、また親に力を与えるものでもない」と結論づけている。

一九七四年に制定された家族の教育的権利及びプライバシー法（FERPA）は、子どもの教育記録にアクセスする権利を親に与えるとともに、第三者への記録の引き渡しには親の同意が必要としている。しかし、FERPAは抜け道だらけである。学校が記録を「学校職員」や「学校の代わりに調査を行なう機関」に引き渡す際には、親の同意は不要となっている。そして、生徒の名前、住所、Eメールアドレス、電話番号、体重、身長、写真に関する情報は「ディレクトリ情報」と見なされ、それらの開示にもまた親の同意は必要とされない。

私の住むニューヨーク市では、生徒のデータが公立学校から外部のデータ保存センター、インブルームに送られている。同センターによると、その目的は学校が「個別学習」を進める技術を支援するためだという。一見したところ、個別学習は「教師がコーチの役割を引き受け、生徒が自分自身のペースで学び、生徒の学習進度を科学的に把握し、学校は生み出した成果で評価される」ことに役立つようだ。この夢のためにニューヨーク市は、二〇一五年、子ども一人あたり二ドルから五ドルをインブルームに支払うかもしれない。

私は、我が子のデータをあいまいで訳のわからぬ鏡の間のデータベースに提供してお金を払うのではなく、そのお金を給料や教科書に使ったほうがよいと思う。だが、**自分の子どもの情報をデータベースから取り除くことはできない**。学校側が「研究実施機関」とデータを共有したいと思っても、ＦＥＲＰＡにはオプトアウトの条項はないが、学区は希望すれば、学区全体の生徒のデータをオプトアウトできる（＊訳注：米国の学区は教育行政上の最小の単位で教育委員会を持ち、学区独自でさまざまな判断を下す）。ただ、非営利団体のインブルームは子どものデータの閲覧、使用、分析、販売は行なわないと述べている。

残念だが、この二つの児童プライバシー法はどちらも、自分にとってはあまり役に立っていないと判断せざるを得ない。

◉ネット上での書き込みが命取りになった事件

昔から一般的に、子どもはプライバシーを気にしないとされている。大人たちはいつも私にこう話していたものだ。プライバシーは年代によって異なる問題で、子どもは生活のすべてを皆に知られていても完璧に幸せなものだ、と。そして、**子どもたちが馬鹿げたことをオンラインに投稿して、ひどい過ちを犯している**ことも事実である。

一つの極端な例として、テキサス州に住む一八歳のジャスティン・カーターについて考えてみよう。彼は自分のフェイスブックのページに皮肉をこめたコメントを書きこみ、逮捕された。カーターと彼の友人は、オンラインビデオゲーム『リーグ・オブ・レジェンズ』について口論となる。友人に頭がおかしいのではと言われ、カーターは返事を書いた。「俺はどこかの幼稚園で銃を乱射し、無垢《むく》な子どもの血を雨のように降らせて、その一人の動いている心臓を食うのだ」。

彼は逮捕され、暴力主義的脅迫の嫌疑《けんぎ》で告発される。カーターは二〇一三年の二月から七月まで刑務所に入れられたが、匿名の人物が家族には払えない五〇万ドルの保釈金を寄付したので釈放された。

しかし、大人もまたこれに負けないくらい、オンラインでいろいろとばかげたことを書きこみ、とんでもない結果を招いている。次の二つの話を検討してみよう。

二〇一二年一月、二人の英国人旅行者が（入国管理局に）一二時間にわたって拘束され、合衆国への入国を拒否される事件が発生した。そのうちの一人が今度の旅行について、アメリカに行って「パーティーで大騒ぎする《ディストロイ》」（＊訳注：イギリスのスラング）という意味で、「アメリカを破壊《ディストロイ》しに行く前に、誰か今週空いていたら遊ぼう」とツイートしたためである。

二〇〇九年九月九日、ジョー・リパリはニューヨーク市のアップルストアで嫌な目にあった。帰宅すると、彼は自分のフェイスブックのウォールに、『ファイト・クラブ』（＊訳注：一九九九年の米国映画）からの引用文を言い換えて、次のように書きこんだ。「ジョー・リパリは五番街のアップルストアにアーマライトのＡＲ10ガス圧作動式セミオート銃を持参し、あのうぬぼれ野郎と小さなおかまコンシェルジェに弾丸をぶちこむかもね」。二時間も経たないうちに、ニューヨーク市警の警官が彼の部屋の入口に来ていた。警官は彼の家に爆発物がないかを捜索して彼を逮捕し、暴力主義的脅迫の容疑で告発した。彼はその告訴に対して法廷で一年間争い、司法取引を拒否して最終的に告訴は取り下げられた。

◉子どもはメッセージの裏に真意を隠す

調査によれば、子どもたちもプライバシーを気にかけている。二〇一二年、スマートフォンのアプリを使う十代の若者の調査が行なわれ、その四六パーセントが携帯電話の位置トラッキング機能をオフにしており、二六パーセントがプライバシーを心配してアプリをアンインストールしていたことが判明した。調査ではまた、十代の若者の七〇パーセントがオンラインプライバシー管理について助言を求めていることが明らかとなった。

マイクロソフトの研究者、ダナ・ボイドとアリス・マービックが行なった十代の若者一六三人へのインタビューの分析によれば、たとえ、**子どもがプライバシーを気にかけていないように見えても、ソーシャルネットワークで自分を守るためのトリックを使っている**。研究者は、カルメンという一七歳の少女が、フェイスブックで自分の友達と連絡を取るために用いた作戦について記述している。彼女のフェイスブックには、彼女の母親もまた友達として登録されていたのだ。

カルメンはボーイフレンドと仲違《なかたが》いしたことを悲しんで、フェイスブックに『常に人生の楽しい面を考えるようにしよう（Always Look on the Bright Side of Life）』の歌詞を書きこんだ。カルメンの母親はその歌詞を文字通りに解釈して、カルメンは本当によくやってるようね、というコメントを書きこんだ。しかしカルメンの友人たちは歌詞に隠された意味を理解した。その歌は、モンティ・パイソンの映画『ライフ・オブ・ブライアン』のなかで、主人公がキリストと間違われて十字架にかけられたときに歌われたものだった。

カルメンの隠れたメッセージは私の心に響いた。私の高校の頃にはフェイスブックはなかった。当時、フェイスブックの「ウォール」のように、自分の情報を大勢の人に発信する場になっていたのが卒業記念アルバムだった。卒業の年の終わりには、最上級生の一人ひとりが記念アルバムの一ページを飾ることになっていて、私のページは——そして他の多くのページも——内輪向きのジョークと抒情《じょじょう》文が入り混じったあいまいなものだった。

私は記念アルバムの自分のページを見つけ出し、自分のメッセージを調べてみたが、そのほとんどは解読できなかった。なぜ私は、友人のハイディに「リキッドペーパー（文字修正液）」と叫んだのだろうか。友人のスージーに「優しいほうを歩いて」と言ったのは何を意味していたのか。友人のシェリルと一緒に思い出したかった「八月十五日」には、いったい何があったのだろう。すべては刻一刻の時間のなかに埋もれてしまった。

でも、その当時は隠れたメッセージが有効だった。私の友人は私が何を言いたいのかわかっていて、私の両親は、今の自分と同じように不可解に思ったことだろう。

実際、私はいつもプライバシーを気にかけていて、ティーンエージャーの頃でもそうだった。子どものときは親の監視を気にしていたが、今は企業や政府による監視を心配している。時間の経過とともに、私の脅威モデルは完全に変わってしまった。

●ネット以前の時代には自分を作り変える自由があった

プライバシーの実験を始めたとき、私の子どもたちはプライバシーを乗り越えるべき試練と見なしていた。

娘のハリエットは私をスパイすることがとても上手だったので、スパイというニックネームをつけていた。あるとき、私は自宅で仕事をしていて、娘は結膜炎《けつまくえん》で学校を休んでいた。私が自分の部屋で女友達に電話をかけ、マックのノートパソコンとヒューレット・パッカードのモニターが一緒に動かないことへの不平をぶちまけていると、私の受信ボックスに次のメールが届いた。

マックがＨＰといっしょに動かないようすについて、ママが話すことをぜんぶ聞いていました。きたない言葉を一〇こいじょう聞いたけれども、ほとんどがＦのつく単語でした（＊訳注：Fuckのこと）。

ベッドルームへのドアを開けると、そこにはアイパッドを抱え、うまく盗聴できたことが嬉しくてくすくす笑っている娘がいた。彼女はまた、私がパスワードを入力するところにこっそり忍び寄るのが大好きだった。

子どもたちはまた、私がユーチューブへの動画の投稿を許可しないのは意地悪だと考えていた。娘は九歳で息子は五歳。インターネット、特にユーチューブが大のお気に入りなのだ。娘はユーチューブを見て、ピアノの弾《ひ》き方を覚えた。息子はウディ・ガスリーの音楽をユーチューブで見つけ、一目ぼれしてしまった（彼はこの本で自分をウディと呼んでほしい、というのでそうすることにした）。

ハリエットとウディは、自分たちの動画をユーチューブに投稿することを夢見ている。何といっても、ユーチューブの世界ではそれが会話の方法である。一人が動画を投稿すると、次に別の一人が、最初の動画をもとにして作った動画か、それに応答する動画を投稿するのだ。このようにアーティストが仕事を共有して芸術が生まれるのだから、子どもたちの言い分は正しい。ユーチューブは、子どもたちの時代のパリのカフェであり、そうしたクリエイティブなやり取りの愉《たの》しみを否定するのはつらい。

しかし、そのような動画——あるいは他のオンラインの行為——がいつの日か彼らのもとに戻ってきて、幽霊のようにつきまとう結果にならないと保証はできない。**それによって仕事やパスポートを拒否されたり、あるいは単に、世間で正当な評価を受ける権利を奪われたりするかもしれない**のだ。

自分の子ども時代を考えてみると、自分の生活が文書による記録として残っていないことを幸せに思う。デジタルの足跡がないので、そうしたいときはいつでも、自分自身を完全に作り変えることができた。たとえば中学の頃、私はピンクと青緑色のものしか身につけなかったが、町の向こうの高校に進むと、衣装をすっかり変えて上品なお嬢さん風の服とペニーローファーしか着用しなくなった。両親のクローゼットの靴箱にある数枚のくすんだ写真以外に何の痕跡もなかったので、私の変身には誰も気がつかなかった。

私の子どもたちにも、同じように自分を作り変える自由を持ってほしい。しかし、しょっちゅう駄目と言っていると、子どもたちはプライバシーに嫌悪感を抱き、私を避けるようになるだけだということに気がついた。

◉遊びながらプライバシーを保護する

私は新しい方法を取り入れることにした。「遊びを仕事に」変えることに関する研究を手本にして、プライバシーを遊びに変えるやり方を試してみた。

私はプライバシー保護ツールを子どもが遊べる魅力的なおもちゃとして扱うことに決め、できたことに対する目に見える褒美も与えず、監視もしないことにした。

パスワードビジネスは幸先《さいさき》のよいスタートを切った。娘はサイコロを振って強力なパスワードを作ることで稼いだお金をとても大切にしていて、しかもそれが大人びた行為であることが気に入っていた。彼女がパスワードビジネスについて話すと大人たちは感心し、最大の顧客になってくれたのだ。

さらにおまけとして、ハリエットはパスワードビジネスを始めてからというもの、私のパスワードを盗み見しようとしなくなった。それがワンパスワードに保存されているか、または娘が私のために作ったパスワードの暗号化バージョンだとわかっていたので、娘にとってのゲームは私のパスワードを破ることではなく、よいパスワードを作ることに変わっていた。

ハリエットはすぐに私のプライバシー実験に興味を抱いた。私の架空アイデンティティのイーダ・ターベルが好きになり、オンラインアカウントに自分の架空名を使うことにした。子どもたちはどちらも、ソーシャルメディアのプロフィールを作るには年齢が足りなかったが、ハリエットは自分のEメールアドレスを架空の名前に変えた。どのみち家族と彼女の友達はそれが彼女だと知っており、それは害のない社会的「電子迷彩技術」である。

私はまた、ハリエットを暗号化に加えていけない理由もないと考えた。そこで娘のアイパッドにサイレント・サークルのアカウントを設定した。すぐにハリエットとイーダは、暗号化したメールと電話のやり取りをするようになった。

ハリエットは、オンライントラッキングをブロックしようとする私の試みにも興味を持った。

コンピュータの脇に立ち、ページを正しくロードすることが難しく扱いにくいノースクリプトを使って、ウェブ閲覧しようと私が苦労しているのを笑って見ていた。ゴーステリーに切り替えてスムーズに動くようになったときには歓声を上げげた。特にゴーステリーのロゴ――キュートで小さな青色の幽霊がウェブブラウザの右上隅にすわっている――がお気に入りで、しばらくすると自分もゴーステリーを使いたいと言い出した。

そこで彼女のコンピュータ、高速インターネット通信を設定した際に無料で手に入れた古いノートパソコンに、ゴーステリーをインストールした。ハリエットはゴーステリーをビデオゲームとして見るようになり、目標はトラッカーが最も多くいるウェブサイトを見つけることだった。自分のコンピュータを抱えて私の部屋に駆けこんでくるなり、「ママ、トラッカーが四一個もいるところを見つけた」と言ったものだ。

ハリエットは、蝶ネクタイをつけた陽気なアヒルが出てくるダックダックゴーまで好きになった。それを彼女のデフォルト検索エンジンに設定すると、友達に嬉しげにアヒルを見せびらかした。

ところが、アイパッドでのゴーステリーのブラウザアプリ――それはダックダックゴーの検索エンジンを使っている――は遅すぎると文句を言った。一カ月も文句を言い続けたので、私はストップウオッチを取り出して測ってみた。ゴーステリーで「グラミー賞」を検索するのに六・七秒必要だったが、アップルのサファリでは一・七秒だ。彼女の言い分は正しかった。ゴーステリーのブラウザアプリはアイパッド上では遅すぎる。

そういう経緯で、アイパッドでゴーステリーを使うことに見切りをつけ、私と娘は一緒に、二〇一〇年にディスコネクトを発売したグーグルの技術者、ブライアン・ケニッシュによるアイパッドのアプリ、ディスコネクト・キッズをインストールした。ディスコネクト・キッズは、アシュカン・ソルタニに、私のウェブ通信を彼のコンピュータ経由にしてトラッカーをチェックしてもらったときと基本的に同じ技術だった。ディスコネクト・キッズはそれと同じことを行ない、アイパッドから送られるあらゆるトラフィックを捕捉し、リストアップされた既知のモバイルトラッキング会社とのやり取りをすべてブロックするのだ。

非常に優れたやり方だと思ったが、ハリエットはビデオゲームの要素がないことに落胆した。その動作が目に見えないため、トラッカーがいくつブロックされたか、見ることができなかったからである。

彼女はしばらくそれを使っていたが、具合の悪いアプリもなかったので、私も自分のアイフォーンにディスコネクト・キッズをインストールすることにした。煎《せん》じ詰めると、私は携帯電話の広告トラッキングをブロックする方法を求めて悪戦苦闘していた――そしてそれまで自分の見たベストの解決策がそれだった。

今では、ディスコネクト・キッズのダンスをする緑色のロボットを自分の携帯で見るたびに、私は、我が子と私がドラグネットからわが身を守るための同じ課題に直面していることを思い起こしている。

私たちの情報がすべて無差別にかき集められているとき、「子ども」と「大人」の間でプライバシー保護ソフトウェアを区別する必要はまったくないのである。

オンラインプライバシーはこうして守る

ドラグネットからいかに逃れるか。試行錯誤の末、著者が明らかにした12の有効な手段がこれだ。

1 **自分の敵**は誰なのかを見極める（☞第5章）

2 自分の持っている各アカウントにそれぞれ異なる、**複雑で長いパスワード**を設定する（☞第7章）

3 **グーグル検索の使用をやめて**ユーザーを追跡しない検索サービスに切り替える（☞第8章）

4 **Gメールは避け**、プライバシー保護に熱心なEメールサービスを使う（☞第8章）

5 ネット上に**架空の名義**を作る（☞第9章）

6 **偽名**でクレジットカードを作る（☞第9章）

7 携帯電話はアンドロイドOSの**バーナー**（プリペイド携帯）を使う（☞第10章）

8 **覆面**の携帯電話番号、メールアドレスを使う（☞第10章）

9 携帯電話を使わないときは**アルミホイルで包む**などして電波を遮断する（☞第10章）

10 データブローカーが保持している**個人データを削除（オプトアウト）**する（☞第11章）

11 **トラッキング防止ソフト**を導入する（☞第12章）

12 **暗号化通信ソフト**を導入する（☞第13章）

第15章 不公平の原則

◉ドラグネット回避生活の果てに

監視網を逃れる努力をした一年が過ぎていき、年末には自分でも意外なほど前途に希望を持っていた。ある面では、ドラグネットを逃れるための取り組みはあまりうまくいかなかった。携帯電話、つまりバーナーについては、家に置いておく、あるいは金属シールドされたファラデーバッグに入れておく以外に、所在地や通話パターンを保護しながら使用する方法が見つからなかった。グーグルやフェイスブックの支配から完全に抜け出してもいなかったし、私の住所氏名は依然として、オプトアウトを受け付けないデータブローカー一〇〇社以上のファイルに残っていた。それに、顔認識監視カメラを避けることもできそうになかった。

しかし、別の面では期待以上の成果を挙げていた。オンライン広告のトラッキングはほとんど防ぐことができたし、娘がサイコロを振り、辞書の単語を探して作ってくれたパスワードは上出来だった。イーダ・ターベル名義の偽アイデンティティは、極秘の買い物や電話、面談の際に本当の私の情報を隠してくれた。数人の友人や情報源の人たちを何とか説得して、暗号化した携帯メールやインスタントメッセージ、Eメールの交換もしていた。

そして最大の成果は、意外にも我が子に関するものだった。子どもたちは最初、プライバシーが「だめ」と同じ意味の言葉だと思っていたが、そのうちに、オンライントラッキングのブロックから暗号化まで、さまざまなプライバシー保護技術を愛用するようになった。娘の社会保障番号を学校のサイトのフォームに入力し、そのことを娘に叱《しか》られたときは、教えすぎたかな、とさえ思ったものだ。

もちろん、うまくいったのはほんの一時のことだった。技術の進歩によって、私の新しい二〇文字のパスワードは破られやすくなり、子どもたちと私が架空のアイデンティティを使えば使うほど、そのアイデンティティを私たちに結びつけるのもたやすくなる。私の暗号化された会話も、NSAが後で解析するために保存する可能性がある。オンライン広告のトラッカーは、すでに私のブロッキング技術を回避する新技術を開発しつつある。

だが、いろいろなことを試した価値はあった。データブローカーは、オプトアウトするほどプライバシーを気にしている人はまずいないと言うが、私のオプトアウトはその主張をくつがえす一つの証拠になった。また、暗号化を行ない、匿名化ソフトを利用することで、NSAとインターネット企業にメッセージを読んでほしくないと通告することになり、私は友人や同僚にも暗号を使うように勧めていた。私が偽アイデンティティを使ったことに刺激されて、子どもたちも偽名戦略を立てるようになったが、それが十代になった頃にうんと役立てばいいと考えている。

私の行動は監視に対抗することよりも、プライバシーに関する会話を変えることに効果がありそうだと考えるようになったのだ。それで思い出したのは、一九六〇年代の軽食スタンドでの座りこみ事件のことだ。ノースカロライナ州グリーンズボロで、黒人学生がF・W・ウールワースの店の「白人専用」軽食スタンドに座りこみ、同社の人種差別策に抗議した。その座りこみですぐに差別がなくなったわけではないが、全国的な話題となりそれが最後には差別を解消させた。

多くの人々が私とともにユビキタスな無差別監視への同意を拒否すれば、その解消につながる会話も生まれるかもしれないと期待している。

◉プライバシーと公害はよく似た問題

しかしながら、監視に対抗するためのテクニックは私の精神的負担となり、誰に監視されているかがわかればわかるほど、私の被害妄想はひどくなっていった。実験の終わりの頃には、親しい友人とのデジタルな手段による会話は、暗号化されていなければ拒否するようになった。日常の些細《ささい》なことにも偽名を使うようになり、友人と一緒にヨガ教室に入って、何気なくイーダ・ターベル名義で登録したときは、友人もびっくりしていた。

私は自分が築きつつある、言い訳と偽情報と秘密工作の世界には住みたくなかった。それは恐怖に根ざした世界であり、信頼がない世界である。そういう世界を子どもたちに残したくはない。そういえば私が子どもの頃、両親は環境破壊と核兵器拡散という、当時の二大脅威について同じようなことを言っていた。そうした脅威によって破壊される世界を子どもたちに残したくなかったのだ。

環境浄化の教訓は特にプライバシー問題と関連性がある。もちろん、環境問題についてはもっとやるべきことがあるが、少し前までアメリカの環境汚染がいかにひどかったかを思い出してほしい。空気も水も以前よりきれいになり、絶滅危惧種は絶滅を免れている。一九六〇年代後半、オハイオ州クリーブランド市のカヤホガ川には魚は生息していなかったが、今では四〇種類もの魚がいて、水質が改善しつつあることを示す淡水イガイまで少し生息している。環境汚染という重荷のバランスを取り戻すアメリカの取り組みは成功したといえるだろう。

プライバシーと公害はよく似た問題である。どちらも目に見えないうちに被害が蔓延《まんえん》し、どちらも資源（土地や水、あるいは情報）の恣意《しい》的な利用から生まれたものだ。そして、どちらにも難しい特性がある。被害をもたらす一つの汚染物質、あるいは一片のデータを特定するのは容易ではなく、その被害は汚染物質の蓄積、あるいはデータの集積によって引き起こされることが多いのだ。しかも、どちらの被害も全体におよぶ。つらい公害に耐えられる人は皆無で、空気が汚染され、水が飲めなくなれば社会全体が苦しむ。プライバシーについても同じであり、私たちを勝手に利用しようとする企業や、容疑者の列に並ばせようとする警官によって、自分のデータを利用される恐怖とともに生活するとき、私たち市民全員が苦しむことになるのだ。

プライバシーと公害との関連性を理解するために、私はオハイオ州のキャピタル大学法科大学院環境法教授であるデニス・ハーシュに電話をした。一〇年にわたってプライバシー法と環境法を研究しているハーシュは、個人データを利用する組織を、共有の牧草地に牛を過剰に放牧する複数の牧場主にたとえた。これは、一九六八年にギャレット・ハーディンが『サイエンス』誌に発表した重要な論文「コモンズの悲劇」に描かれたもので、ハーディンは、牛が多すぎると草を食い荒らして共有の牧草地は荒れ果ててしまうのに、それぞれの牧場主が自分の群れの牛を増やして利益を上げようとする状況を説明した。「共有地における自由は、全員を破滅させる」とハーディンは記している。

過剰なデータマイニング（＊訳注：膨大な情報の山から必要とする情報を探り当てるデータ処理技術）はコモンズの悲劇に似ている、とハーシュは説明している。彼によると、その牧場主のように、データを取り出す企業には競争優位を得るために、さらに多くのデータを利用しようとするインセンティブが働くという。だが企業は、データを使うたびに、個人データの適切な処理と保護に対するユーザーの信頼を失う。結局、個人はもはや会社がデータを保護してくれることを当てにしなくなり、個人データを開示しなくなるだろう、と彼は言った。「やがては私たちの信頼が大きく裏切られ、ウェブをやめてしまう恐れがあるのです」

確かに、それは私自身の行動をよく説明している。ドラグネットの調査をしているうちに、私は自分のデータを保存している組織への信頼を失ってしまった。データ・サバイバリストになって自分の個人データをウェブから取り戻し、自分の家にためこんだし、また、偽情報のスペシャリストになり、嘘をつく恐怖を克服して、自分の習慣や自身について嘘を広めた。自分の個人データを守るために闘うことで、私は公共の場所を汚染し、不信の種をまき散らした。不当なドラグネットに応戦するためのもっとよい方法が必要だったのである。

◉市民が政府を「逆監視」する

公平な競争の場にする一つの方法は、皆が監視ビジネスに就くことである。これは、デイヴィッド・ブリンなど、数人の科学技術者が提示した議論だ。ブリンは著書『The Transparent Society（透明な社会）』のなかでユビキタス監視の必然的な増加について述べた作家で、監視国家の興隆を抑えるのは、彼が**「逆監視」**と呼ぶ監視の増加だけだと主張している。「逆監視」では、政府による上からの監視と同じくらい積極的に、**市民が下から政府を監視する**のだ。

確かに、今は市民の誰もがカメラ付き携帯電話を持っているため、警官の自らの行動に対する責任は重くなっている。たとえば二〇一一年、カリフォルニア大学デービス校の非暴力的な学生抗議者にペッパースプレーを噴射した警官は、その行動の映像が公表された後に解雇された。

逆監視はまた、反戦活動にもなっている。二〇一〇年、俳優のジョージ・クルーニーと人権活動家のジョン・プレンダーガストは、スーダンの内戦を監視する衛星監視プログラムを立ち上げた。二〇一三年五月、クルーニーとプレンダーガストの「衛星見張り番プロジェクト」は、スーダンと南スーダンが国境沿いの非武装地帯からの軍撤退義務を怠《おこた》った証拠を公開した。

しかし残念なことに、市民がカメラや衛星では監視できない政府の行為が山のようにある。スノーデンが暴露しなければ、罪のないアメリカ市民に対するNSAの監視網のことはわからなかっただろう。また諜報機関の「ブラックバジェット（闇予算）」に関するスノーデンの暴露がなければ、こうした監視網の資金にどれほど税金が使われていたかもわからなかった可能性が高い。それに、ブラッドリー・マニング二等兵が暴露しなければ、アメリカ軍兵士たちがバグダッドで、航空機から罪のないジャーナリストや子どもたちを銃撃する恐ろしいビデオを私たちが見ることはなかっただろう。

政府の行為は無差別的だったが、スノーデンとマニングの暴露も無差別的だった。二人は膨大な量の公文書を入手し、それらは全体として、一つだけの文書よりはるかに包括的な実態を描き出した。ある意味、彼らは自身の情報監視網を用いて、政府の「逆監視」を行なっていたのだ。

だが、政府は私と同様に、監視網の対象になりたくないことが明らかである。オバマ政権はマニングとスノーデンを厳しく罰し、スパイ活動など広範囲にわたる罪で告発した。二〇一三年、マニングは懲役三五年の判決を受け、スノーデンはロシアへの一時的政治亡命を認められた。

そして、政府の行為を暴いた罪で訴追されているのは、スノーデンとマニングだけではない。政府監視の第一線で活躍している昔ながらのジャーナリストは、犯罪捜査の対象となることが増えてきている。司法省は二〇一三年、イエメンでのＣＩＡの作戦行動に関する情報漏洩の捜査の一環として、ＡＰ通信の記者数人の通話記録二カ月分を押収していたことを、事後にＡＰ通信社に通知した。ＡＰ通信の社長兼ＣＥＯゲーリー・プルーイットは不当な介入に抗議し、こう述べている。「私たちは司法省によるこの行為を、憲法により保障されたＡＰ通信の取材・報道の権利を著しく侵害するものと考えます」

さらに、司法省は『ニューヨーク・タイムズ』紙の記者ジェームズ・ライズンに、著書の情報源を開示するように強く要求している。この本は、ＣＩＡがイランの科学者たちに間違いだらけの核爆弾設計図を提供する作戦行動に失敗したことを暴露したのだ。ライズンは、情報源について証言するぐらいなら刑務所に入ると述べた。

政府が権力を使って、政府にその行為の責任を取らせようとする人物を訴追するなら、相互監視が公平性をもたらすことは期待できそうにない。

◉私の個人情報の価値はたった二八セント

監視網の運営者にもっと責任を負わせる手段としてもう一つ考えられる方法は、単純に個人データへのアクセス代金を請求することだ。

このアイデアはそのシンプルさが魅力的である。私は自分の個人データを「奪われる」のではなく、**その返還を請求してバーチャルのロッカーに保管し、そして公開市場でその一部を売る**のだ。個人データ市場の民営化を求めて、数社の新興企業が出現している。世界経済フォーラムは二〇一一年、個人データが**「新しい資産区分」**として浮上しつつあると明言した。

しかしこれまでのところ、個人データは不採算資産である。その理由は単に需要と供給の問題だ。データブローカーが私の個人データを返還すべきことを規定した法律はないので、私が持っているのは自分のデータの唯一のコピーというわけではない。だから、私の個人データのコピーをどこかで安く入手できるのに、私に高い代金を払う人はいないことになる。

『フィナンシャル・タイムズ』紙の分析によれば、個人データが至るところにあることでデータ価格が値下がりし、普通の人の年齢、性別、所在地の情報は一セントの何分の一かの価値しかない。そして大半の人の全個人情報は一ドル以下だ。同紙のデータ・カルキュレーターに自分の情報を入力すると、**私の情報は二八セント（約三〇円）の価値しかない**ことがわかった。

人に自分のデータの所有権、あるいは部分的所有権を与える法律ができれば、データの価格をつり上げる効果があるかもしれない。だが、これもまた急速に複雑化するだろう。結局のところ、私の通話の所有権をどうやってAT&Tと共有するのか。また、どうすれば私は、私が部分保有している自分のデータを政府が引き出すのを阻止できるのだろうか。

その上、データを売ることが最終的に、監視による萎縮《いしゅく》効果を抑制することになるのか確信が持てない。最低賃金と労働時間制限を手にするまで、市民は極端に安い価格で長時間労働を「売る」ことをいとわなかったのであり、データについてもそうだろう。

プライバシーの経済学を研究するカーネギーメロン大学教授、アレッサンドロ・アキスティは、すでにプライバシーがないとき、人はプライバシー保護にお金を払う気がなくなることを見いだした。ある実験で、アキスティと同僚の研究者は、一つのグループに無料で各自一〇ドルのビザ・ギフトカードを提供し、匿名で使用できることを伝えた。別のグループには各自一二ドルのギフトカードを提供し、その使用結果は特定されることを伝えた。次にそれぞれのグループのメンバーに自分のカードと別のグループのカードを交換できる機会を与えると、一〇ドルのカードの所有者のうち五二パーセントは自分のカードを手元におき、事実上、プライバシーを守るために二ドル支払うことに同意した。ところが、一二ドルのカードの所有者の九〇パーセントは交換を断わった。つまり、プライバシーを守るために二ドル出すことを拒否したのだ。「このことからわかるのは、人は何かを所有していないときより、所有しているときのほうが、それを高く評価するということです」とアキスティは私に言った。

要するに、**プライバシーがないときには、それを失っても苦痛を感じることが少なく、むしろプライバシーを「買い戻す」必要があることに苦痛を感じる**のだ。このように自分のデータにきちんと価値を見いだせないことが、プライバシー保護を目的とする製品の大半が失敗に終わる理由の一つである。また、これが一因となって、個人データをお金に換えるようにしても――個人データを希少《きしょう》で貴重なものにする法律がなければ――ユビキタス監視が合法的にできるようになるだけなのである。

◉自分のデータなのに、見られない

私は仕方なく、ドラグネットによる監視を制限する法律にふたたび目を向けた。気が進まなかったのは、アメリカではプライバシー法の実績が乏《とぼ》しいからだ。ほとんどの西欧諸国と異なり、アメリカには、すべてのデータ収集者に最低基準を満たすことを求める包括的なプライバシー法が存在せず、その代わりに、健康、財政、子ども、政府の記録など、いくつかの特定の分野に関わるプライバシー法がある。このような分野ごとの法律の大半は、データ収集者がデータの取扱いを開示し、個人情報の使用にユーザーの同意を求めることを義務づけている。一見名案と思えるが、実際には、通告と同意は回避しやすいことがわかっている。

児童オンラインプライバシー保護法がよい例だ。会社側は児童のEメールアドレス収集への親の同意を得るのではなく、自社のウェブサイトの閲覧者のなかに児童がいるのに、それに気づいていないことにしたがるのだ。

また、一九九六年に制定された「医療保険の相互運用性と説明責任に関する法律」について考えてみよう。この法律の規定では、患者は自分の診療記録を閲覧して、次の医療提供者に移すことができるとされている。また、身元を確認できる健康データをマーケティング目的のために売ることは禁じられているが、「匿名化」されたデータは大部分が制限を免除される。その結果、多くの薬局は匿名化された処方記録を巨大な全国的データベースに売却するという、もうけの多いビジネスを行なうのだ。

そしてまた、米国連邦プライバシー法を検討してみよう。この法律では、連邦政府機関は市民の情報を、そのデータが収集された本来の理由と「合致」しない目的で他の機関と共有する場合

は、その前に同意を得る義務があると規定している。しかし、政府機関は同意を求めるどころか、政府機関のデータ共有は法により免除された「日常的使用」であると簡単に述べている。その結果、プライバシー法に違反することなく、国家テロ対策センターはテロの手がかりを得るため、他の政府諸機関が所有する市民ファイルの全データベースをダウンロードできたのである。同意にもとづくプライバシー法は必然的に、でっち上げの同意を生むことになるようだ。

しかしながら、不正使用されるデータを閲覧する権利を市民に与えるという点では、プライバシー法はよいアイデアのように思える。ここで、テロリスト監視必要者リストによる権利の侵害について考察しよう。二〇〇九年、三歳で米国に移住したソマリア生まれの米国市民グレ・モハメドは、数カ月にわたってソマリアの親戚の家に滞在し、その後、クウェートに移って、叔父と一緒に暮らしながらアラビア語を学んでいた。

モハメドは二〇一〇年十二月二十日、クウェート入国後三カ月ごとに行なっているビザ更新のためにクウェート空港に行った。空港内で二人の男がそばに近づくと、モハメドに手錠をかけ目隠しをして、車で某地に連れ去った。当時まだ十八歳だったモハメドは一週間以上拷問《ごうもん》を受けたという。棒で鞭打《むち》たれ、長時間立ち続けるように強要され、一度は、気を失うまで腕を天井のはりに縛《しば》りつけられた。彼は過激派のリーダー、アンワル・アウラキについて尋問を受けたのだ。

十二月二十八日、モハメドは強制送還の収容施設に移送され、そこにＦＢＩ捜査官が現われた。弁護士の立ち会わない尋問を拒否すると、捜査官は尋問に答えなければ無期限に拘留すると脅した。二〇一一年一月十二日にふたたびＦＢＩ捜査官が訪れたときも、彼は尋問に答えることを拒否し、一月十六日、ついにクウェートの当局者がモハメドを空港に連れて行き、彼の家族が購入した米国行き航空機チケットを渡した。だが、搭乗拒否対象者リストに載っていたため搭乗できず、結局、一月二十一日に米国行きの便に乗ることを許可された。しかし、それ以来、飛行機に乗ることはできなくなった。

モハメドの苦難は、彼について収集されたデータによって引き起こされたようだが、彼はそのデータの閲覧を許可されていない。政府はその代わりに、国土安全保障省の渡航者異議申立てプログラム（ＴＲＩＰ）に苦情を申し立て、補償を求めるべきだと主張している。搭乗を拒否された旅行者は、自分が受けた扱いに関する情報を国土安全保障省に提出することが可能で、安全保障省は、本人が監視必要者リストに含まれる人と同名であるか、あるいは他の何らかの誤解により誤って対象者となったのかどうかを査定するのだ。

ところが同省には、監視必要者リストに掲載された個人に、リスト掲載に異議を申し立てる機会を与える義務はないのである。実際、同省は個人がリストに載っているかどうかを、決して肯定も否定もしない。同省がモハメドに対して、搭乗拒否対象者リストへの掲載に異議を申し立てるための、「憲法上妥当な法的メカニズム」の提供を拒否していることは、憲法が保障する適法手続の権利を侵害している、とモハメドは主張する。

これは最悪の個人データ不正使用である。モハメドは拷問を受け、自分には知らされない理由により、いまだに飛行機に乗ることができないし、裁判所にこれらの理由に対する異議を申し立てることはできないと言われている。すべてのデータ不正使用がモハメドの事例ほどひどいわけではないが、彼の苦しい状況を見て気づいたことがある。それは、**自分に不利な使われ方をするデータについて、その閲覧を市民に許可する仕組みがいかに重要か**ということである。

保有する個人データに対する責任を企業に持たせようという動きが、すでに高まりつつある。欧州連合（EU）は企業に対して、保有する市民データへの本人のアクセスを提供することを求めている。上院議員のジョン・マケインとジョン・ケリーは二〇一一年、民間事業者プライバシー法を提案し、それは、データ収集者が個人に、自分のデータへのアクセス、オプトアウトのチャンス、自分のデータの第三者との共有を拒否する機会を提供することを義務づけるものだった。しかし、その法案はプライバシー擁護派とデータブローカーの双方の反対を受け、進展しなかった。二〇一二年、オバマ政権は議会がプライバシー法を可決するのを待たないと宣言し、民間データ業界に、個人に自分のデータへのアクセスを認めることも含めて、一連のプライバシー基準の自発的順守を求める取り組みを始めた。

データブローカーに責任を持たせる上で最も効果的な方法の一つは、公正信用報告法である。これは金銭上の決定に際して、市民を評価するために用いられる商業的データに市民がアクセスし、訂正し、異議を唱えることを許可する法律である。これにより、私の信用報告に誤りが含まれていた際に、訂正するのが容易だ。また、この法律により、私のローンや保険、あるいは雇用を拒否するために私の信用報告を使う者は、その拒否の根本的理由を私に通知し、その情報に異議を唱える機会を私に与えることが義務づけられている。

当然ながら、信用報告法には欠陥があり、信用報告に含まれるデータに異議を唱えるのはあまりにも難しいことがある。これはある種の金銭的決定にのみ適用されるので、個人に関する詳細な調査書類を持つ大手データブローカーが、そのデータには法律は適用されないと主張するのはきわめて容易だ。たとえば、私を高校中退者と見なした信用格付け会社のeビューロー社によると、その格付けはマーケティングのために人々を「査定する」ことに用いられ、クレジットやローン、保険を認可するために用いられるのではないという。つまり、その格付けには法律は適用されないということである。

連邦取引委員会の委員ジュリー・ブリルは、特に個人データが「取引が危険すぎるか否か、あるいはクラブ、交際相手紹介所、学校、その他のプログラムへの入会に適しているかどうか」を判断するのに使われる場合、より広範囲のデータ利用に適用されるように法律を拡大すべきだと主張している。彼女はデータブローカーに対して、個人が自分のデータにアクセスし、データを訂正し、マーケティングのための使用をオプトアウトする機会を自発的に与えるように求めている。だが環境保護庁と異なり、連邦取引委員会には簡単に規則を作る権限がないので、ブリルにできることは、データ業界の活動が一線を越えて、連邦取引委員会の「不公平かつ不正な」取引慣行禁止などの一般的法律を破らない限りは、データ業界が自ら規制するように促すことだけである。

情報経済においてはおそらく、情報保護機関が必要になるだろう。この機関には、データ処理とデータ使用に透明性と責任をもたらすことに特に焦点を合わせて、情報経済を取り締まる権限が与えられねばならない。

◉パブリシティ・テスト

しかし、ただ情報保護機関を設立するだけでは、政府の監視を取り締まったり、グレ・モハメドのような人々の苦境を改善したりするのに十分ではないだろう。

私たちは政府の監視について、市民の生活に立ち入る捜索が行なわれても、それを上回る利益を社会に与える場合は、監視網を許容する傾向がある。政府の調査官が突然職場に現われても我慢し、警官が飲酒運転取り締まりのために道路に検問所のドラグネットを設けることも認め、ある職場では薬物検査をされても耐える。

とはいえ、目的のわりにあまりにも押しつけがましい監視網は受け入れない。私のようにプライバシー侵害に抗議する人々は、自分の裸体の輪郭《りんかく》をあらわにする空港のボディスキャナーを拒否した。ペットの犬と同じように、我が子の皮膚に追跡用のマイクロチップを埋めこむことはしないし、浴室に監視カメラを設置したりしない。

そして私たちは、政府の監視網が人種差別的でないことを要求する。二〇一三年、連邦地方裁判所判事のシラ・シェインドリンは、ニューヨーク市警の「ストップ・アンド・フリスク」(*訳注：警察官が路上で不審者を制止して行なう所持品検査)の監視網が、現に容疑のない黒人やヒスパニック系の若者を対象とすることは、憲法に違反していると裁定した。「何人《なんぴと》たりとも、日常の生活のために外出するたびに、職務質問されるのではとおびえながら生活すべきではない」とシェインドリンは記している。

言うまでもなく戦争のさなかには、政府の監視網が過剰になることも国民は認めてきた。最高裁判所は一九四四年、第二次世界大戦中に一〇万人以上の日系アメリカ人を強制収容したことは、「米国への忠誠心のない者を忠誠心のある者から直ちに分離することは不可能であった」ため、合法だったと裁定した。これに対して、フランク・マーフィー判事は激しい反対意見を唱《とな》え、その裁定は「『憲法で認められた権限のまさに限界を』踏み越え、醜悪な人種差別の極みに陥っている」と記している。

しかし、その判断の誤りにもかかわらず、裁判所は近年、監視網の公平性を判断する際に、かなり強引な質問一式を試みるようである。

・その監視網は目的のわりに過度に押しつけがましくないか？
・それは社会に恩恵を与えるか？
・それは醜悪な人種差別（あるいは他の偏見）の極みに陥っていないか？

これらの明らかにあいまいな基準を見て、自分の身元について嘘をつくことを正当化できるかどうかを評価するパブリシティ・テスト（p188参照）を思い出した。当時の状況では、私の嘘の範囲は限られていて、悪意はなく、不当な状況を改善したいだけだったので、道理をわきまえた人なら賛成してくれると考えたのだ。そして今は、エドワード・スノーデンの暴露に刺激されて、一般大衆はNSAの監視網がパブリシティ・テストに通るかどうかを評価している。

パブリシティ・テストはまた、環境運動の最も効果的な戦術の一つを連想させる。環境保護庁は毎年、有害化学物質排出目録制度のもと、きわめて有毒な汚染物質を貯蔵している企業のリストを発行している。そのリストの公表によって、企業は競って有害物質を削減し、その結果、排出量も少なくなった。「どの企業もリストの上位に入るのを避けようとします」とジョージタウン大学環境法教授リサ・ハインツァァリングは言う。「大変なサクセスストーリーですよ」

政府の監視網に対する解決策は、これと同じように透明性を強く要求することではないかと思った。これは、政府の監視網を広く研究しているヴァンダービルト大学法律学教授クリストファー・スロボギンが提起した議論の核心である。スロボギンの提案によれば、裁判所は、議会によって個別に承認されていない政府の監視網を禁止すべきだという。「捜査押収が集団に対して行なわれるときに、個々のケースの捜査押収法の判断を裁判所に委ねておく限り、民主主義の価値を高めることができる」と彼は書いている。加えて、監視網が特定の集団に対してあまりにも押しつけがましく偏向しているなら、裁判所が監視網を制限できると示唆している。

要するに、スロボギンは政府の監視網が隠されたものであってはならないと主張しているのだ。政府の監視網は立法府か裁判所によって精査されるべきである。

◉我慢できる監視網とは

監視ドラグネットは本質的に不公平なものだ。当然ながら、監視網は無実の人も犯罪者も無差別に捕える。そうすることで恐怖の文化を作りあげ、シャロン・ギルやビラル・アーメドのような人々は、オンラインで心の問題について話すことを恐れ、ヤシール・アフィフィは、オンラインで馬鹿げたことを言う友人と絶交してしまうのだ。

そう、人生は不公平だ。そこで質問はこうなる。**どの程度の不公平なら許せるのか?**

私たちは社会で多くの不公平に耐えている。金持ちもいれば、貧乏な人もいる。よい公立校に通う子どももいれば、ひどい公立校に通う子どももいる。素敵な公園や緑の木々の近くに住む人もいれば、緑地はまったくない場所に住む人もいる。

しかし、なかには私たちには耐えがたい不正がある。盗んで持ち逃げする人に我慢できないし、賄賂にも耐えられない。人を傷つける商品を販売する会社も許容できない。

時代の移り変わりとともに、私たちの公正感は変化する。かつては子どもたちが長時間、組立ラインで働くのは当然だと考えていたが、その後はそうではなくなった。以前は企業が川や空を汚染するのは正当だと見なしていたが、そうは思わなくなった。また、ペットの犬の糞を歩道に放置しておくのは当たり前と思っていたが、その考えは変わった。

民主主義の市民として、私たちにはこうした決定を下す機会がある。

データ監視網については、私たちはすでに信用報告書には透明性と説明責任が必要であることを見てきた。さらに、裁判官が監視網の評価に用いる基準を目のあたりにした。これらをパブリシティ・テストと結びつけると、すべての監視網について問い直すべき六つの質問のリストができあがる。

①その監視網は、データにアクセスし、修正し、そのデータの妥当性に異議を唱える法的権利を各個人に与えているか？

②その監視網の管理者は、データの使用方法に対して説明責任を果たしているか？

③その監視網は目的のわりに過度に押しつけがましくないか？

④それは社会に恩恵を与えるか？

⑤それは醜悪な人種差別（あるいは他の偏見）の極みに陥っていないか？

⑥それは一般大衆による監視に耐えられるか？

すべての監視網にこれらの質問を投げかけることによって、我慢できる監視網とアンフェアで我慢できない監視網を見分けられることを望んでいる。

今日の技術的監視網のなかには、その試験にとても耐えられないものもあるだろう。インターネットや小売店でのトラッキングを考えてみよう。ネットでクリックするたびにつきまとったり、ショッピングモールで携帯電話を追跡したりすることは、マーケティングという、取るに足りない目的のわりにあまりに立ち入りすぎる。そしてそれを是正《ぜせい》する機会も提供していない。

あるいはNSAの監視網を考えてみよう。当局は、NSAによる罪のないアメリカ人に対する監視網が、その侵入性を償《つぐな》う十分な利益を社会にもたらしているという確証をいまだに提示していない。個人が自分のデータにアクセスすることは許されず、データ収集の合法性判断は秘密法廷に委ねられている。

また、ニューヨーク市警によるイスラム教徒のモスクと居住区域への潜入を検討してみよう。これは、ある人種を標的にした監視網であり、最悪の人種差別に陥ってしまったように見える。

しかし試験をパスできる監視網もあるかもしれない。警察によるナンバープレート・カメラや監視は、特に容疑者に法廷でその映像に異議を申し立てる機会が与えられるなら、侵入性を正当化するほど社会にとって有益かもしれない。信用格付け機関と同じように、自分のデータに責任を負えるデータブローカーもテストに合格できるだろう。

グーグルやフェイスブックのようなフリースタイラーであっても、そのトラッキングの侵入性を制限し、データへの意味のある本当のアクセスを提供し、そして彼らが第三者と共有するデータへの責任を負えば、おそらく公平度テストを通過できるだろう。

私の監視網チェックリストが完全ではないことはまず間違いない。しかし、それは私たちに、データをすべて渡して「慣れる」よう要求する者と、データ経済という疾走《しっそう》する列車の前で線路に身を投げ出すよう勧める者との中間の道を切り開こうとする試みである。

魔法のような地図や指紋認証、世界の誰とでも瞬時につながる能力など、情報経済の便利さを捨てたいと思う人は、私も含めて誰もいないだろう。しかし私たちは、後で痛い目にあわないという保証のないまま、単純に自分たちのデータを引き渡すべきではない。

私たちは公害を防止するために産業経済を閉鎖することはしなかった。単に公害を発生させた当事者にもっと責任を持つよう要求しただけだった。私たちは法律を制定して新しい政府機関を作り、公害を起こした企業に隠蔽《いんぺい》させないようにした。同様に、データ経済をやめる必要はない。ただ、データ取扱者に、彼らの手元にある私たちのデータの閲覧を認めさせ、データの利用によって損害を与えたらその責任を負わせるだけでよいのである。

この中間の道を見つけることができれば、私たちはプライバシーそれ自体が目標ではない輝かしい新世界を目にすることができるだろう。そしてプライバシーは、自分自身を危害から守るために掲げた単なる盾にすぎないことがわかるだろう。危害が封じこめられたなら、盾を下ろして、子どもたちは自分の動画をユーチューブに投稿し、シャロンとビラルはペイシャンツライクミーの医療フォーラムで会話を更新し、ヤシールとハレドは子どもの頃の友情を取り戻すことができるだろう。

それこそ、私が我が子に残したい世界である。

ドラグネット　監視網社会《かんしもうしやかい》

平成27年5月10日　初版第1刷発行

著　者　ジュリア・アングウィン

訳　者　三《み》浦《うら》和《かず》子《こ》

発行者　竹内和芳

発行所　祥《しょう》伝《でん》社《しゃ》

〒101-8701
東京都千代田区神田神保町3-3
☎03(3265)2081(販売部)
☎03(3265)1084(編集部)
☎03(3265)3622(業務部)

印　刷　堀内印刷

製　本　積信堂

ISBN978-4-396-65053-7 C0030　Printed in Japan

祥伝社のホームページ・http://www.shodensha.co.jp/